中国法律史学文丛

汉代民事经济法律制度研究
——汉简及文献所见

冯卓慧 著

2014年·北京

图书在版编目(CIP)数据

汉代民事经济法律制度研究——汉简及文献所见/冯卓慧著.—北京:商务印书馆,2014
(中国法律史学文丛)
ISBN 978-7-100-09915-8

Ⅰ.①汉… Ⅱ.①冯… Ⅲ.①民法—司法制度—研究—中国—汉代 Ⅳ.①D923.02

中国版本图书馆 CIP 数据核字(2013)第 072635 号

所有权利保留。
未经许可,不得以任何方式使用。

此书系 2007 年国家社科基金西部项目(批准号为 07XFX008)。
本书的出版得到西北政法大学科研出版基金、
学科科研基金及校长基金的资助。

中国法律史学文丛
汉代民事经济法律制度研究
——汉简及文献所见
冯卓慧 著

商 务 印 书 馆 出 版
(北京王府井大街36号 邮政编码 100710)
商 务 印 书 馆 发 行
北京瑞古冠中印刷厂印刷
ISBN 978-7-100-09915-8

2014 年 5 月第 1 版　　开本 880×1230　1/32
2014 年 5 月北京第 1 次印刷　印张 8⅝
定价:28.00 元

总　　序

随着中国的崛起,中华民族的伟大复兴也正由梦想变为现实。然而,源远者流长,根深者叶茂。奠定和确立民族复兴的牢固学术根基,乃当代中国学人之责无旁贷。中国法律史学,追根溯源于数千年华夏法制文明,凝聚百余年来中外学人的智慧结晶,寻觅法治中国固有之经验,发掘传统中华法系之精髓,以弘扬近代中国优秀的法治文化,亦是当代中国探寻政治文明的必由之路。中国法律史学的深入拓展可为国家长治久安提供镜鉴,并为部门法学研究在方法论上拾遗补阙。

自改革开放以来,中国法律史学在老一辈法学家的引领下,在诸多中青年学者的不懈努力下,这片荒芜的土地上拓荒、垦殖,已历30年,不论在学科建设还是在新史料的挖掘整理上,通史、专题史等诸多方面均取得了引人注目的成果。但是,目前中国法律史研究距社会转型大潮应承载的学术使命并不相契,甚至落后于政治社会实践的发展,有待法律界共同努力开创中国法律研究的新天地。

创立已逾百年的商务印书馆,以传承中西优秀文化为己任,影响达致几代中国知识分子及普通百姓。社会虽几度变迁,世事人非,然而,百年磨砺、大浪淘沙,前辈擎立的商务旗帜,遵循独立的出版品格,不媚俗、不盲从,严谨于文化的传承与普及,保持与学界顶尖团队的真诚合作始终是他们追求的目标。遥想当年,清末民国有张元济(1867—1959)、王云五(1888—1979)等大师,他们周围云集一批仁人志士与知识分子,通过精诚合作,务实创新,把商务做成享誉世界的中国品牌。

抗战风烟使之几遭灭顶，商务人上下斡旋，辗转跋涉到重庆、沪上，艰难困苦中还不断推出各个学科的著述，中国近代出版的一面旗帜就此屹立不败。

近年来，商务印书馆在法律类图书的出版上，致力于《法学文库》丛书和法律文献史料的校勘整理。《法学文库》已纳入出版优秀原创著作十余部，涵盖法史、法理、民法、宪法等部门法学。2008年推出了十一卷本《新译日本法规大全》点校本，重现百年前近代中国在移植外国法方面的宏大气势与务实作为。2010年陆续推出《大清新法令》(1901—1911)点校本，全面梳理清末法律改革的立法成果，为当代中国法制发展断裂的学术脉络接续前弦，为现代中国的法制文明溯源探路，为21世纪中国法治国家理想追寻近代蓝本，并试图发扬光大。

现在呈现于读者面前的《中国法律史学文丛》，拟收入法律通史、各部门法专史、断代法史方面的精品图书，通过结集成套出版，推崇用历史、社会的方法研究中国法律，以期拓展法学规范研究的多元路径，提升中国法律学术的整体理论水准。在法学方法上致力于实证研究，避免宏大叙事与纯粹演绎的范式，以及简单拿来主义而不顾中国固有文化的媚外作品，使中国法律学术回归本土法的精神。

何勤华

2010年6月22日于上海

自　序

　　一本六十余万字的《商、周、汉、唐民事法律制度的架构及演进——卜辞、金文、汉简、唐代出土民事法律资料研究》一书初稿脱稿了，这是我2007年申报被批准的国家社会科学基金项目(07XFX008)在经三年多的个人努力而完成。因为全书均为一人之独立完成，老实说，是很累的。脱稿后我整整躺了两天，昏昏睡去，又昏昏醒来。虽然醒来，然而躺在床上一丝丝都不想动。真如大病一场。我想这大约是我的一位成为著名医生的中学同学所曾告诉我的，在当时(我未完成课题时)，我全身的白细胞都被调动起来了，如同卫士般荷枪实弹为我站岗，故而几年间它们支撑着我。当课题完成时，我的卫士们都放了假，所以我真正如同散了架似地躺了两天，一丝丝也不能动了。也如同晴雯带病支撑着一夜补好了宝玉那被烧了一个洞的俄罗斯国进贡的毛毡披风，最后说了一句："就是这样了，我再也动弹不得了！"便直挺挺地倒卧床上。只有在我的书中，我想说这几句真实的感受，只是说说感受！

一、我为什么选择这样的课题研究

　　我1959年毕业于陕西师大历史系，此后被分配于甘肃天水市的中学，任教二十一年，教授中学历史(中外历史，从古到今)，"文革"时期，历史课停授，我改教中学语文。这二十一年的从教经历，使我具有了较好的历史与古典文字的素养。

　　1981年2月我被调到西北政法大学法制史教研室，从事法制史课的教学,教授本科生、研究生,至今年,整整三十年。三十年前,教研室要每位教师确定自己的研究方向,我确定自己的研究方向为中外法制史比较研究。因为当时我的俄语较好,教研室安排我从事外国法制史的教学。我那时的想法是我们搞法制史研究的目的应当是古为今用,洋为中用。至少,在研究中要起到史鉴的作用。我虽然从事外国法制史的教学,但由于语种、环境等等因素的影响我不可能将其所有方面均研究到比外国学者还透彻,但我可以从中拓宽我的视野和思维方式。而对之研究的目的是要洋为中用。既要"为中用",我必须要了解中国法。中国是个历史悠久的国家,五千年的有文字记载的历史,对中华民族法律文化的影响是巨大的,至今无法抹去,所以,我的研究必得中外比较才能有所收益。又因为我的先生与我同在一教研室,他的研究方向是中国古代法制尤其是先秦法制。这也因为我校地处西安,是周、秦、汉、唐几个大朝代古都所在地,地下文存不断出土,所以古代法制尤其先秦法制是他首先的着眼点。而西周法制资料中大量的金文文献的识读与研究一个人是很难做的,连争论与研讨的同事都很难找,而学术问题中的争论与研讨是要并存的,我自然必得承担起与他合作的第一对象之责。

  两人的学术研究大目标确定之后,我必须同步进行中外法史的研究。我的史学功底,使我一直坚信"史学就是史料学"的治史的基本方法,即一切结论得站立在原始资料的基础上。从事外法史教学中,罗马法学是很重要的内容,而教材中只显现结论,这无法说服我,我想知道罗马法学家当初是怎样得出那些著名结论的。恰巧,1987—1988年我有幸作为公派访问学者,在圣彼得堡大学法律系访学一年,期间曾访问莫斯科大学法律系,获得俄译本的盖尤斯《法学阶梯》的节译本。我回国后,以我国原已译出的《十二表法》、查士丁尼《法学阶梯》及我带回的俄文本盖尤斯《法学阶梯》三部分最重要的原始资料为依据写出了《罗马私法进化论》(独著,陕西人民出版社1992年版)以及与汪世荣、许晓瑛君三人合著《罗马私法》(陕西人民出版社1999年版)及系列相关论文。又在给研究生开设《英美契约法》的基础上写出了《殊途同归——从两大法系契约法理论的发展演进看契约法的发展》一文(台湾《法令月刊》第59卷第5期)。同时自己任主编编著了《外国法律制度史教程》(陕西师范大学出版社1990年版),也参编了司法部统编教材《外国法制史新编》(群众出版社1993年版,自己承担古印度法、中世纪欧洲的城市法和商法、海商法、苏联法三章的撰写)以及相关论文。在研究外法史中特别关注了有关民、商法律制度及理论。而对中国古代法律制度的研究中,也关注了从地下出土的金文资料中法制尤其是民事法律制度的研究,先后与先夫胡留元合作出版了《长安文物与古代法制》(法律出版社1989年版)、《西周法制史》(陕西人民出版社1988年版)和《夏商西周法制史》(商务印书馆2006年版)及系列相关论文。所著各书均获省级科研奖,《夏商西周法制史》2009年获司法部科研一等奖。可以看出,在这种中外比较的法制史研究中,我一直将着力点侧重到民事法律制度。这也有两方面的原因:一是在罗马法的研究中,罗马私法,即有关私人利益的法律,也即包括民事权利能力,财产关系,婚姻、家庭、继承关系是学界传统的关注点;同时,在中国古代法研究中,从出土的西周金文资料看,物权、债法资料颇多。二是从个人感情方面分析,我是女性,本能地对刑法有抗拒感,而乐于研究有关民生方面的法律制度。所以,在与先夫的合作研究中,涉及民事法律方面的,便分工给我了。经过了上述数十年的研究后,我发现,其实在出土文存中,涉及中国古代法中民事法律制度的资料很多,只是它们不是集中在某一部法典或类似法典化的东西中,而是需要研究者耐下心性去寻搜、去整理、去剖析、去归纳。同时,我也认识到必须要有人去做这项研究,而我是很合适的一个人。因为我在先前数十年的研究中已具有这方面的基础,同时,在先前的研究中,我已认识到梅因在《古代法》一书中的一个理论是错误的。那就是梅因说:"在法典时代开始后,静止的社会和进步的社会之间的区分已开始暴露出来的事实。"而这种区别就是是否对民事法律制度给予关注与完善。梅因说:"世界有物质文明,但不是文明发展法律,而是法律限制着文明。研究现在处在原始状态下的各民族,使我们得到了某些社会之所以停止发展的线索。我们可以看到,婆罗门教的印度还没有超过所有人类各民族历史都发生过的阶段,就是法律的统治尚未从宗教的统治中区分出来的那个阶段。……在中国,这一点是过去了,但进步又似乎就到此为止了,因为在它的民事法律中,同时又包括了这个民族所可能想象到的一切观念。静止的和进步的社会之间的差别,是还须继续加以探究的大秘密之一。"①梅因这种对古代社会中各国法律是静止还是进步社会的分类标准,特别是将中国列为静止社会的分类标准,在西方社会影响至深,对我国当代研究者也影响极深。甚至如李祖荫先生说:"日本有的资产阶级法学家更据此对我国大肆诬蔑,说中国古代只有刑法而没有民法,是一个半开化的、文化低落的国家。就在我国,也有一些资产阶级法学家像鹦鹉学舌一样,把自己的祖先辱骂一顿。"②这是1959年李祖荫先生所说过的话,而笔者本人1988年在莫斯科大学法律系访问时,该校著名的外法史教授克拉舍尼尼柯娃教授(当时苏联《外法史》统编教材的主编)直到听到我对中国西周金文民法的介绍后,说她及苏联外法史界此前均在教材编写中受梅因及日本学者影响,认为中国古代无民法,此后,当以史实为证,改变看法。而1994年在中国北京召开的《罗马法·中国法与民法法典化》的国际学术研讨会上,我提交了论文《罗马法与中国古

---

① 〔英〕梅因:《古代法》,沈景一译,商务印书馆1984年版,第13—14页。
② 〔英〕梅因:《古代法》,沈景一译,商务印书馆1984年版,"小引"。

代契约法》,有民法学博士问我:"中国古代非市民社会,怎么能有契约法?"因为我的论文中国契约法部分完全引证的是从汉简、唐宋帛书中所反映的当时社会中国古代契约的原件影印资料,所以我反问道:"那么,这些从汉至唐、宋的契约原件不叫契约法又叫什么?再说从汉以后开辟欧亚大陆丝绸之路上的交易契约原件叫什么法?"问者无法回答。我以为这是一个先验性的认识错误,即"只有市民社会才有契约法",这个结论是不完整的。又过了10多年,进入新世纪,也即21世纪的今天,我在我们外国法制史研讨会议上仍常能听到有研究者言:"因为中国古代非民主社会,所以,中国古代的东西,我一概不读。"我很吃惊,你不读中国古代的东西怎么就知道它有无用处,怎么就知道它与现今法律文化之源流关系。一个搞法制史的研究者,要抛掉自己民族五千年的文化史,那么,这个民族的法律是21世纪的某一天突然从天上掉下来的吗?正是积于三十年的实践研究及我所目睹之当今国内外学界对我国古代民事法律制度之错误认识,我认为自己有必要也有可能写出这样一本专著《商、周、汉、唐民事法律制度的架构及演进——卜辞、金文、汉简、唐代帛书及石刻民事法律资料研究》。2007年我以这个长长的题目申报国家社科基金项目。当年10月,得到国家批准。由于内容涉及四个大朝代,原始的一手资料要包括对卜辞、金文、汉简、唐代帛书的识读或至少要能读懂考古学界所识读出的资料,再用民法学的观点来运用评析,是一种跨学科的研究课题。其实,我申报此课题的初衷,也有一方面是考虑年轻同志们不可能像我一样再花费至少三十年去研究。而我如能将自己的研究成果提供给学界,也可为此学科的年轻研究者,作文字的铺垫及罗马法学视野的铺垫。我从教五十多年,教师的职责中就有甘为人梯一项。一个学科的研究是需要很多人不断地做人梯的。这便是我申报此课题的原因和目的。

二、研究本课题的方法

在研究的方法上,我坚持了三个基本原则:

1. 以史实为基础,尽可能利用地下出土的一手原始资料,再佐证以文献史籍,甚至包括一定时代的诗史。在史实的基础上得出结论。

如前所述,我是上世纪五十年代学历史专业出身的。记得傅斯年先生所倡导的"史学就是史料学"的治史方法对我影响很大。至今,我也不能说这是唯一的治史方法,但我坚信,它是搞史学的重要的基础方法。

我要研究的四个朝代——商、周、汉、唐,均距离今天年代久远,而它们的民事法律制度,除《唐律疏议》中能解读出唐代的一些内容外,大量的资料其实首先显现在地下文存中。所以我的课题有一个长长的副标题——"卜辞、金文、汉简、唐代帛书及石刻民事法律资料研究",因为出土的地下文存是谁也无法否认的当时那些朝代真实情况的再现。本课题在决定出版之时,为了满足不同读者的需求,出版社决定分三册出版此课题研究成果。第一册《商周民事经济法律制度研究》,商朝的情况,我的研究主要依据的是姚孝遂任主编、肖丁任副主编的《殷墟甲骨刻辞摹释总集》(中华书局1988年影印本),再佐以其余有关原始资料;西周的情况则以郭沫若《两周金文辞大系考释》、文物出版社1984年出版之《陕西出土商周青铜器》(共四册)及此后不断新出土的金文,再佐以其他原始资料。第二册《汉代民事经济法律制度研究》,汉代主要使用汉简有《居延汉简甲编》、《居延汉简甲乙编》、《居延汉简新编》、《张家山汉墓竹简》、《敦煌悬泉置汉简释萃》、《居延新简》等。第三册《唐代民事法律制度研究》,唐代资料则主要依据中国科学院历史研究所资料室编的《敦煌资料第一辑》、王永兴编的《隋唐五代经济史料汇编校注》、《吐鲁番出土文书》,刘海年、杨一凡主编的《中国珍稀法律典籍集成》

(甲编)第三、四册等所能收集到之文存。在地下文存基础上,我再佐以历史典籍。故《尚书》、《周易》、《周礼》、《礼记》、《仪礼》、《诗经》、《史记》、《汉书》、《后汉书》、《汉书补注》、《旧唐书》、《新唐书》、《唐六典》、《通典》、《太平御览》等是必得反复参读的。另外,先秦部分,如陈梦家的《殷墟卜辞综述》,郭沫若的《考古编》、《金文丛考》,容庚的《金文编》,高明的《古文字类编》,张政烺的《古文字研究》,胡厚宣的《甲骨学商史论丛》,也是必得不断参考的,同时还参考的有徐中舒的《甲骨文字典》,吴浩坤、潘悠的《中国甲骨学史》,陈初生编的《金文常用字典》、《十三经注疏》等。唐的部分,参考了钱大群的《唐律疏义新注》,《唐律疏议》,王昶的《金石萃编》,及《天一阁藏明钞本天圣令校证(附唐令复原研究)》中有关之唐令复原研究等。总之,我主观上努力做到以第一手地下文存印证史学古籍文献,在占有资料的基础上得出自己的分析结论。当然,也会有挂一漏万之不足,但愿有人能继续做下去。

2. 以罗马法学的私法观念为纲,确定本书写作的基本体系。

罗马法在世界的影响是巨大的,正如澳大利亚民法学家瑞安在他的《民法导论》一书中肯定地指出:"近代民法是三大法律系统的产物。"这三大法系就是罗马法、日耳曼习惯法和教会法。他特别指出"罗马法有2700多年的历史……而后才发展成为一个拥有广大领土和多种民族的商业社会的完备的法律制度"。他指出19世纪德国的"罗马法学派的理想是建立一种法律制度,在这个制度中,所有的具体规定都源于某些基本概念,并根据这些基本概念来对它们进行分类。对罗马法的研究使他们确信(的确有理由这样确信),简明和抽象是古典及以后罗马法的两个最突出的特点"。[①] 这点和恩格斯对罗马法的评价是一致

[①] 《外国民法资料选编》,法律出版社1983年版,1986年第3次印刷,第1—39页。

的。恩格斯说罗马法是"以私有制为基础的法律的最完备形式",[1]"它也包含了资本主义时期的大多数法律关系"。[2] 古典的罗马法学,当资本主义经济发展一开始时,便发挥了其影响力,因之恩格斯说:"当工业和商业首先刚刚在意大利,稍后在其他国家发展起来时,也就进而发展了私人所有制,与此同时,经过仔细加工的罗马私法又复兴起来并重新获得了权威力。"[3]罗马法的简明以及其所抽象出的概括性理念正是中国古代民事法律制度所缺乏的,但正好借用其权威性的理念为纲目让我能清晰地将中国古代民事法律制度的资料整理分类出来。我想也正由于此原因,中国在法制近代化过程是继受和借鉴了大陆法系,而非是英美法系的。因此,我在本书的写作体例上是以借鉴罗马私法为主的,也就是以民事权利能力、物权、债、家庭婚姻继承、民事诉讼制度为基本纲目分类去写。这样,我觉得清楚得多了。

3. 以中国国情为出发点。

我在多年研究中国古代民事法律制度的过程中,存在一个基本的信念:我觉得中国古代以农耕文明为主,即奴隶制或封建制时期,统治者要维持一个王朝的长治久安,必须要将民生问题放在重要地位来思考。否则,其统治不可能长久。秦朝的短暂,正是明证。而商、周、汉、唐却是各有数百年的统治期,而这种长期统治中,保障民生,至少不让生民飞速地被暴政窒虐而死是很重要的。事实上,从西周开始的明德慎罚,敬天保民,至汉代的天人合一,唐代的德礼为政教之本,刑罚为政教之用,其统治者治国的主导思想是以生民、保民,维持国家长治久安为主流的。而不是以刑罚杀戮为主的。即使是有了完整的法典以后,法典虽在总则部分显示了罪与罚,而具体内容仍多涉及民生。所以,我

---

[1] 《马克思恩格斯选集》第3卷,第143页。
[2] 《马克思恩格斯选集》第3卷,第395页。
[3] 《马克思恩格斯全集》第3卷,第63页。

认为传统的研究中造成一个误点,似乎中国古代是残暴的国家,发达的是刑法。这除了有梅因、日本学界的误导外,还有中国法制史界传统认为"律"就是刑律,而事实上,以《唐律疏议》为代表,我们只要仔细地去读,对律的解释常引用令、格、式,这些过去被学界解释为行政法,它是古代官员工作的具体细则。而作为东方农耕国家,政府、官员工作的很大内容是与农业生产管理与生民息息相关的。

再者,中国自古就存在的家族制中的宗法关系使中国古代法有着很大的人情味,这又与中国大农业社会有关,与中国儒家文化有关,与礼制观念有关。再加以自古存续下来的对"天"的敬畏观,也形成中国古代民法的特殊性,如梅因所说:"在它的民事法律中,同时又包括了这个民族所可能想象到的一切观念。"

为了比较地认识问题,《商周民事经济法律制度研究》一书中,我加入了二节"比较上古民法"、"比较上古婚姻法"作为附录。《唐代民事法律制度研究》一书中,我加入了从"从复原的唐开元《医疾令》看唐代医疗卫生法"、"'耳后大秦珠'到《唐律疏议》——罗马法对唐代契约法的影响"二节作为附录,其目的均在于以比较视野看中国古代民法及认识其独特的视角——以民法为出发点。

基于上述认识,我的这三本书虽以罗马私法的理论体系为纲目,却并不拘泥于它,我必须依掌握的原始资料为依据,写出中国实在的古代民事法律制度。

以上这三点是我研究本课题的基本原则和方法。

三、本课题的体系结构

依据以上思路,本课题的基本体系如下:

第一卷　商周民事经济法律制度研究

第一章:商代的民事法律制度。包括:民事权利主体——身份法;

婚姻家庭法;继承法;物权法;债法。第二章:西周的民事法律制度。包括:居民的民事法律地位;物权、所有权;债法;婚姻法;家庭与继承;经济法规;西周的民事诉讼法。

第二卷　汉代的民事经济法律制度研究

包括:民事权利能力;物和物权法;债;婚姻、家庭、继承法;民事诉讼制度;经济立法与对外贸易法;税法。

第三卷　唐代的民事法律制度研究

包括:社会各阶级的民事权利能力;物权法;债法;婚姻、家庭、继承法;民事诉讼法。

历史和现实是不能割裂的。中国是一个有文字记载的五千年历史的文化古国。一个民族的历史愈漫长,它留下的文化包括法律文化的积淀也愈厚重。这也就形成这个民族具有某种独特特质的法律文化观。作为世界上唯一文化发展没有被完全隔断的延续至今的中华民族,对它传承下来的法律文化观,尤其深受儒家文化和天人合一思想影响的历史上的民事法律制度,特别是生民、息民观的制度作一些剖析研究,我个人觉得是很有启迪价值的。

2011 年 7 月 7 日于西安

目 录

第一章 汉代的民事法律制度 …………………………………… 1
　第一节 汉代居民的民事法律权利能力 ………………………… 1
　　一、汉代"士、农、工、商"四种居民及其民事法律地位 …… 1
　　二、各等居民的民事权利能力和行为能力 ………………… 16
　　　(一)完全享有民事权利能力者——"圣王" ……………… 16
　　　(二)依等级身份制而形成的受限制权利能力者 ………… 20
　　　(三)庶民百姓的权利能力和行为能力 …………………… 25
　第二节 汉代的物和物权法 ……………………………………… 32
　　一、汉代物的概念和分类 …………………………………… 32
　　二、所有权、占有权及其保护 ……………………………… 44
　　　(一)所有权的概念 ………………………………………… 44
　　　(二)占有权的法律保护 …………………………………… 46
　　三、他物权 …………………………………………………… 52
　　　(一)地役权 ………………………………………………… 52
　　　(二)质权 …………………………………………………… 60
　第三节 汉代的债法 ……………………………………………… 62
　　一、汉代"债"的概念 ………………………………………… 62
　　二、契约关系形成之债 ……………………………………… 64
　　　(一)买卖契约 ……………………………………………… 64
　　　(二)雇佣契约 ……………………………………………… 76

（三）借贷契约……………………………………………… 81
　　　（四）其他契约……………………………………………… 92
　　三、侵权行为形成的债……………………………………………… 95
　　　（一）汉律中有关侵权行为之债的法律规定……………… 96
　　　（二）史籍记载的关于土地权利侵权的法律规定及案例… 98
第四节　汉代的婚姻家庭继承法……………………………………… 100
　一、宗法制度与汉代的婚姻家庭继承法………………………… 100
　二、汉代的婚姻家庭法…………………………………………… 102
　　　（一）"同姓不婚"的原则…………………………………… 102
　　　（二）"一夫多妻"与"一夫一妻"制………………………… 103
　　　（三）婚姻年龄的规定……………………………………… 108
　　　（四）结婚的"六礼"礼制…………………………………… 110
　　　（五）父母、夫妻、子女家庭关系………………………… 116
　　　（六）婚姻关系的终止——七去、三不去原则…………… 123
　　三、汉代的继承法………………………………………………… 129
　　　（一）身份继承……………………………………………… 129
　　　（二）财产继承……………………………………………… 132
第五节　汉代的民事诉讼制度………………………………………… 137
　一、司法机构……………………………………………………… 137
　二、诉讼程序和审判制度………………………………………… 141
　　　（一）告诉…………………………………………………… 141
　　　（二）传讯验问……………………………………………… 143
　　　（三）判决…………………………………………………… 146
　　　（四）执行…………………………………………………… 146
　三、上诉制度……………………………………………………… 147
　四、调解制度……………………………………………………… 148

（一）调解员 ·· 148
　　　（二）调解程序 ·· 149
　四、爰书、传爰书制度 ·· 152
第二章　汉代的经济法律制度 ·· 154
　第一节　汉代的农业经济立法 ······································ 154
　　一、《四时月令》诏令前言 ······································· 155
　　二、《四时月令》诏令五十条的内容 ······························· 157
　　三、《四时月令》诏令后记 ······································· 168
　　四、从《四时月令》看汉代农业经济管理立法的特点 ················· 169
　第二节　汉代的工矿管理立法 ······································ 172
　　一、工官、铁官区的设立 ·· 172
　　二、防止私铸货币的立法 ·· 172
　　　（一）汉初禁盗铸钱法 ·· 172
　　　（二）铁、铜等矿藏及造币权国有后的法律变化 ·················· 175
　　　（三）铁官徒的生活及起义 ···································· 178
　第三节　汉代的贸易立法 ·· 182
　　一、汉代的国内市场贸易立法 ···································· 182
　　　（一）金布律关于市场贸易立法的规定 ·························· 182
　　　（二）□市律关于市场贸易立法的规定 ·························· 182
　　　（三）钱律中关于市场上使用货币的规定 ························ 183
　　　（四）金布律关于手工业税的规定 ······························ 184
　　　（五）总结汉代的市场贸易立法内容 ···························· 184
　　二、汉代的对外贸易法 ·· 185
　　　（一）汉代的津关令及对外贸易的限制 ·························· 185
　　　（二）汉代与西域的官贸易及在中外交流中的作用 ················ 192

第四节　汉代的税收立法
　　——西汉经济发展的法制之本·················· 199
一、汉初国家税收法律制度的确立·················· 200
　（一）田税 ································ 201
　（二）赋税 ································ 209
　（三）商业税 ······························ 213
二、进退有序的西汉税收政策······················ 220
三、西汉国家税收政策演进总结···················· 238

附录：史籍记载的关于动产侵权的法律规定及案例········ 244
参考文献······································ 251
后记·· 255

第一章 汉代的民事法律制度

第一节 汉代居民的民事法律权利能力

一、汉代"士、农、工、商"四种居民及其民事法律地位

汉代是中国封建制时代第一个经济发展的高峰期,其国土面积和人口也达到中国此前所从未发展到的高峰。据史籍记载,到西汉末年的汉平帝时期,西汉的疆域是"地东西九千三百二里,南北万三千三百六十八里"①人口为"民户千二百二十三万三千六十二,口五千九百五十九万四千九百七十八"。② 在两千年前的世界,这个数字应当是相当可观的,因为就是当时称雄世界的罗马帝国,到公元三世纪地垮欧、亚、非三洲时的人口也才达到九千万之众,③故班固极赞曰:"汉极盛矣。"④即使到东汉顺帝时期,虽经西汉末之战乱后,经国家之恢复,疆域与人口,在当时的世界也还是可观的,"凡郡、国百五,县、邑、道、侯国千一百八十,民户九百六十九万八千六百三十,口四千九百一十五万二百二

---

① 《汉书·地理志》,中华书局1999年版,第1309页。
② 《汉书·地理志》,中华书局1999年版,第1309页。
③ 〔美〕孟罗斯密:《欧陆法律发达史》,姚梅镇译,台湾商务印书馆1973年9月台二版,第181页。
④ 《汉书·地理志》,中华书局1999年版,第1309页。

十"。①两汉的国土面积和人口数额均超过了盛唐之时。欧阳修《新唐书》载:"然举唐之盛时,开元、天宝之际,东至安东,西至安西,南至日南,北至单于府,盖南北如汉之盛,东不及而西过之。开元二十八年户部账,凡郡府三百二十有八,县千五百七十三,户六百四十一万二千八百七十一,口四千八百一十四万三千六百九。"②也就是说,最盛的开元年间,唐的疆域并未达到超越汉的疆域,而人口数额仅为四千八百多万,尚不到东汉末的汉顺帝时的四千九百多万,更达不到西汉汉平帝时的五千九百多万。统计数字是最有力的证据。汉代是中国封建制时代第一个经济发展的高峰期是绝对无可置疑的。

汉的经济发展,得力于多方面的原因,然而两汉四百年的政局基本是稳定的,这就为中国土地上广大人民能安居乐业、努力从事生产、发展经济创造了最好的也是最重要的条件。两汉的统治者,从建国之初就关注了民生问题,即,使广袤国土上的中国民众能生存,并能不断生息繁衍。这自然与中国自古的民生观,即天道人道观、敬天保民观、德主刑辅观是密不可分的。如董仲舒向汉武帝建议的:"天道之大者在阴阳……是故阳常居大夏而以生育养长之事……以此见天之任德而不任刑也。……诗云:'宜民宜人,爱禄于天'。为政而宜于民者,固当受禄于天。……德施于方外,延及群生也。"③以为政宜于民生为首要任务的汉代统治者也自然十分重视关于民事法律制度的建设。

班固在《汉书·食货志》中,开门见山地指出民事法律制度应重视发展的两个重要问题,那就是,首先要保证民的食用足,即能吃饱;其次,在食足的基础上,保证商品流通,使各地能互通有无,这样,国家经济才能活络起来,通畅起来,各方面的社会运作也如同添加了润滑剂而

---

① 《后汉书·郡国五》,中华书局1999年版,第2411页。
② 《新唐书·地理志一》,中华书局1999年版,第631—632页。
③ 《汉书·董仲舒传》,中华书局1999年版,第1899—1922页。

运转起来。他说:"洪范八政,一曰食,二曰货。食谓农殖嘉谷可食之物,货谓布帛可衣,及金刀龟贝,所以分财布利通有无者也。二者,生民之本,兴自神农之世。……食足货通,然后国实民富,而教化成。……故易称天地之大德曰生。"①他首先引证《尚书·洪范》篇,指出,先秦著述中已指出的治理国家的八项为政策略中,居于首要地位的,第一在于食,第二在于货。食就是种植五谷使人民有可食之物。货就指布、帛等可衣之物,也进而可充当货币用,也包括金、刀、龟、贝等货币。因为货币是可流通物,在市场上发挥作用就调动了物品的流通。这样,国家抓好两项管理事务,即食足货通,那么就可促成国家经济基础充实,人民生活富足。在国家民富的基础上,再抓紧文化教育,则国家自然能够强大起来。他认为这是中国自古积累下的治理国家的经验。而其治理国家的思想,来自朴素的自然法则思想,所以,他说易经在讲述宇宙变化发展的规律时说"天地之大德曰生",就是说天地宇宙变化对人类来说,最大的恩德是使万物处于生长的循环之中,而要使人类生存,就得抓两件事,一是使人民有生存的最基本条件,有食物;二要使货物能流通,能互通有无,这是使民生息的根本。

在作出这样的总结和认识之后,他观察,并以人们所从事的与国实民富相关的四种职业,将人们划分为四种职业者,而且,认为这四种职业是互补的,如果四种职业者各从其业,社会就能向前发展。他提出:"士农工商,四民有业。学以居位曰士,辟土殖谷曰农,作巧成器曰工,通财鬻货曰商。圣王量能授事,四民陈力受职,故朝亡废官,邑亡敖民,地亡旷土。"②

这四种职业,就是士、农、工、商。在班固的《汉书》中,他们本来地

---

① 《汉书·食货志》(上),中华书局 1999 年版,第 943 页。
② 《汉书·食货志》(上),中华书局 1999 年版,第 943 页。

位应是平等的,职业的分工是社会经济发展的需求,所以称之为"四民有业"、"四民陈力受职"。

四民中的第一种,称为"士",班固解释"学以居位曰士"。"士"用今天的话可以解释为知识分子,因为他们确确实实要经过严格的一级级学校教育,学得当时治理国家所需的各种知识,最后,进入"士"的行列,然后,按当时的身份法,受爵,之后再被荐举任命为各级官员,成为治理国家的大大小小的行政人员。所以"士"是要经过一级级严格的学习,然后最终有能力者,被任命到一定的行政职位上之后,才可以成"士"。

班固《汉书》记载了这个成士的过程:"馀子亦在序室,八岁入小学,学六甲五方书计之事,始知室家长幼之节。十五入大学,学先圣礼乐,而知朝廷君臣之礼。其有秀异者,移乡学于庠序;庠序之异者,移国学于少学。诸侯岁贡少学之异者于天子,学于大学,命曰造士。行同能偶,则别之以射,然后爵命焉。"

这段话的意思是说,根据诗经的记载,每年十月之后,①即入冬季,人们农事已毕,应入家室,一方面防备寇贼,一方面学习礼仪文化。所谓"顺阴阳,备寇贼,习礼文也"。② 而在此时凡未承担农事的幼童都应到学校去学习知识。此时的学习,是学习初等知识,包括文化方面,学习"六甲五方书计之事",即指古代识数,记识六十甲子的数字学,识东南西北中,中国周边与邻国所接壤的地理学,以及认识文字,学会书法和计算的方法等。③ 孩子们八岁入小学学习这些初等的文化知识。当时的小学,按居民点设置。居民居住的地方称为里,一里有二十五户居

---

① 这里的十月,应指夏历十二月。因为据汉代人认为,周代的历法,四月为夏代的二月。所以诗经中所称的十月,应实际为夏历十二月,已入寒冷冬季。可参见《汉书·食货志》,第946页下注释③。

② 《汉书·食货志》(上),中华书局1999年版,第946页。

③ 《汉书·食货志》(上),中华书局1999年版,第947页注①、②。

民。① 居民点的高级组织称为"乡",一乡有一万二千五百户居民。里内设的初等小学称为序,乡内设的初等小学称为庠。在庠、序等初等小学中学习优异的幼童,就被推举上郡县一级的官办小学称之为国学中的少学。除郡县官办小学外,汉代实行郡县制与封国制并存,例如西汉至汉平帝时有郡县 81 个,封国 22 个,共为 103 个。诸侯的封国内也设有官办的小学。8 岁至 15 岁是小学阶段的学习,在郡县与封国内的官办少学中,学生们"学六甲五方书计之事"的文化知识,也学习室家中长幼有序的礼节。到 15 岁后这些在各地少学中学习优秀者,就被推举到中央的官学中,称为"大学"。在此要学习的就是儒学先圣们的著述,包括《礼》、《乐》、《诗》、《书》、《春秋》,使学生们明白朝廷中君臣之礼。即我们常说的《四书》、《五经》、三纲、五常。② 进入大学的学生称为"造士",就指已经成为士了。"造",就是"成"的意思③。在大学中,除文化、礼仪知识外还要学习射和御的技能,所谓六艺教育,即礼、乐、射、御、书、数。以射箭骑马的技能再考核后,就可以爵位任命了。汉承秦制,仍实行二十级爵位制。④ 只要有了爵位,就有别于一般的庶民,而是进入国家管理人员阶层了。所以,士这个阶层,就是通过专职学校教育后培养国家管理的人才,因此,班固称为"学以居位曰士"。当然享有二十等爵者,其必然是民事权利主体,并且权利能力的大小与爵位高低有直接关联。但他们首先必得成士后,再级级享爵。

四民中的第二等称为"农"。农即农民,从事农业生产者。在古代

---

① 《汉书·食货志》(上),"在邑曰里。五家为邻,五邻为里",第 946 页注①。
② 《汉书·食货志》(上),"十五入大学,学先圣礼乐,而知朝廷君臣之礼。……诸侯岁贡少学之异者于天子,学于大学,命曰造士",第 947 页。
③ 《汉书·食货志》(上),中华书局 1999 年版,第 947 页注③。
④ 汉爵为"一公士,二上造,三簪袅,四不更,五大夫,六官大夫,七公大夫,八公乘,九五大夫,十左庶长,十一右庶长,十二左更,十三中更,十四右更,十五少上造,十六大上造,十七驷东庶长,十八大庶长,十九关内侯,二十彻侯"。见《汉书·百官公卿表上》。

中国,以其自然条件和疆域的广大,民众中以农业为主要职业者,应是国土内,人口最众多的。班固定义为"辟土殖谷曰农"。民以食为天,从事农业生产的农民这个阶层,在汉代其地位是十分被当权者所重视的。贾谊在对汉文帝的上书中就说过:"管子曰:'仓廪实而知礼节'。民不足而可治者,自古及今,未之尝闻。"①民只有解决了温饱问题,才可谈及治理。农民是农业劳动的主力军,他们的劳动不仅解决了一家人的温饱,还要在耕作收成之后,向国家纳税,所谓种地纳粮,历代国策。所以农民这个阶层也是支撑封建国家的主力支柱。因此,贾谊的《论积贮疏》说:"夫职贮者,天下之大命也。苟粟多而财有馀,何为而不成?以攻则取,以守则固,以战则胜。怀敌附远,何招而不至?今殴民而归之农,皆著于本,使天下各食其力……则畜积足而人乐其所矣。可以为富安天下。"②另一位汉初著名经济学家晁错在向皇上的上疏中进一步疾呼重视农业,重视粮食生产,他在《论贵粟疏》中说:"故务民于农桑,薄赋敛,广畜积,以实仓廪,备水旱,故民可得而有也。……粟米布帛生于地,长于时,聚于力,非可一日成也;数石之重,中人弗胜,不为奸邪所利,一日弗得而饥寒至,是故明君贵五谷而贱金玉。"③所以,汉代国家统治者的立法思想是重视发展农业的。从事农业生产的农民,在法律地位上是享有完全的民事权利能力的。他们享有完全的公权利和私权利。也就是说,从公权利方面,他们家庭出身的子弟可以凭借自己的才能有机会被推荐任职于政府部门,他们可参军,可读书,可任各级官职,前面所提到的"士"的成士道路,就指凡在家的幼童都应享受学校教育,而后逐步走上成士之途。④ 农民家庭出身,也被称为"良家",这个"良

---

① 《汉书·食货志》(上),中华书局1999年版,第950页。
② 《汉书·食货志》(上),中华书局1999年版,第952页。
③ 《汉书·食货志》(上),中华书局1999年版,第953页。
④ 《汉书·食货志》(上),"馀子亦在于序室"的注释,中华书局1999年版,第947页注①。

家"，就指非出身于医生、巫师、商贾、百工家庭的。士、农、工、商四民中，只有出身于前二阶层的，才是享有完全公、私权利的。《史记·李将军列传》记载李广的事迹时，讲他在孝文帝时参军，有"广以良家子从军击胡"一句，这是李广最初走上军事生涯的开始，但从行文看，只有"良家子"才能从军，而据书下《史记索隐》的解释看，良家子是指除出身医、巫、商贾、百工家庭的①。那么，四民中能称为"良家子"的就只限于"士、农"两阶层了。也就是说，农民阶层是享有完全公权利者，而在私权利上，也更是享有皇帝治下的全权的。

"工"是第三阶层的民众，也就是当时从事手工业制造的人。班固说"作巧成器曰工"。汉代承袭了前朝手工业的发展，加之以简单商品经济的发展，国家对盐、铁、铜、酒等的专营政策，使手工业者形成一个庞大的职业化的阶层。在汉代的编户齐民，也就是将普通民众编入户籍的过程中，民众依职业是有分类的。所以编户中有百工、医、巫等的称谓，其中"百工"就是指从事各种手工业的人。手工业户至少包括制盐、酿酒、冶铸铁、冶铜、织布、织丝绸的织户、从事漆业生产与加工者等。也包括猎户、樵户、畜牧者、捕鱼虾业者等，而且都是与民生紧密相关的职业。王莽的诏书中曾说："夫盐，食肴之将；酒，百药之长，嘉会之好；铁，田农之本；名山大泽，饶衍之臧；五均赊贷，百姓所取平，卬以给澹；铁布铜冶，通行有无，备民用也。此六者，非编户齐民所能家作，必卬于市，虽贵数倍，不得不买。"②就王莽诏书所见当时汉代常用的六种手工业生产品有盐、酒、铁铜器、渔具、酒器、布帛，所以才指出之六类手工业产品都不是一般普通百姓家能自己制造的，而又是民用所必备的，必须通过市场交易才可获得。所以编户中有"百工"称谓，用指手工业

---

① 《史记·李将军列传》，中华书局1959年版，第2867页及其注③。
② 《汉书·食货志》（下），中华书局1999年版，第988—989页。

生产者。手工业生产的目的是为市场交易的需要。当然这种生产者有大户,可在经济上称霸一时的。类如汉初铜铁矿可成为私人财产,一些大的矿主因之拥有造币权,富可敌国。汉书有记载者,四川人卓氏因冶铁致富,"田池射猎之乐拟于人君";山东人程郑也因冶铸业"富埒卓氏";梁国人宛孔氏因大规模从事冶铸业"家致数千金";鲁国人丙氏以冶铁业起家,"富至钜万";齐人刀间使奴婢从事鱼盐商贸事业得数千万;宣曲人任氏窖藏仓廪,发展畜牧,为富而致帝王尊重。① 文帝时期,一个善行船的船工邓通被皇帝喜爱,赐于其铜山,可以自铸钱,于是"邓氏钱布天下"。② 从事手工业获取利润自然比从事农业获取利润容易得多,所以当时的民谚有:"以贫求富,农不如工,工不如商,刺绣文不如倚市门。"③所以为了保证"食"的需要,汉代实行"以农为本"的国策,手工业者在民事法律地位上,是权利能力受限制者,特别是在公权利上,他们不能从军,不能为宦,不属于"良家子"的范畴。例如,前引《史记·李将军列传》中谈到李广参军时说"广以良家子从军击胡",其下《史记索隐》的注释说:"[索隐]案:如淳云'非医、巫、商贾、百工也'。"④也证明在汉代编户如属"百工"者,其民事行为能力较士、农两阶层是相对受限制的,公权利中的为官、参军,私权利中的国家授田数、为国家纳税数均有一定的限制。在各个皇帝统治的不同时期,因为经济发展的需要,他们的民事权利能力受限制的情况是有所不同的。例如,汉初刘邦见天下经济濒临崩溃,为发展农业经济,专门颁布法律"乃令贾人不得衣丝乘车,重租税以困辱之"。⑤ 但到惠帝、吕后执政时,为恢复经济又

---

① 《汉书·货殖列传》,中华书局1999年版,第2725—2734页。
② 《汉书·佞幸传·邓通》,中华书局1999年版,第2756页。
③ 《汉书·货殖列传》,中华书局1999年版,第2730页。
④ 《史记·李将军列传》,中华书局1959年版,第2867页注③。
⑤ 《史记·平准书》,中华书局1959年版,第1418页。

"复弛商贾之律,然市井之子孙亦不得仕宦为吏"。① 也就是说此时对商贾的加重租税的法律不实行了,但是仍限制他们的公权利,包括子孙都不能任官职。但是文帝时在货币改革中,又允许百姓可自铸钱,于是拥有铜、铁矿山的所有者们或自己直接从事冶铸,或与冶铸手工业者合营,又都可获大利,但这在当时均是合法的。史载:"至孝文时,……令民纵得自铸钱。故吴,诸侯也,以即山铸钱,富埒天子,……邓通,大夫也,以铸钱财过王者。故吴、邓氏钱布天下。"② 这里的吴诸侯就是吴王刘濞,他招拢天下流亡者盗铸钱,又煮海水为盐,因为是诸侯国,免向国家缴纳赋税,以至富可敌国,最终攘成吴楚七国之乱的叛国行为。③ 而邓通仅为一位无用佞臣,因文帝赐于铁铜山,便租与蜀地大手工业者卓王孙,自己每年收取租金千匹绢,卓王孙因铸钱货累巨万亿,邓通钱也尽通天下。④ 当国家财政困难时,有时也会放宽对手工业者的政策。例如,武帝时因征战不停,国库空虚,大司农主管盐铁专营之职的孔仅、东郭咸阳建议:"愿募民自给费,因官器作煮盐,官与牢盆。"⑤也就是由国家召募民众,利用官府器皿,从事煮盐业,国家给雇工钱。据《汉书·地理志》记载当时全国设有工官的地区有 9 处,设铁官地区有 64 处,设盐官地区有 32 处。⑥ 可见手工业发展之盛。而一些从事工商业有建树者,还担任了国家的高级官员。例如,东郭咸阳、孔仅都担任大农丞一职,主管盐铁事。他们二人,前者为齐国的大盐商,后者为南阳的大

---

① 《史记·平准书》,中华书局 1959 年版,第 1418 页。
② 《史记·平准书》,中华书局 1959 年版,第 1419 页。
③ 见《史记·吴王濞传》。
④ 翦伯赞、郑天挺主编:《中国通史参考资料》(古代部分,第二册),中华书局 1962 年版,第 201 页。
⑤ 《史记·平准书》,中华书局 1959 年版,第 1429 页。
⑥ 翦伯赞、郑天挺主编:《中国通史参考资料》(古代部分,第二册),中华书局 1962 年版,第 202—204 页。

冶户。而桑弘羊本是洛阳商人之子,因精通商贸事业,后来官至御史大夫,位及三公。卜式是从事畜牧业的,先任齐相,后来任御史大夫,即使被贬也为太子太傅。① 说明汉初商贾不得为宦为吏的法律也是在随时势而变化的。对手工业者的重税赋政策也是随经济形势而发展的。武帝时因征战,国库空虚,实行"告缗令",就是让民举报工、商之家,凡其家庭财产收入,商人家庭每户达二千钱出一算缗钱,也就是商人按资产价值二千钱要缴一百二十钱的所得税②。而手工业者家庭,则按收入四千钱收一算的计量方法缴所得税。"算缗钱"仅为向工、商之户收取的,士、农两阶层是不缴的。《汉书·食货志》有记载:"诸贾人末作贳贷买卖,居邑贮积诸物,及商以取利者,虽无市籍,各以其物自占,率缗钱二千而算一。诸作有租及铸,率缗钱四千算一。"③

"商"是第四阶层的民众,专门从事商业贸易为职业的。班固说"通财鬻货曰商"。汉代已形成大的商贸市场,所以商人及其家属在编户登记中要登记为"市籍"。"市"就是进行商业交易的地方。《易·系辞下》:"日中为市,致天下之民,聚天下之货,交易而退,各得其所。"④"市籍",秦汉时在市内营业的商人们的户籍。凡在市籍内的商人们依法要向国家缴纳一定的商业税。甚至,在一些时期,即使未入市籍的工、商业者也需缴纳一定税收,如武帝时规定的"算缗钱"是商业税之外的资产税或所得税。秦汉时,尤其汉代实行重农抑商的政策,从法律地位上说,商人的地位要低于士和农。晁错向汉文帝上疏说:"今法律贱商人,商人已富贵矣;尊农夫,农夫已贫贱矣。"⑤法律贱商人就是指商人的民

---

① 《汉书·食货志》(下),中华书局1999年版,第975—983页。
② "一算"是汉初缴纳的成人税,为一百二十钱。见《汉书·高祖纪》,八月,初为算赋,其下如淳注。此处为计缴纳所得税的方法。
③ 《汉书·食货志》,中华书局1999年版,第977页。
④ 《十三经注疏·周易正义》,中华书局1980年影印本,第86页。
⑤ 《汉书·食货志》(上),中华书局1999年版,第954页。

事行为能力受限制。包括从公权利方面,商人不能做官,不能以良家子身份参军;从私权利方面,商人不能穿好的衣服,不能用好的车马,并且要向国家缴纳比一般士、农重的租税等。这种对商人权利能力的限制延及商人的子弟。史载,汉初高祖"乃令贾人不得衣丝乘车,重租税以困辱之。孝惠、高后时,为天下初定,复弛商贾之律,然市井之子孙亦不得仕官为吏"。① 商人要向国家缴纳的税有成人税,即算赋,这本是一个成人一年缴纳一百二十钱的,但商人却要"倍算",就是缴纳二份算赋②,商人家还应缴纳市籍税,汉书称为"市井租税",这笔税收如在诸侯领地内就归入诸侯自己私自的奉养费。《史记》说:"山川园池市井租税之入,自天子以至于封君汤沐邑,皆各为私奉养焉,不领于天下之经费。"③另外,商人们还要向国家缴纳盐铁、酒等各种专营税,武帝时征收的商人车船税、财产税等④。汉代对商人权利能力的限制也是随社会经济的发展而变化的。如汉初法律禁止商人及其子弟为官,但武帝时的桑弘羊出身商人家庭,而后官至三公一级。又如汉初法律禁止商人乘车,武帝时为增加税收,允许商人可以有车有船,只是加征了较大数额的商人车船费。再如,汉初商人子弟不得从军,武帝时因拓边政策之需要,特别发七科谪,就是指"贾人"、"尝有市籍"、"父母有市籍"、"大父母有市籍"等七种人被强制征发为士兵。但是,因为商业经营毕竟是得利容易的,所以,法律地位上虽贱商人,商人仍是富有者阶层,被称为"素封",就指他们虽无奉禄而地位比过封侯。司马迁说:"今有无秩禄之奉、爵邑之入而乐与之比者,命曰'素封'。"⑤富有的商人家庭,可能

---

① 《史记·平准书》,中华书局1959年版,第1418页。
② 《汉书·惠帝纪》,中华书局1999年版,第67页"女子年十五以上至三十不嫁,五算",其下应劭注。
③ 《史记·平准书》,中华书局1959年版,第1418页。
④ 冯卓慧:"进退有序的税收制度",《西安财经学院党报》2009年第9期。
⑤ 《史记·货殖列传》,中华书局1959年版,第3272页。

有"船长千丈"的大船,其车"轺车百乘,牛车千两",家中拥有的布匹、丝绸"其帛絮细布千钧,文采千匹",放贷收利息"子贷金钱千贯",①自然可比有封爵之家了。

另外还有值得一提的一个阶层:依附农民和奴婢。

家内奴隶在汉朝仍很盛行,史书常称"奴婢",包括男女家内奴隶。他们是权利客体而非权利主体,在法律地位上同于财产。如为私奴隶,是与主人的财物一起统计的,也可以像财物一样被处分,即可以被赠与、被买卖,被官府当作物一般没收。他们所创造的价值自然属于他们的主人。如为官奴隶,则多为从事工矿业的官奴,无人身自由的。身为奴隶的人不少是在当时社会经济发展中,被天灾人祸强权挤压而失去土地等生存资源而被迫出卖自身自由权沦为奴隶的。如董仲舒在向汉武帝的谏言中指出,中国自秦商鞅变法后,土地得自由买卖形成土地兼并制度便造成"富者田连仟伯,贫者亡立锥之地。……汉兴,循而未改"他立主张要"限民名田,以澹不足,塞并兼之路。……去奴婢,除专杀之威"。但是,此前此后,废奴婢制的法令一直很难行得通,因为奴婢的最大私人拥有者为王公、贵族、大官僚、大商人、大地主,他们私人的既得利益是绝不容被侵犯、被削弱乃至被剥夺的。

仅以史料记载为例。汉初,萧何为相国,权势大,遭刘邦的猜忌后,有人游说他,"今君胡不多买田地,贱贳贷以自汙?上心乃安",萧何听从该建议大量贱价强买民田,失田之民不得不拦皇上车驾上书,"言相国贱强买民田宅数千万",②试想,以相国身份贱价强买百姓田宅达数千万,逼得失田宅农民不得不拦御驾上书,真到了官逼民反的境地。无独有偶,景帝时的大臣灌夫,"家累数千万,食客日数十百人。陂池田

---

① 《史记·货殖列传》,中华书局1959年版,第3274页。
② 《史记·萧相国世家》,中华书局1959年版,第2018页。

园,宗族宾客为权利,横于颍川。颍川儿乃歌之曰:'颍水清,灌氏宁;颍水浊,灌氏族'。"①因为是皇戚,所占田宅可至一条川。景帝时,淮南王刘安及其家人,均骄横专权,史称"王后荼、太子迁及女陵得爱幸王,擅国权,侵夺民田宅,妄致系人"。②淮南王刘安之弟刘赐被封为衡山王,也是不断扩大自己的私田,侵占民田的,"王又数侵夺人田,坏人冢以为田"。③而大商富贾们之拥有奴隶数额也是十分惊人的。《史记》载,四川卓氏,在临邛,"即铁山鼓铸,运筹策,倾滇蜀之民,富至僮千人,田池射猎之乐,拟于人君",齐国的刀间,利用奴隶,从事渔、盐、商贾业,发财致富。"齐俗贱奴虏,而刀间独爱贵之。桀黠奴,人之所患也;唯刀间收取,使之逐渔盐商贾之利,或连车骑,交守相,然愈益任之。终得其力,起富数千万。或曰,'宁爵毋刀'言其能使豪奴自饶而尽其力。"④人们熟知卓文君与司马相如的爱情故事。就因为寡居的卓文君看上了当时尚贫穷而有才的书生司马相如而自动夜间奔嫁。而文君之父临邛富人卓王孙家中奴仆多至八百人;因为女儿私奔,以为有辱门风,本准备一文嫁妆不给。但因为女儿卓文君夫妇为生计专门在临邛开酒店,文君亲自当炉,卓王孙不得已,只好为女儿陪嫁,奴婢百人,钱百万,及出嫁时之衣被财物。卓文君得此嫁妆与司马相如返归成都,买田宅而成为富人。此一故事被司马迁记入《史记》⑤成为千古佳话,并成为后世多少戏曲的本源。另外,如宣帝时的张安世,身为公侯,食邑万户,家中奴仆七百人,皆有手工业技艺,故能以工商业经营,使家产富过当时的佐理朝政的大将军霍光。⑥

---

① 《史记·魏其武安侯列传》,中华书局1959年版,第2847页。
② 《史记·淮南衡山王列传》,中华书局1959年版,第3083页。
③ 《史记·淮南衡山王列传》,中华书局1959年版,第3095页。
④ 《史记·货殖列传》,中华书局1959年版,第3277—3279页。
⑤ 《史记·司马相如列传》,中华书局1959年版,第3000—3001页。
⑥ 《汉书·张汤传》,中华书局1999年版,第2011页。

除私奴婢外,官奴婢的数量也是庞大的,汉元帝时的禹贡在向皇帝建议减少人民税赋负担时说:"又诸官奴婢十万余人戏游亡事,税良民以给之,岁费五六钜万,宜免为庶人,廪食,令代关东戍卒,乘北边亭塞候望。"① 就是说当时官奴婢已有十万余人,然而无所事事,却各年耗费百姓纳的税收五六万银两,不如令其全赦免为庶民身份,由国家供给吃食去服兵役。这里指"戏游亡事"的官奴婢应是皇室诸宫殿内的奴婢。还不包括诸侯封国宫室的奴婢。也可见当时的奴婢数量之多。作为官奴婢者,除在各官营手工业作坊服奴役者外,不少为皇室,诸侯享乐之用。也是要占国家财政支出的很大耗费额的。

官、私奴婢,数量巨大,因为没有人身自由,他们可以被奴婢主人买卖、虐待,甚至任意杀戮或伤害。在战争年代,许多原是自由身份的庶民也可能被掳掠而成奴婢。西汉末、东汉初,奴婢身份使社会矛盾更加激化。所以东汉初光武帝刘秀时,多次下诏解放奴婢:

(建武七年)五月,……诏吏人遭饥乱及为青、徐贼所略为奴婢下妻欲去留者,恣听之。敢拘制不还,以卖人法从事。

十一年春二月己卯,诏曰:"天地人之性人为贵。其杀奴婢,不得减罪。"

(六月)癸亥,诏曰:"敢灸灼奴婢,论如律,免所灸灼者为庶(民)[人]。"

冬十月壬午,诏除奴婢射伤人弃市律。

(十二年)三月癸酉,诏陇、蜀民被略为奴婢自讼者,及狱官未报,一切免为庶(民)[人]。

(十三年)冬十二月甲寅,诏益州民自八年以来被略为奴婢者,皆一切免为庶(民)[人];或依托为人下妻,欲去者,恣听之;敢拘留

---

① 《汉书·王贡两龚鲍传》,中华书局1999年版,第2305页。

者,比青、徐二州以略人法从事。

　　十四年癸卯,诏益、凉二州奴婢,自八年以来自讼在所官,一切免为庶(民)[人],卖者无还直。①

当然,这并不是全面废除奴婢制,或全面解放奴婢,但从诏书中,我们明显地看到奴婢制因战乱而使得社会矛盾进一步激化,使统治者不得不采取遏制政策。

依附人口在东汉时期是一个重大的社会问题。他们的法律地位低于普通居民而高于家内奴婢。他们常在社会动乱中依附于某些豪强地主或大贵族官僚,史籍称之为"宾客"。他们因受所依附者的保护而为依附主服务,自己的行为也为依附主左右,但依附主也常靠"宾客"壮大自己的力量。现摘记史籍以佐证之。

"兄伯升(刘秀之兄)好侠养士。……地皇三年,南阳荒饥诸家宾客多为小盗……光武遂将宾客还舂陵。"②"及汉兵起,晨将宾客会棘阳。"③

"来歙,字君权,……汉兵起,王莽以歙 刘氏外属,乃收系之。宾客共篡夺,得免。"④

"岑彭……王莽时守本县长。汉兵起……彭将宾客战斗甚力。"⑤

"刘植、……从兄歆率宗族宾客聚兵数千人振巨鹿城。"⑥

"(援)因有重罪,援衰而纵之,遂亡命北地。遇赦,因留牧畜。宾客多归附者,遂役属数百家。"⑦

---

① 《后汉书·光武帝纪》(下),中华书局1999年版,第36—44页。
② 《后汉书·光武帝纪》(上),中华书局1999年版,第1—2页。
③ 《后汉书·邓晨传》,中华书局1999年版,第387页。
④ 《后汉书·来歙传》,中华书局1999年版,第389页。
⑤ 《后汉书·岑彭传》,中华书局1999年版,第432页。
⑥ 《后汉书·刘植传》,中华书局1999年版,第505页。
⑦ 《后汉书·马援传》,中华书局1999年版,第553页。

"援中矢贯胫,帝以玺书劳之,赐牛马数千头,援尽班诸宾客。"①

"耿纯……纯与从昆弟䜣、宿、植共率宗族宾客二千余人……奉迎于育。"②

从以上约略举例,可知从王莽时期到东汉初,由于社会动荡不安,一般百姓安全难保,所以很多普通人家依附于世家豪强,成为依附人口。这些依附人口虽不是世家豪强的奴婢,但是,他们地位类似欧洲中世纪领主庄园内的农奴,他们如不傍依世家豪强,则无法生存。他们或耕种役作于世家豪强,如马援在自己官职任内,同情被囚犯人,纵使他们逃亡北地,当这些逃犯遇赦后,他就收留他们为自己家牧畜。以至依附于他的依附人口竟达数百家之多。而依附主们,一般也应善待依附人口,这样大家才能形成共同之心。以上所举实例,说明当这些依附主们起义或参加战斗时,依附人口就必然随之参战。故而史籍上将依附人口一律称为"宾客",说明他们与依附主的关系不是主奴关系。但数量众多的依附人口在社会上又形成一种特殊力量。我个人认为,他们的地位类似欧洲中世纪领主庄园的农奴,但在人格尊严上高于农奴。

二、各等居民的民事权利能力和行为能力

虽然班固说:"士农工商,四民有业。"然而他又说:"圣王量能授事,四民陈力受职。"这就显示出社会各等居民的民事权利能力和行为能力是有差异的。

(一)完全享有民事权利能力者——"圣王"

这里的"圣王",就是指国家的君主,汉代的中国是专制主义、封建

---

① 《后汉书·马援传》,中华书局1999年版,第558页。
② 《后汉书·耿纯传》,中华书局1999年版,第506页。

集权国家,理论上讲,皇帝是国家唯一享有完全权利能力的一人。国家被视为皇帝一人的私产,所以,拥有对国家这份私产的最高处分权的自然只有皇帝一人。而皇帝的位子是世袭的,自西周以来形成的宗法制到此时早已被完善的礼制固定化下来,因此,只有世代世袭的皇帝们是这个王朝的唯一享有完全权利能力之人。这种民事权利能力最重要之处是对全国土地的处分权利。西汉立国,刘邦改变了战国至秦朝时的完全土地私有制。一方面,承认土地私有权,另一方面,大量土地仍为国有。由国家将土地按居民身份爵等予以授田。但是无论是居民私有土地或国家授予之田,均需向政府缴纳土地的租税,租税是国家财政收入的主要来源。这说明实质上,国家是土地权利的最高所有权人。

汉代在国家行政管理制度上,实行郡县制和封建分封制并存的制度,郡县级的租税全要依次上交中央财政,而诸侯王等封国内的租税收入,归各诸侯国自用,而不上交中央。所以《汉书食货志》载:"上于是约法省禁,轻田租,什五而税一,量吏禄,度官用,以赋于民。而山川园池市肆租税之入,自天子以至封君汤沐邑,各为私奉养,不领于天子经费。"①而诸侯、王的分封,是吸取秦王朝过分专制独裁亡国教训,想形成一个使汉王朝政权巩固的势力圈,所以史载:"汉兴之初,海内初定,同姓寡少,惩戒亡秦孤立之败,于是剖裂疆土,立二等之爵,功臣侯者百有余邑,尊王子弟大启九国。"②这种分封功臣,大的封为王,小的封为诸侯。当时封为王的仅为九国,诸侯国有一百多位。"八载而天下乃平,始论功而定封。讫十二年,侯者百四十有三人。……于是申以丹书之信,重以白马之盟,又作十八侯之位次。"③诸侯国中位次排前列的有十八位。汉高祖后来在平定吴楚七国之乱以后,所封之王就都是刘姓

---

① 《汉书·食货志》(上),中华书局 1999 年版,第 950 页。
② 《汉书·诸侯王表》,中华书局 1999 年版,第 283 页。
③ 《汉书·高惠高后文功臣表》,中华书局 1999 年版,第 415 页。

子弟了。"高帝已定天下,与大臣约曰:'非刘氏王者,天下共击之'。"①因此,据《汉书·地理志》记载,到汉平帝时,国家行政区域划分,共103郡国,其中,郡为83,封国20。②予以封国一定财政自主权,但关于立封国、增封国、减封国之权在于皇帝。也就是说封国中王的权利也仅是对土地的占有权而非完全所有权。在对最重要的财产——土地的处分权意义上讲,只有皇帝才是民事法律意义上的完全所有权权利能力者。

当然,还必须注意到一点,汉代中国是封建专制集权主义国家,因此,在这个意义上,"圣王"的个人意志和行为,就又与封建国家的利益不可分。因为是"家天下"的国家,所以"朕即国家"。所以"圣王"的权利能力也可以理解为国家的权利能力。在这个层面上,"圣王"一词也含有集体名词的意思。

正是基于"圣王"含有集体名词的意义,因此,就民事行为来说,做某些民事行为,或表达某种民事行为意愿的"圣王",不一定都是个人真实意愿的反映。譬如,汉高祖时除异姓诸侯王,必须第一步以某种罪名加之于他们,再用公开的或非公开的、合法的或非法的手段灭除他们,之后才可撤封,就是撤除他们"王"的封号,也一并回收对他们封地的赏赐,将土地所有权再完全收回为皇帝所有以另行封赐。而在这种封赐活动、处分土地所有权的过程中,常常具体的意愿表达人可能是与"圣王"关系非常密切,甚至能左右"圣王"之人的意思表示,但仍可借"圣王"的名义为这种意思表示。史籍有记载:"高皇帝瓜分天下,以王功臣,反者如蝟毛而起,以为不可,故芟去不义诸侯,而虚其国,择良日立诸子雒阳,上东门之外,毕以为王,而天下安。"③这是贾谊在向汉文帝谈治国之道时,总结汉初刘邦为巩固政权,曾分封立有战功的异姓诸侯

---

① 《史记·吕太后本纪》,中华书局1959年版,第406页。
② 《汉书·地理志》(上、下),中华书局1999年版,第1231—1309页。
③ 《汉书·贾谊传》,中华书局1999年版,第1734—1735页。

王,后因异姓异心,彭越、黥布等造反,反叛者多如刺猬之毛,刘邦才不得不以武力平服了叛乱国,又将封土全分封给了刘姓直系和旁系血亲,认为这样才能使政权巩固。这个行为的过程中,吕后起了很大的作用。《史记》载:"吕后为人刚毅。佐高祖定天下,所诛大臣多吕后力。"①特别是在谋杀淮阴侯韩信的过程中假传高祖旨意。韩信因为功高盖主,遭刘邦厌恶,但尚未举兵叛刘邦,被人密告于吕后。《史记》载:"吕后欲召,恐其党不就,乃与萧相国谋,诈令人从上所来,言豨已得死,列侯群臣皆贺。相国绐信曰:'虽病,强入贺'。信入,吕后使武士缚信,斩之长乐钟室。信方斩,曰:'吾悔不用蒯通之计,乃为儿女子所诈,岂非天哉'!遂夷信三族。"②谋杀韩信,吕后为主谋,萧何是帮凶。用了诱杀手法,非依法惩办,是暗杀手段,而且,杀的地点都不是正规的刑场而是皇室理政的长乐宫的悬挂大钟的室中。这中间有多少细节可供人遐思。正因为此,百姓不平,民间有各种版本传说。上世纪五十年代末,西安挖掘出汉未央宫遗址,笔者以历史系学生身份去参观遗址时,亲耳听得当地卖茶老人娓娓道说未央宫吕后残杀韩信事,并信誓旦旦指着未央宫旁一条只有约 30 公分宽的小道说,正因为韩信蒙冤被杀,头颅滚了四十里,故头颅所滚之小道,至今两千年来,此处唯此条道寸草不生。在徒步一天的参观之后,在夕阳余晖照耀下,口中饮着老人卖的大碗茶,听着这与史籍记载并不十分相符的民间传说,真正理解到太史公在《史记》的评述中为什么会有"传曰"、"谚曰"的写法。而按《史记》记载,刘邦在平陈豨叛变,返回后才知韩信被吕后计杀的事,"见信死,且喜且怜之",③说明杀韩信之行为非刘邦亲自为之。也说明,从撤封国封土的民事行为来说,所谓"圣王",有时可以作为一个国家、政府、利益

---

① 《史记·吕太后本纪》,中华书局 1959 年版,第 396 页。
② 《史记·淮阴侯列传》,中华书局 1959 年版,第 2628—2629 页。
③ 《史记·淮阴侯列传》,中华书局 1959 年版,第 2629 页。

集团来理解。

至于西汉、东汉后期,皇权因种种原因有时甚至被控制在大臣、皇室亲属的手中,他们甚至有生杀另立皇帝之权。如惠帝死后无子,吕后立后宫原为吕氏家族宠幸之女为美人,以其怀吕氏家族之后孕身入宫生子为太子,立为帝,后又幽杀之。又如王莽以元帝妻王皇后娘家侄身份,主持朝政,哀帝死无子,立平帝,平帝死,立孺子刘婴一个两岁婴儿为帝,最终至废汉室,改政权为"新",自立为皇帝。所以,哀帝、平帝、孺子婴为皇帝时,其实,"圣王"的权利能力和行为能力早已为王莽所取代。《汉书》有评价:"汉兴,后妃之家吕、霍、上官,几危国者数矣。及王莽之兴,由孝元后历汉四世为天下母,飨国六十余载,群弟世权,更持国柄,五将十侯,卒成新都。"①当然,此时的"圣王",其意义只能是法律词语概念上的罢了。

(二)依等级身份制而形成的受限制权利能力者

中国自古就有一套完整的礼制体系来维护等级制的家天下的社会秩序。《左传·昭公七年》记:"天子经略,诸侯正封,古之制也。封略之内,何非君土,食土之毛,谁非君臣。故诗曰:'普天之下,莫非王土;率土之滨,莫非王臣。'天有十日,人有十等。下所以事上,上所以共神也。故王臣公,公臣大夫,大夫臣士,士臣皂,皂臣舆,舆臣隶,隶臣僚,僚臣仆,仆臣台'。"②这段话的意思是说中国自古治理国家的办法就是由天子分封诸侯,以后按等级形成上下级关系,下级就是绝对服从上级的,最高的上级是侍奉神的。这种上下级分为十等,就如天上有十个太阳一样。这十等就是天子之下的王、公、大夫、士、皂、舆、隶、僚、仆、台。当然十等级在各个历史朝代是有变化的,但等级身份制是不变的。等

---

① 《汉书·元后传》,中华书局1999年版,第2966页。
② 《十三经注疏》,中华书局1980年影印本,第2047—2048页。

级制就形成了除天子以下的各不同等级的权利能力和行为能力的大小有极大差异的情形,以这种天经地义的理论,形成权利能力、行为能力的法律差异。

汉朝建国,封建的分封制保留下来,并且命叔孙通制定礼仪来确立这种等级关系。"汉兴,拨乱反正,日不暇给,犹命叔孙通制礼仪,以正君臣之位。高祖说而叹曰:'吾乃今日知为天子之贵也'!"①礼制首先正君臣之位,使臣不得犯君。所以草莽出身的刘邦才喜滋滋地品尝到天子作为全天下唯一具有完全权利能力者的尊贵。

至于天子之下的分封,分为两等,包括王和侯。"汉兴之初,海内新定,同姓寡少,惩戒亡秦孤立之败,于是剖裂疆土,立二等之爵。功臣侯者百有馀邑,尊王子弟,大启九国。"②从《汉书》记载,我们可知,皇帝之所以剖裂疆土,实行分封制的目的是鉴于秦亡的教训,以为由诸侯王环拥天子,可防止秦孤家寡人江山易被取代的前车之鉴。至于具体分封的数量是因时因事而易的。譬如,刘邦于汉王元年曾封异姓诸侯王十八位,后来,又分封同姓子弟九国为王国,侯国一百多。至《汉书·地理志》载,西汉时封的王国有二十,诸侯国有二百四十一。③诸侯国辖域小,大都在郡中,包括封地也就是县一级的规模。例如,东海郡所属县共有三十八个,而其中一十五个县为侯国。④

王国与侯国是因封地大小而定制,被封为王和侯的,他们虽立为高位统治者,但仍是不完全权利能力者,就民事权利能力而言,他们能享受的是皇帝给他们的封土内的财政收入权。但这种财政收入包括他们封国内的机构开支都要由自己封国内支出。《汉书·食货志》载:"自天

---

① 《汉书·礼乐志》,中华书局1999年版,第883页。
② 《汉书·诸侯王表》,中华书局1999年版,第283页。
③ 《汉书·地理志》,中华书局1999年版,第1309页。
④ 《汉书·地理志》,中华书局1999年版,第1275页。

子以至封君汤沐邑,皆各为私奉养,不领于天子之经费。"①其下颜师古的注释说此句指各诸侯国自己收自己封国内的赋税作为封国的日常开支,其收入不缴纳于国家府库,也不从国家再领取经费。② 但是诸侯们虽享有在其封地内的封国财政收入支出权,却也要向中央缴纳一定的税收,例如每年八月要向中央按自己封国户口敬献酎祭皇室宗庙的黄金。如果敬献的黄金数量少或质量差的,就可能因此而被削减封国国土或免除封国。据史籍记载,汉武帝元鼎五年"九月,列侯坐献黄金酎祭宗庙不如法夺爵者百六人"。③ 其下,如淳注说:"汉仪注诸侯王岁以户口酎黄金于汉庙,皇帝临受献金,金少不如斤的,色恶,王削县,侯免国。"④

分封的诸侯王之外,就是各级国家行政官员包括从最高一级官员三公开始,到最低一级官员佐史,他们的分等以领取俸禄区分:

师古曰:"汉制,三公号称万石,其俸月各三百五十斛谷。其称中二千石者,月各百八十斛,二千石者百二十斛,比二千石者百斛,千石者九十斛,比千石者八十斛,六百石者七十斛,比六百石者六十斛,四百石者五十斛,比四百石者四十五斛,三百石者四十斛,比三百石者三十七斛,二百石者三十斛,比二百石者二十七斛,一百石者十六斛。"⑤

依颜师古的解释,汉代的官制分为十五等。即三公、中二千石、二千石、比二千石、千石、比千石、六百石、比六百石、四百石、比四百石、三百石、比三百石、二百石、比二百石、一百石。这十五等官员中,最高一

---

① 《汉书·食货志》,中华书局1999年版,第950页。
② 《汉书·食货志》,中华书局1999年版,见注五:师古曰:"言各收其所赋税以自供,不入国朝之仓廪府库也。经,常也。"
③ 《汉书·武帝本纪》,中华书局1999年版,第133页。
④ 《汉书·武帝本纪》,中华书局1999年版,第133页。
⑤ 《汉书·百官公卿表》(上),中华书局1999年版,第609页。

级称三公,包括相国(丞相)、太尉、御史大夫,还有待遇与他们相当或在他们之上,时设时停的太师、太傅、太保;军事上不常设的前后左右将军,位于九卿之上。次一级为九卿,类似中央各部门长官,包括:奉常、郎中令、卫尉、太仆、廷尉、典客、宗正、治粟内史、少府。三公一级被称为万石。九卿一级为二千石,包括中二千石、二千石、比二千石。九卿一级的副手们则属于千石和比千石。另外,军事上还设有中尉,武帝时改称执金吾,待遇等同九卿。所以《汉书》记载:"自太常(奉常)至执金吾,秩皆中二千石,丞皆千石。"① 稍低一级的,包括掌管太子、皇后事务、管理附归汉朝的番国外交事务,主管京城事务官员,有太子太傅、少傅、将作少府、詹事、将行、典属国、水衡都尉、内史、右扶风等,都是二千石级待遇。"自太子太傅至右扶风,皆秩二千石,丞六百石。"② 与之同级的还有护军、司隶校尉、城门校尉。"自司隶至虎贲校尉,秩皆二千石。"③ 下一级的还有奉车都尉和驸马都尉,都是秩比二千石。诸侯国的官职傍依中央官职。地方一级郡守,秩二千石;县有县令、县长。万户以上县,设县令,减于万户的县设县长。其待遇,从秩千石至六百石。总之,当时政府官员总数为十二万多人。④ 官员的俸薪待遇,从最高等的三公,月俸三百五十斛谷,到最低等的佐史,月俸十六斛,上下相差约二十二倍。

汉代还沿袭了秦代的二十等爵位制。这都是指有功劳于国家而封爵等。二十等爵位依次为:一级称公士,表示享有爵位,以区别于无爵位的士兵;二级称上造,表示从皇帝处接受成命;三级称簪袅,这个称谓表示所骑的马身上可以佩戴组带;四级称不更,表示到此等爵位后就可

---

① 《汉书·百官公卿表》(上),中华书局1999年版,第618页。
② 《汉书·百官公卿表》(上),中华书局1999年版,第620页。
③ 《汉书·百官公卿表》(上),中华书局1999年版,第621页。
④ 《汉书·百官公卿表》(上),中华书局1999年版,第624页。

以免服更卒徭役;五等称大夫,表示到此等后就可列入大夫一级的行列;六等称官大夫;七等称公大夫,比前一等又上一级,不仅入大夫行列,而且可以加官加公的称谓了;八等称公乘,这等爵位者就有权享受公车待遇,有资格乘公家之车;九等称五大夫,表示已到大夫一级的最高等地位;第十等称左庶长;第十一等称右庶长,表示已为队列之长;第十二等称左更;十三称中更;十四称右更,表明可以率领士卒、服役的更卒,使他们服更役;第十五等称少上造;十六等称大上造,他们都是主管上造一级的公职;第十七等称驷车庶长,是可以乘四匹马拉的车而为管理下属之长;第十八等大庶长,地位更尊于十七等;第十九等称关内侯,表示他们有侯的封号但没封邑而居住于京畿地界的;第二十等称彻侯,也可称通侯,或列侯,表明他们的爵位可直接上通于天子,并接受金印紫绶,作为身份标志。

以上这些不同的等级身份不仅在称谓上,在俸禄待遇上,在荣誉称号上,在自己衣着标志、坐骑车马待遇享受上,在减免服徭役、更役上,各等有别,就是在土地田产占有权上,也各有等级差异。《张家山汉墓竹简》有规定:

> 自五大夫以下,比地为伍,以辨券为信。①
>
> 关内侯九十五顷,大庶长九十顷,驷车庶长八十八顷,大上造八十六顷,少上造八十四顷,右更八十二顷,中更八十顷,左更七十八顷,右庶长七十六顷,左庶长七十四顷,五大夫二十五顷,公乘二十顷,公大夫九顷,官大夫七顷,大夫五顷,不更四项,簪褭三顷,上造二顷,公士一顷半顷,公卒、士五(伍)、庶人各一顷,司寇、隐官各五十亩。②

---

① 《张家山汉墓竹简》,"户律",文物出版社2006年版,第51页。
② 《张家山汉墓竹简》,"户律",文物出版社2006年版,第52页。

《张家山汉墓竹简》被学界考释为吕后二年的律令,明确规定了从第十九等爵关内侯到无爵者的各以身份等级差从国家可接受的授田额,或可自占有田地额,即国家分配给他们所享有的土地占有份额。可以从中看出身份等级制直接影响了他们的土地占有权。关内侯可占有九十五顷,最低等的公士仅可占有一顷半,相差六十三倍余。而无爵的士卒、庶人仅可占一顷,相差九十四倍。低于士伍的司寇、隐官则各占五十亩。这个相差已约二百倍了。

在住所的享有上,差异也十分悬殊。《户律》规定:

> 宅之大方三十步。彻侯受百五宅,关内侯九十五宅,大庶长九十宅,驷车庶长八十八宅,大上造八十六宅,少上造八十四宅,右更八十二宅,中更八十宅,左更七十八宅,右庶长七十六宅,左庶长七十四宅,五大夫二十五宅,公乘二十宅,公大夫九宅,官大夫七宅,大夫五宅,不更四宅,簪褭三宅,上造二宅,公士一宅半宅,公卒、士五(伍)、庶人一宅,司寇、隐官半宅。①

以三十六步为一宅,最高等的二十等爵彻侯可享有一百零五宅,最低等的公士一宅半,而无爵的士伍、庶人一宅,再下一等的司寇、隐官半宅。上下相差同样二百倍以上。

同时,卿以上官员种自己的田,不向国家纳租税,而卿以下者,均要按亩纳税。② 也就是说占田愈多的反而不纳税,占田非常少的庶民百姓是主要国税的承担者。

(三)庶民百姓的权利能力和行为能力

这一等次的人应是当时社会上最多的人群,他们的民事权利能力和行为能力又受年龄、性别、职业的限制而有不同。

---

① 《张家山汉墓竹简》,"户律"三一六简,文物出版社 2006 年版,第 52 页。
② 《张家山汉墓竹简》,"户律"三一七简,文物出版社 2006 年版,第 52 页。

1. 因年龄和等级身份差异而享受国家的社会保障和为国家服徭役有差异。

享受国家社会保障权利的差异：

> 大夫以上年九十，不更九十一，簪袅九十二，上造九十三，公士九十四，公卒、士五（伍）九十五以上者，禀鬻月一石。①

这一条是汉代国家恤老政策的体现，对于年龄达到一定高寿者，由国家仓库按月发给一石碎米以熬粥喝。但是这个受救济权不仅有年龄的限制，还有身份等级的限制。从这条律文中可知，二十等爵以下的公卒、士伍一级身份者，要到九十五岁以上年龄才能享受到此权利。而低于公卒一级的司寇、隐官等身份者还完全无权享受。但是高于公卒一级的，只要有爵位，享受碎米救济的则依爵位有不同年龄的限制。此法律仅从大夫一级规定起，即"大夫以上"，应包括从第五等至第二十等者，可享受月领鬻米一石的是从九十岁即可享受的待遇，而低于大夫一级的，则享受待遇依爵等依次为九十一、九十二、九十三、九十四直至九十五岁。

同样，汉代体现恤老政策的还有给年老的人由国家发放米、肉、酒、帛、絮等物，《汉书·文帝纪》有记载：

> （文帝元年三月）诏曰："方春和时，草木群生之物皆有以自乐，而吾百姓鳏寡孤独穷困之人或阽于死亡，……其议所以振贷之。"又曰："……今闻吏禀当受鬻者，或以陈粟，岂称养老之意哉！具为令。"有司请令县道，年八十已上，赐米人月一石，肉二十斤，酒五斗。其九十已上，又赐帛人二匹絮三斤。②

可知汉代实行养老法。在文帝时是各县或各道，年龄在八十岁以

---

① 《张家山汉墓竹简》，"傅律"三五四简，文物出版社 2006 年版，第 57 页。
② 《汉书·文帝纪》，中华书局 1999 年版，第 82 页。

上,不分等级均每人每月由国家发给一石米、二十斤肉、五斤酒(米酒)以养老,而九十岁以上国家又每人发给二匹帛三斤丝绵作冬衣。但是汉文帝是汉代以休养生息政策而闻名于世的皇帝,在其他一些皇帝时代养老政策是实行的,但具体措施上,等级制的区别还是十分明确的。例如,吕后二年律令中的养老制就有明显的等级差别:

  大夫以上年七十,不更七十一,簪袅七十二,上造七十三,公士卒、士五(伍)七十五,皆受仗(杖)。①

为国家服徭役,到年老之后,身体条件差,可以免除徭役,称为"免老"。在《张家山汉墓竹简》中所见到的吕后二年律令中,免老的年龄也因身份等级的不同而有差异:

  大夫以上年五十八,不更六十二,簪袅六十三,上造六十四,公士六十五,公卒以下六十六,皆为免老。②

同样为免除服徭役,大夫以上爵者五十八岁就免老,普通百姓直到六十六岁才免老。

还有一种减半服徭役的法律规定,称为"睆老",该年龄也因身份等级不同而异:

  不更年五十八,簪袅五十九,上造六十,公士六十一,公卒、士五(伍)六十二,皆为睆老。③

这种"睆老"制度仅规定不更(第四等爵)以下者,原因是第五等爵以上者到五十八岁后已全部"免老"了,所以不再需要"睆老"制度。然而就是半服徭役的"睆老"制也因身份的差异而有年限的不同规定。

2.居民承担对国家履行民事义务行为的年龄、性别、身份限制。

汉代继承前朝治理国家的办法,所有居民要编定户籍。户籍登记

---

① 《张家山汉墓竹简》,第三五五简,文物出版社 2006 年版,第 57 页。
② 《张家山汉墓竹简》,第三五六简,文物出版社 2006 年版,第 57 页。
③ 《张家山汉墓竹简》,第三七五简,文物出版社 2006 年版,第 57 页。

册保留在各级地方政府中。户籍登记册的登记年龄是从出生开始的。登记入户籍的居民,将按年龄的规定,承担对国家的法定民事义务,称为傅籍制度。所以,"傅籍"就是承担法定民事义务的年龄,也就是承担民事义务的年龄限制。《汉书·高帝纪》记载,当刘邦与项羽还在反秦的起义中,为争夺谁先入关中,可能为王时,刘邦为安定项羽之心,使之放松对自己的戒备心,便与项羽叔父项伯订为儿女亲家,并对其发誓说:"吾入关,秋毫无所敢取,籍吏民,封府库,待将军。"①这里所谓的"籍吏民",颜师古解释:"籍谓为簿籍。"②说明刘邦尚未取得秦朝天下时,已决定建国之后,对居民仍实行周秦以来的户籍管理制。

等到刘邦称汉王后,已实行秦代的傅籍制度。"傅"的意思就是"附"。将居民按年龄登记入户籍册,户籍由官府保存,居民到法定年龄要为国家承担徭役,称为"傅籍"。史载:"汉王,屯荥阳,萧何发关中老弱未傅者悉诣。"③这里称"傅",就是"傅籍",即居民法定承担徭役的民事行为能力的年龄限制。其下的注释可见出汉代的傅籍制度:

> 服虔曰:"傅音附"。孟康曰:"古者二十而傅。三年耕有一年储,故二十三而后役之。"如淳曰:"律,年二十三傅之畴官,各从其父畴学之,高不满六尺二寸以下为罢癃。汉仪注民年二十三为正,一岁为卫士,一岁为材官骑士,习射御骑驰战陈。又曰五十六衰老,乃得免为庶民,就田里。今老弱未尝傅者皆发之。未二十三为弱,过五十六为老。"师古曰:"傅,著也。言著名籍,给公家徭役也。服音是。"④

此段注释详引了为班固《汉书》作注释的多家著述,详细地谈到了

---

① 《汉书·高帝纪》,中华书局1999年版,第18页。
② 《汉书·高帝纪》,中华书局1999年版,第19页注⑧。
③ 《汉书·高帝纪》,中华书局1999年版,第27页及其下注①。
④ 《汉书·高帝纪》,中华书局1999年版,第27页及其下注①。

汉代的"傅籍"制度,所以值得全文翻译,以供读者了解:

（为《汉书》作音义解释的东汉人）服虔说:"傅读音为附。"（另一为《汉书》作注释的三国时魏国人）孟康说:"古代年龄二十岁就将姓名登录入傅籍簿了。但是因为耕作三年以后,土地有一年休耕,所以二十三岁以后才服徭役。"（另一位曹魏时的注释者）如淳说:"汉代的法律规定,老百姓年龄到二十三岁就傅籍到畴官（管理职业世袭制的官员）处,各自从事自己父亲所从事的职业,并学习该种职业。身高不到六尺二寸及其以下的,在法律上被认定为是罢癃。（病废不能工作的人）（罢癃者是免服徭的）。汉仪注（汉代规定礼仪制度的书）说,老百姓二十三岁被确定为承担民事法律义务的主体,一年承担守卫皇宫的卫士（包括守卫诸侯王国的卫士）义务。另外用一年时间参加地方各兵种的训练,服地方一级的兵役,①学习射箭、御马、骑驰作战列阵等军事知识。又说年龄到五十六岁,被法律上称为衰老,于是可免去所承担的兵役,成为庶民,回归田间劳动。现在（指高帝纪所记录的刘邦称汉王元年五月萧何征发关中老弱未傅者悉诣军事）老弱未曾属于该傅籍的人都被征发去服军役。未满二十三岁称为'弱',年龄超过五十六岁称为'老'。"（唐代对《汉书》作注的）颜师古说:"傅,就是著的意思。是说登录姓名于户籍簿上,为国家承担服徭役的义务。服虔对'傅'字发音的解释是正确的。"

根据以上各时代对《汉书》的详尽解释,我们了解到汉代的"傅籍"制度,就是普通的男性居民为国家承担服徭役义务的制度。它有一套严格的规定。首先,从年龄上讲,确定男子二十三岁就按名籍要承担法

---

① 卫士:汉代守卫皇宫的兵士。在京师守卫皇宫陵寝的卫士由三辅即京兆尹、左冯翊、右扶风征发,诸侯王国的则在其封国内征发。可参见《辞海》"卫士"条。

定服徭役的义务。二十三岁被称为"正",就指已经被确定为承担民事义务的主体。而此时要在国家规定的管理职业登记的官员畴官处作"傅籍"登记。而所从事的职业是子承父业的,因此职业是世袭的,也就是士、农、工、商四等职业不能任意挑选,必须世代承袭。这也决定了他们以后向国家缴纳赋税是按职业纳税的。如果年龄到二十三岁但身高不到六尺二寸,被法律上确定为"罢癃"的病残人,这种人是可以免除服军役的义务的。应当服的兵役包括承担一年在皇宫(或诸侯王宫)担任卫士义务,一年在地方各郡所承担的按兵种服役的义务。服兵役的义务到五十六岁以后停止,称为"免老"。当然需要说明一下,这种"傅籍"制所承担的军役,并非任何人一生只在二十三岁到五十六岁各服一年地方军役,一年皇宫卫士军役,而是指从二十三岁到五十六岁之间,每年都要服军役,只是一年在地方郡县一级服役,一年在国家规定守卫皇室边疆地方服役。在地方服军役是每年服一个月,在国内守边是每年三日。所以这种"傅籍"制后来逐渐被改为以纳赋税中的"更赋"所取代。

从汉代的"傅籍"制度,可以看出居民承担民事义务的权利能力和行为能力是有限制的。

第一,受法定年龄的限制。二十三岁为"正",五十六岁为"老"。也就是说二十三岁以后承担军役,五十六岁以后,免除军役。二十三岁以下称为"未",五十六岁以上称为"老","未"和"老"是不服军役的。

第二,受等级制的限制。即使在二十三至五十六岁服役的年龄段内,又有身份等级制的不同区别。从"傅"的角度说,实际的爵位愈低或无爵位者,入傅籍的年龄愈低于汉律的年龄。而爵位高的,卿大夫以上的,入傅籍的年龄愈高于汉律的规定。以《吕后二年律令》为例:

> 不更以下子年二十岁,大夫以上至五大夫及小爵不更以下至上造年二十二岁,卿以上子及小爵大夫以上年二十四岁,皆傅之。

公士、公卒及士五(伍)、司寇、隐官子,皆为士五(伍)。畴官各从其父畴,有学师者学之。①

这条明确规定,父的爵等,直接影响到儿子的入"傅籍"的年龄。第四等爵"不更"以下的人,他们的儿子入"傅籍"的年龄被降到二十岁。那时,他们便要承担军役了。而"大夫"到"五大夫",即第五等到第九等爵位人的儿子们,入"傅籍"的年龄则为二十二岁,高于"不更"等人的儿子,也还没到法定的二十三岁便入傅籍了。然而卿以上等级的,即第十等爵以上人的儿子们入傅籍的年龄又都高于汉律所规定的傅籍年龄,为二十四岁。

同样,"老"的年龄,即免除服军役的年龄也因服役者的身份不同而异,前引《吕后二年律令》有关免老的法令可证明。②

第三,受性别的限制。以傅籍而论,女子是不服军役和徭役的,但有时法律还有专门规定:

免老、小未傅者、女子及诸有除者,县道勿敢繇(徭)使。③

这条律令规定,属于"免老","小未傅"就是年龄小未达傅籍的、女子以及国家有专门法律规定可免徭役的,地方的县或道一级行政机构不能使他们服徭役。

第四,受身体条件的限制。罢癃者是免除服军役或徭役的。这也是汉律人性化的一项规定:

当傅,高不盈六尺二寸以下,及天乌者④,以为罢(癃)⑤。⑥

---

① 《张家山汉墓竹简》,第三六四、三六五简,文物出版社 2006 年版,第 58 页。
② 《张家山汉墓竹简》,第三五六、三五七简,文物出版社 2006 年版,第 57 页。
③ 《张家山汉墓竹简》,第四一二简,文物出版社 2006 年版,第 64 页。
④ 该条原注:乌,读为"亚"。《说文》:"亚,醜也,象人局背之形",在此当指天生残疾丑恶。
⑤ 该条原注:罢癃,废疾,参看《说文》"癃"字,段玉裁注。
⑥ 《张家山汉墓竹简》,第三六三简,文物出版社 2006 年版,第 58 页。

第二节　汉代的物和物权法

一、汉代物的概念和分类

汉代商品贸易关系是较前更为繁荣了,因此关于物的概念和分类也较前更为细致。

物的概念,在汉代应包括实体物和物权。譬如,《汉书·食货志》开首即曰:

> 洪范八政,一曰食,二曰货。食谓农殖嘉谷可食之物,货谓布帛可衣,及金刀龟贝,所以分财布利通有无者也。二者,生民之本,兴自神农之世。……舜命后稷以"黎民祖饥",是为政首。禹平洪水,定九州,制土田,各因所生远近,赋入贡棐,楙迁有无,万国作乂。①

这一段话引用《尚书·洪范》为理论根据,讲出治理国家的办法,首要抓住两点,就是食与货。食是使民从事农业有可食之本。货是进行贸易,使多余的货物贸易流通。因为贸易流通货物,各地再按照土田生产向国家纳贡赋,万国都可得到治理了。从中看出汉代对物的概念是与物的社会价值和作用不可分的。

关于物的分类又有以下几种:

1. 实体物和权利。

实体物是指各种与人们生存直接相关的物。它可看得到,摸得着,可有经济价值来计量的。

实体物又可分为不动产和动产。

---

① 《汉书·食货志》(上),中华书局 1999 年版,第 943 页。

属于不动产的,应是一个农耕社会最重要的财产,它包括土地和田宅。关于土地,《汉书·食货志》说:"禹平洪水,定九州,制土田。"①土地是农业经济的命脉所在,所以对土地的计量方法也很仔细:"理民之道,地著为本。故必建步立晦,正其经界。六尺为步,步百为亩,亩百为夫,夫三为屋,屋三为井,井方一里,是为九夫。"②也就是说为了明确计量对土地的占有量,其计量方法为步、亩、夫、屋、井、里。"步"是最小的土地计量单位,六尺为一步;一百步为一亩;一百亩称为一夫;三夫称为一屋;三屋称为一井;一里由方正九夫组成。这是班固记述中国自古代开始对土地占有的计量方法,到了汉代这种计量方法中的一部分仍还保留使用,如"步"、"亩"等的称谓和计量方法仍在使用。《吕后二年律令·户律》中关于因爵位等级身份差异可享有的私有田地的占有额中明确规定:

> 关内侯九十五顷,大庶长九十顷,驷车庶长八十八顷,大上造八十六顷,少上造八十四顷,右更八十二顷,中更八十顷,左更七十八顷,右庶长七十六顷,左庶长七十四顷,五大夫二十五顷,公乘二十顷,公大夫九顷,官大夫七顷,大夫五顷,不更四顷,簪袅三顷,上造二顷,公士一顷半顷,公卒、士五(伍)、庶人各一顷,司寇、隐官各五十亩。③

这几条简文明确告知我们,汉代初期,国家允许私人占田额的等级差异。田的计量单位使用了顷和亩的称谓,从第十九等爵位依次往下递减。第十九等爵的关内侯,身份已进入到"侯"的等级,但无封国,可占有田九十五顷。而到最低等爵的公士,这是一等爵者,可占有田一顷半,相差六十三点三倍。而低于公士一级无爵位者又依次递减,最低等

---

① 《汉书·食货志》(上),中华书局1999年版,第943页。
② 《汉书·食货志》(上),中华书局1999年版,第944页。
③ 《张家山汉墓竹简》,第三一〇—三一三简,文物出版社2006年版,第52页。

的自由身份者司寇、隐官仅能占有五十亩田。一顷等于一百亩,最低等的自由民能占有田数与第十九等爵者已相差一百九十倍。

此外"步"在汉初是用于计算田宅的计量单位,也就是在土地中专用于不动产宅基地的计量的。而在法律规定中,对田宅的占有权也与身份等级有密切关系:

> 宅之大方三十步。彻侯受百五宅,关内侯九十五宅,大庶长九十宅,驷车庶长八十八宅,大上造八十六宅,少上造八十四宅,右更八十二宅,中更八十宅,左更七十八宅,右庶长七十六宅,左庶长七十四宅,五大夫二十五宅,公乘二十宅,公大夫九宅,官大夫七宅,大夫五宅,不更四宅,簪袅三宅,上造二宅,公士一宅半宅,公卒、士五(伍)、庶人一宅,司寇、隐官半宅。欲为户者,许之。①

田宅地,即我们如今称之为宅基地的计量方法是以"步"和"宅"为计量单位。从《汉书》已知,"一步"为六尺,一宅为方正三十步,即一百八十平方尺。国家允许的私人占有宅基地,最高等的爵彻侯为一百零五宅,最低等的公士为一宅半。相差七十倍;而与最低等无爵位的自由身份者司寇、隐官相比,最低等者可占有半宅,相差二百一十倍。

从国家所接受的授田宅是不允许买卖的,如卖掉后便再无田宅地,也不能二次再接受国家授予的田宅地。但是如担任官或吏的职务,却可再购买居室:

> 受田宅,予人若卖宅,不得更受。

> 为吏及宦皇帝,得买舍室。②

至于动产,汉代称为"财物",它包括货币和金银。汉代的货币主要流通的是钱,包括汉初文帝时铸的四铢钱,称为半两钱;武帝元狩五年

---

① 《张家山汉墓竹简》,第三一四—三一六简,文物出版社2006年版,第52页。
② 《张家山汉墓竹简》,第三二〇、三二一简,文物出版社2006年版,第53页。

后(公元 118 年后)铸钱改为由国家官铸的三官五铢钱;王莽摄政后,铸造的金刀钱与五铢钱并为流通,也有王莽时曾短期流行过的金、银、龟、贝、钱、布等称为"宝货"的。铸钱一律用铜,杂以锡。布也是钱的称谓,指其可以分布流行。武帝年间曾短期内为解决财政困难以白鹿皮为原料,造过皮币,也造过白金,就是以银与锡混杂而造。黄金是最高档的货币,黄金重量为一斤,价值抵一万钱。① 此外,动产还包括粮食、布、帛。汉代官员的薪俸是以粟米计量的。国家惠民政策对老弱孤寡的救济也是以粟、布、帛来计量的。人民的纳税或国家鼓励人民发展农业,可提高的爵位叫以粟拜爵也是以之计量的。动产还包括可为私人拥有计量财富的奴婢、马、牛、羊、车、船、器皿等。司马迁讲到当时富商们的财富时是这样具体描述的:

> 通邑大都,酤一岁千酿,醯酱千瓨,浆千甔,屠牛羊彘千皮,贩谷粜千钟,薪稿千车,船长千丈,木千章,竹竿万个,其轺车百乘,牛车千两,木器髹者千枚,铜器千钧,素木铁器若卮茜千石,马蹄躈千,牛千足,羊彘千双,僮手指千,筋角丹砂千斤,其帛絮细布千钧,文采千匹,榻布皮革千石,漆千斗,蘖曲盐豉千荅,鲐鲊千斤,鲰千石,鲍千钧,枣栗千石者三之,狐貂裘千皮,羔羊裘千石,旃席千具,佗果菜千种,子贷金钱千贯,节驵会,贪贾三之,廉贾五之,此亦比千乘之家,其大率也。②

这段描述大体翻译成现代文为:

> 凡通商于大都市之家,一年要酿造一千瓮酒,酿醋酱一千缸,一千担大器皿的浆水,屠宰牛、羊、猪千头以上,卖出的谷物要一百

---

① 参见《汉书·食货志》(下)。
② 《史记·货殖列传》,中华书局 1959 年版,第 2475 页。

万升①，柴草千车，船只长千丈，用大木材千根，用竹竿千个。他们有马车百辆，牛车千辆，木器被漆过的千枚，铜器总量达三万斤，素木铁器像野生柴草重量都达十二万斤以上，家中有马二百匹②，牛二百五十头，羊猪两千只，奴婢百人③。家中拥有的牛筋牛角、丹砂染料有千斤之多，其他像绸、木棉棉絮。木棉织的细布等有三万斤，有花纹的细绸缎千匹，木棉织成的粗布，皮革等十二万斤，漆二千斗，嫩芽蚕箔豆豉等各物搭配④，海鱼有千斤，小鱼有十二万斤，小鲍有三万斤，枣和栗子有三十六万斤⑤，狐皮、貂皮有千张，羊羔皮有十二万斤，毡席千张，其他果菜有千种，放贷取得利息有一千贯⑥。在作生意时，贪心商人可得利三倍，不太贪心的商人可获五倍之利。这也可比拟于有千辆车的王侯之家了。以上所述是当时社会商品贸易的大概情况。

从上述记载可见，所有能供人们衣食住行生活的必需品均可以作为动产，在汉代社会进行商品交易。

权利，包括占有权、继承权。对物的权利直接形成私有权的大小、多少，也直接构成物权。权利的表现，是直接用"券书"来表现的。这些"券书"尤其是涉及不动产所有权或占有权的，均要有严格的书写规格，登录之后，常封存于地方政府的府库中。如果对这些表示权利的券书再分割，也要另立券书，存于官府。遗产分割，在立遗嘱人未死亡前进

---

① 此处原文为"贩谷粜千钟"。"钟"是计量单位，旧中国时计量，四升为豆，五豆为瓯，五瓯为釜，十釜为钟。以此计量而得。

② 此处原文为"马蹄躈千"，"躈"，指肛门。一匹马有四蹄一躈。故千只蹄躈除以五，得二百匹马。

③ 此处原文为"僮手指千"。僮即奴婢，是用手指干活的。手指千除以十，得百僮。

④ 此处原文为"蘖曲盐豉千荅"。"蘖"为植物嫩芽，"曲"为蚕箔，"豉"为豆豉。"荅"为搭配。

⑤ 此处原文为"枣栗千石者三"，千石为十二万斤，三倍千石为三十六万斤。

⑥ 一贯为一千。

行,所立的券书,称为"先令券书"。券书保存于官府,是等于所有权证书。一旦涉及财产所有权纠纷,在官府提起诉讼时,无券书,官府不受理,叫做"毋券书,勿听"。所以,表示权利的证书就是所有权证明。权利的转移是与券书密不可分的。证明财产权利的券书,又叫"参辨券",是一式写为三份的券书。两级官府(县、乡)各保留一份,所有权人持一份。①《吕后二年律令·户律》中对之有详尽的规定:

> 民宅园户籍、年细籍、田比地籍、田命籍、田租籍,谨副上县廷,皆以箧若匣匱盛,緘闭,以令若丞、官啬夫印封,独别为府,封府户;節(即)有当治为者,令史、吏主者完封奏(凑)令或丞印,啬夫发,即襍治为;臧(藏)府已,輒复緘闭封臧(藏),不从律者罚金各四两。其或为詐(诈)伪,有增减也,而弗能得,赎耐。官恒先计雠,□籍□不相(?)复者掔(繫)劾论之。民欲先令、相分田宅、奴婢、财物,乡部啬夫身听其令,皆参辨券书之,輒上如户籍。有争者,以券书从事;毋券书,勿听。所分田宅不为户,得有之,至八月书户,留难先令、弗为券书,罚金一两。②

这一条律令,可翻译如下:

> 百姓家中住宅田园户口登记簿、年龄籍贯等详细情况、记录田地比邻次第的簿籍、从国家接受的占田数的簿籍、租佃田地的簿籍,都要认真地将登录的副本上交县政府。县府都要将这些登录的副本用箧或匣、柜装好,进行封闭,用县令或县丞、官啬夫的印封闭,并将这些文书单独收藏,封好收藏室的门户。即使有需要参看这些文书的,也要令县府的下级官员史或吏主办事务者,将封緘完好的这些文书合着县令或县丞的印章,由啬夫打开,处理事务。文

---

① "参辨券",见《张家山汉墓竹简》,文物出版社 2006 年版,第 55 页注释⑦。
② 《张家山汉墓竹简》,"户律",文物出版社 2006 年版,第 54 页。

书使用完收藏好以后，就又再次封缄收藏。对文书保管不按法律办事的，一律处以罚金四两的刑罚。有人企图行诈伪行为，将文书内容增减，而犯罪未达目的者，处以赎耐刑即可赎的耻辱刑耐刑。官员如预先计谋使簿籍与实在不相符合的，将之系捕交司法机关审讯定罪。百姓想预先立遗嘱分割自己的田宅、奴婢、财物，就令乡的啬夫亲自听其遗嘱，并用可分为一式三份的券书记录其遗嘱，之后就用上述登录田园簿籍的办法登记入户籍册。此后有争议者，按所立遗嘱办事。没有书面遗嘱县府不受理其诉讼争议。预立遗嘱分割财产，但不分户籍的，允许其遗嘱持有人可以持有遗嘱，到农历八月，县府普查户籍时，作为案察根据。凡是地方官员为难想立遗嘱者，不给他们写出书面遗嘱的，处以罚金一两的惩处。

从上述详细的法律规定，可以看出汉代对所有权的重视与保护，而所有权证书本身就是重要的物，它表示了权利的价值和处分的权利。所以，在汉代，不仅实体物中的动产、不动产是物，其实表示物权的权利证书也是物。

2. 物的另一种分类法是将物划分为流通物和禁止流通物。

第一，表示身份等级标志的实物，如王、侯、官员的身份标志物不得成为流通物。

虽然实体物均为实在之有形物，有物的价值，但是因为汉代实行身份等级制，作为等级标志物是禁止流通的，这首先就是诸侯王的玺和官员的印。

《汉书·百官公卿表》载：

> 诸侯王，高帝初置，金玺盭绶，掌治其国。

该文下颜师古注释："汉旧仪云诸侯王黄金玺、橐佗钮，文曰玺，谓刻云某王之玺。"①

又载：

> 凡吏秩比二千石以上，皆银印青绶，光禄大夫无。秩比六百石以上，皆铜印黑绶，大夫、博士、御史、谒者、郎无。其仆射、御史治书尚符玺者，有印绶。比二百石以上，皆铜印黄绶。

其下，师古注释："汉旧仪云银印背龟钮，其文曰章，谓刻曰某官之章也。""汉旧仪云六百石、四百石至二百石以上皆铜印鼻钮，文曰印。谓钮但作鼻，不为虫兽之形，而刻文云某官之印。"②

也就是说，凡诸侯王身份标记就是由皇帝授予一个玺作为治理诸侯国的权利证明，这个玺是用黄金制成，上面有骆驼形的钮，玺上刻的文字是某王之玺。黄金玺配有绿色的绶带。官员的身份标记以官印为证明。凡官职在郡守一级的，称为二千石，他们的官印是银制的，背上有龟状钮，印上的文字刻出是某官的印章，印配有青色绶带。官职在县一级的，其俸禄在六百石、四百石、二百石三等，印章都是铜制的，上面也有鼻钮，但鼻钮不能做成虫兽形状。印上刻有某官之印。区别在下面的绶带，六百石官员印章的绶带为黑色，二百石为黄绶。

除印章以外，有时人们身份标记还表现在所乘的车、所骑的马的装饰上。如前述，第三等爵称簪袅，就是到这等爵位者，他骑的马身上可以以丝织带子装饰，第十七等爵称驷马庶长，就指他有资格乘坐四匹马拉的车等。

而所有这些标记等级身份之物，或为金，或为银，或为铜，或为车、马、丝带等，却是禁止流通物。

第二，按身份等级制占有的田地和住宅为禁止任意流通物。

---

① 《汉书·百官公卿表》（下），中华书局1999年版，第623页。
② 《汉书·百官公卿表》（下），中华书局1999年版，第624—626页。

汉代实行占田制,也称名田,由国家将一部分国有土地包括宅基地,按爵等分配给居民占有,因之,占有田者,要登录入簿籍,保存于县一级政府。这种占有国有土田及田宅者,要依法向国家履行种地纳粮的税赋。所以凡按等级占有的田地和宅地为禁止任意流通物。如占有者将之流通买卖,他们在法律上必须承担责任。《吕后二年律令》有明确规定:

　　受田宅,予人若卖宅,不得更受。三二一

　　代户、贸卖田宅,乡部、田啬夫、吏留弗为定籍,盈一日,罚金各二两。三二二

　　诸不为户,有田宅,附令人名,及为人名田宅者,以卒戍边二岁,没入田宅县官。为人名田宅,能先告,除其罪,有(又)畀之所名田宅,它如律令。三二四

　　欲益买宅不比其宅者,勿许。为吏及宦皇帝,得买舍室。三二〇①

以上几条,均是《吕后二年律令·户律》的相关规定,其大意翻译如下:第一条321简规定,将从国家所接受的授田中的宅基地,赠送给别人,或出卖了田宅,从此便不能再从国家接受田宅了。第二条322简规定,为旁人代理另立户籍因而出卖田宅,乡级主管官员如啬夫等故意稽留不为之办理户籍、田宅籍登记手续的,超过一日,这些主管官员要被各处以罚金二两之刑罚。第三条324简规定,各个不另立户籍,然而自有田宅却依附于别人户籍下占田,或替别人占田宅者,都是犯罪行为,处以戍边二年之刑罚,其田宅也没收入县府为公田,替别人占田宅但事后自己认识这是犯罪行为先行自首的,可以免除罪名,同时还将其所占田宅交付给他,其他类似行为均按此法令办理。第四条320简规定,如

---

① 《张家山汉墓竹简》,文物出版社2006年版,第53页。

果想要另外购买增加自己的居宅,所买之宅与自己原有宅所不相连的在法律上不允许。但是担任吏职或为皇帝任职的则允许可另买居室。

从上述四条法律看,从国家所接受的授田包括授宅理论上是不允许买卖的。如买卖后,虽不属犯法却不可能再接受授田。但如果为了另立户籍出卖田宅,法律上允许的,地方主管官员有意阻止田宅出卖,不另立田籍册的,反要承担法律的惩处。然而,不另立门户,却想将自己田宅附于别人户籍下,使自己成为依附人口,或替别人占田的行为都属于犯罪行为,要处以戍边二年的刑罚制裁。如能主动向官府自首自己替人占田的行为,可以免除罪名,国家还将其所占田宅还给他。住宅可以作为流通物买卖,但受法律限制,不与自己家住宅相连的田宅不可购买。然而官员有特权可在规定田宅占有量外,为工作便利,允许另购田宅。

第三,产品质量不合规格禁止买卖,且要没收入官府。

> 贩卖缯布幅不盈二尺二寸者,没入之。能捕告者,以畀之。①

译文:贩卖帛布幅宽不足 50.6 厘米者②要没收入官府。有人发现市场上出卖不合格帛布者并能将之捕捉告官,该不合格产品就奖励给捕没者。

第四,在市场上营业的商贩不自行申报经营的商品,并在买卖中搞欺诈行为的,都以盗窃罪论处。

> 市贩匿不自占租,坐所匿租臧(赃)为盗,没入其所贩卖及贾钱县官,夺之列。……诸詐(诈)给人以有取,及有贩卖贸买而詐(诈)给人,皆坐臧(赃)与盗同法。③

第五,伪造货币不得成为流通物,伪造者处死刑,明知是伪币而使

---

① 《张家山汉墓竹简》,"□市律"二五九简,文物出版社 2006 年版,第 44 页。
② 西汉时,一尺约合 23 厘米,二尺二寸合 50.6 厘米。
③ 《张家山汉墓竹简》,"□市律"二六二简,文物出版社 2006 年版,第 44—45 页。

用者,与之同罪。

>盗铸钱及佐者,弃市。

>智(知)人盗铸钱,为买铜、炭,及为行其新钱若为通之,与同罪。①

第六,奴婢视为动产,得为流通物,但掠卖人口则为严重犯罪,处弃市刑。

>略妻、略卖人。……弃市罪一人。②

第七,在汉武帝时期,因对外战争的缘故,在边境贸易中,马匹和武器是禁止对外贸易物。到昭帝始元五年后,因边境战事停止,又恢复了马匹和武器的对外贸易。

《汉书·昭帝纪》载:

>夏,罢天下亭母马及马弩关。

其下注释:

>应劭曰:"武帝数伐匈奴,再击大宛,马死略尽,乃令天下诸亭养母马,欲令其繁孳,又作马上弩机关,今悉罢之。"孟康曰:"旧马高五尺六寸齿未平,弩十石以上,皆不得出关,今不禁也。"师古曰:"亭母马,应说是;马弩关,孟说是也。"③

根据以上的记载,我们可知,汉武帝时,因为对外战争需要马匹和武器弩,所以曾下令国家各最小的行政机构亭④都要养母马,以繁育马匹,又令各亭制造马上射箭用的用机栝发箭的弓。同时又下令马身高五尺六寸以上,弩弓能拉射一千二百斤以上的,都不能出关对外贸易。

---

① 《张家山汉墓竹简》,"钱律"二〇二、二〇三简,文物出版社2006年版,第35页。
② 《张家山汉墓竹简》,"捕律"一三八简,文物出版社2006年版,第27页。
③ 《汉书·昭帝纪》,中华书局1999年版,第156页。
④ 亭,秦汉时乡以下的一级行政机构,《汉书·百官公卿表》(上)记载:"大率十里一亭,亭有长,十亭一乡。"

直到汉昭帝始元五年(公元前 82 年)因对外战事早已停止,所以又下诏废止了这道对外贸易的禁令。

事实上,西汉前期,因匈奴不断入侵,汉政府在对匈奴的交往中,曾较长期地规定了禁止对匈奴贸易的法令,不仅普通百姓禁止与匈奴交易,包括诸侯王也被禁止。例如汉初封侯之一的宋子惠侯许瘛的孙子名叫九的,本继承了侯国之位,但在景帝二年,因为派使者到匈奴购买了塞外禁物,触犯法律,连封国也被免除了。史籍有记载:

> 孝文十年,侯九嗣,二十二年,孝景中二年,坐寄使匈奴买塞外禁物,免。①

第八,皇室园陵地不能成为交易物。武帝时著名的将军李广的堂弟李蔡曾因战功被封为侯,后来官至丞相一级,因为侵占和出卖皇陵道上的余地犯法。史载:

> 安乐侯李蔡,以将军再击匈奴得王,侯,二千石。四月乙巳封,六年,元狩五年,坐以丞相侵卖国陵道壖地,自杀。②

第九,国有山林水池内产物,在封山禁林禁鱼期不得私取,不得成为交易物。

> 禁诸民吏徒隶,春夏毋敢伐材木山林,及进(壅)隄水泉,燔草为灰,取产麛(麋)卵鷇;毋殺其繩重者,毋毒鱼。二四九③

这条是关于山林保护的法律,为《吕后二年律令·田律》之一条,禁止百姓、官员、手工业者、奴隶们在春夏封山育林期上山伐山林,堵壅水泉,放火烧山,捕取幼兽或射杀孕兽,毒杀鱼类。

---

① 《汉书·高惠高后文功臣表》,中华书局 1999 年版,第 475 页。
② 《汉书·景武昭宣元成功臣表》,中华书局 1999 年版,第 531 页。
③ 《张家山汉墓竹简》,第二四九简,文物出版社 2006 年版,第 43 页。

二、所有权、占有权及其保护

(一)所有权的概念

"所有权"一词在汉史的记述及汉律中虽未使用,但其实际含义早被认可。因为作为法律意义上的"所有权",在罗马法中指所有人对物的"最完全的权利",罗马法学家,将之定义为具有绝对性、排他性、永续性三大特色。当然,这里我所说的这些概念性的法学词语,也不是罗马法真正实行时代的结论。正如当代意大利国家罗马法研究学者桑德罗·斯奇巴尼教授所说:"在物权中,首先被考虑的是所有权,就像在《民法大全》中一样(S. 2,1,11—48;D. 6)。确切地讲,在《民法大全》中,没有一章专门论述'所有权',也没有关于它的定义,所有权的概念基本上是由'此物是我的'所确认,即由某物属于某人并由此人'直接'行使对该物的那种归属权所确认;所有权结果被表述为'可以合法地使用(usare)、获取孳息(trarre I frutti)、拥有(arere)和占有(Possedere)',但这组权力不能被认为是一个定义。"①我们前述的罗马法学者对所有权的观点,是我国教科书中转述过来的欧洲罗马法学家的观点。如作为"二十世纪前半叶意大利和欧洲最伟大的罗马法学家之一"的意大利学者彼得罗·彭梵得(Pietro Bonfante)在他的《罗马法教科书》中是这样说的:"所有权可以定义为对物最一般的实际主宰或潜在(in Potenza)主宰……罗马所有权有着自己的特点,这些特点赋予所有权以特有的烙印。原始形态的所有权的确是绝对的和排他的权力,它排斥任何限制、任何外来的影响;它必然吸收一切添加进来的东西;它是永久的……最后,根据罗马人的观念,所有权应当免除土地税,因为在

---

① 〔意〕桑德罗·斯奇巴尼选编:《民法大全选译·物与物权》,范怀俊译,中国政法大学出版社 1993 年版,"说明",第 3 页。

早期人看来这种税具有为使用和占有支付补偿的性质,而应当接受这种补偿的人相反应该是所有主。"①总结以上的内容,我国学界对罗马法中所有权的概念一般表述为:"罗马法学家认为,所有权是物权的核心,是权利人得直接行使于物上的最完全的权利,具有绝对性、排他性和永续性三个特征。……罗马所有权的内容比较广泛,包括占有、使用、收益和处分等权利。"②

依上述观点,汉代法律中没有使用"所有权"这一专门的法律术语,而且按照严格的罗马法观点,从最重要的对土地所有权的观念看,除作为全国唯一对土地拥有完全所有权的皇帝一人外,全国其余任何人从理论上讲,都不是完全所有权人。因为,作为享受有皇帝赐封权的诸侯王,他们对土地占有的权利是与履行诸种与赐封相关联的封建义务联系在一起的,义务履行不到,他们对土地的占有权就会被剥夺了,重者常因此而免国,也就是说失去了对封地的占有、使用权。史籍记载,仅汉武帝元鼎五年(公元前112年),诸侯们因"坐献黄金酎祭宗庙不如法夺爵者百六人"。

  九月,列侯坐献黄金酎祭宗庙不如法夺爵者百六人。丞相赵周下狱死。

其下如淳注释:

  如淳曰:"汉仪注诸侯王岁以户口酎黄金于汉庙,皇帝临受献金,金少不如斤两,色恶,王削县,侯免国。"③

汉代的田地分为公田和私田。公田是国家所有的土田,大量指国

---

① 〔意〕彼德罗·彭梵得:《罗马法教科书》,黄风译,中国政法大学出版社1996年版,第194—195页。

② 何勤华主编:《外国法制史》(普通高等教育国家级规划教材系列),法律出版社2006年7月第4版,第72页。

③ 《汉书·武帝纪》,中华书局1999年版,第133页。

家占有的田地。战乱、灾荒之后,人民流失,土地均由地方各级政府登录为公田。这些公田或以借予农民耕种,或赐予民,但接受者都要附以封建义务。所以授予农民的田地是附加有义务的,至少加有纳租、纳赋、服徭役的义务。即使是私田,法律规定,免去这些封建义务的,也仅是卿以上的贵族官僚,但是他们又有按等级的其他封建义务。如前列述的诸侯王献酎金的义务等。

<blockquote>卿以上所自田户田,不租,不出顷刍稾。三一七①</blockquote>

这条吕后二年的户律明确规定卿以上的贵族如种耕自己的私田,免去向国家缴纳的田租和按顷缴的禾草。而卿以下的各等就是种植自家的私田,也免不了田租,这就是三十税一的公粮。此条律令证明无论公田、私田的占有者都不是罗马法意义上的完全所有权人。

(二)占有权的法律保护

对于绝大多数的占有权人,法律依法承认他们的占有权,并且有一套较为完善的保护占有权的法律规定。我将依次说明之:

1. 成为占有权人的法定条件。

性别为男性,年龄在二十三岁以上,包括二十三岁,汉景帝二年以后,改为二十岁以上。身体健康,非残疾人。超过五十六岁为老人,免除为国家承担徭役义务。

汉代法律关于承担民事义务,有几个专有词,那就是"小"或"弱"、"正"、"老"。如淳在注释《汉书》时说:"律,年二十三傅之畴官,各从其父畴学之。高不满六尺二寸以下为罢癃。汉仪注云民年二十三为正,一岁为卫士,一岁为材官骑士,习射御骑驰战阵。又曰年五十六衰老,乃得免为庶民,就田里。……未二十三为弱,过五十六为老。"②这段话

---

① 《张家山汉墓竹简》,第三一七简,文物出版社 2006 年版,第 52 页。
② 《汉书·高帝纪》,中华书局 1999 年版,第 27 页,注释①。

的意思是说,按汉律的规定,百姓(男)年龄在二十三岁时,就将名籍登录在主管各行职业的畴官处,登录名籍的目的是使其将承担公家的徭役。各人按其父的职业世袭。[①] 虽然年龄到二十三岁,而身高达不到六尺二寸[②],在其以下者,被视为残废人免除服徭役的义务。汉仪注这部法典说百姓(男)年龄到二十三岁为正,就指他们正适合作为承担民事义务的主体资格。到此年龄后,一年承担保卫皇室安全义务(每年戍边三日),一年承担地方防守义务,学习射箭、御马、骑驰作战知识(每年在地方服役二十日),这就是所承担的军役。至五十六岁称为"老",因而可以免除服军役义务,成为庶民,归就田里。因此,未达二十三岁称为"弱"。也有另一说法,汉制认为超过十五岁的为"大",十五岁以下为"小"。《敦煌悬泉汉简释粹》中简文有"骊轩……大女高者君自实占家当乘物……"其下注曰:"大女;汉制,十五岁以上为大,男称大男,女称大女。"[③]据此,我们可知,汉代称为"小"或"弱"的,指二十三岁以下,免去承担军役义务。二十三岁称为"正",将承担军役和徭役义务。到五十六岁称为"老"。此后免给公家服役的义务。残疾人不承担徭役等为公家服役的义务。

2. 占有权证书。

汉代实行户籍制度,老百姓均要编户齐民,也就是按职业进行户籍登记,每年八月政府要进行户籍普查,叫做"八月书户"。在户籍登记时,要查各户的土地占有权证书,所以土地占有权是有证书保证的。前

---

① 《吕思勉读史札记》中,对"畴"字解释:如淳注《律历志》"畴人子孙分散"云:家业世世相传为畴。则"各从其父畴学之"者……盖畴之义本为匹为类,然古者士之子恒为士,工之子为工,商之子恒为商,农之子恒为农。业既世而不迁,则子孙所与为匹类者,自与父祖无异,故"畴"又引申为世业之称也。见596页。

② 秦汉时,一尺为23.1厘米,6尺对约为143.22厘米。参看〔日〕堀毅:《秦汉法制史论考》,第188页。

③ 胡平生、张德芳编撰:《敦煌悬泉汉简释粹》,上海古籍出版社2001年版,第61页六三简及其下注释①。前

面所引用的《吕后二年律令·户律》第三三一简至三三六简[①]有详尽的规定。另外,二十世纪九十年代初在甘肃敦煌出土了两万多枚汉代的简牍,也可作为佐证。如:

宜禾里公孙益,有田一顷四畒。西支。(A)符。(左侧刻齿内)(B)(10109②;18)

益光里吴君巳,田卅畒……(A)府。(左侧刻齿内)(B)(10111①:2)

定汉里张到,田五十二亩……(A)府。(左侧刻齿内)(B)(10110①:73)[②]

以上三简不仅写明了占有权人所居住的地方而且标明到里,即最小的行政区划内,写明占有权人的姓名、占用的数量,最后均有一个"符"或"府"字,二者意义相通,表明是由官府确认的合符土地占有权证书。最后在简上还看出左侧刻齿。《周礼·天官·小宰》记载:"听取予以书契。"汉代郑元对之注释说:"书契,符书也。"唐代贾公彦疏说:"听取予以书契者,此谓于官直贷不出子者,故云取予。若争此,取予者则以书契券书听之。"将此两则解释合译,汉代向官府贷物(包括土地),不出利息的称为"取予"。这种取予的人,其权利证明便是用"书契"写出所贷得之物。发生法律纠纷,官府以"书契"为证,受理审判。如无书契则不受理审判。这说明"书契"就是所有权或占有权证书。"书契"如何制作,清代孙诒让所著《周礼正义》引惠士奇云:"《易林·大畜之未济》云:'符左契右,相与合齿'。"[③]说明刻在木简或竹简上的符,在其左侧都刻有齿锯痕,作为占有权证书的标记。在敦煌悬泉置地方出土的汉

---

① 《张家山汉墓竹简》,文物出版社 2006 年版,第 54 页。
② 胡平生、张德芳编撰:《敦煌悬泉汉简释粹》,上海古籍出版社 2001 年版,第 49—50 页。
③ 转引自胡平生、张德芳编撰:《敦煌悬泉汉简释粹》,上海古籍出版社 2001 年版,第 49 页注释②。

代文书中有五简都是当时人向官府租赁贷借的土地,其完全符合土地占有权证书的要求,左侧均有刻齿。我引用其中三简以说明汉代的占有权证书。

3.所有权、占有权的法律保护。

所有权人、占有权人,不得使自己所有或占有的动产马、牛、羊、牡猪、猪侵占他人的动产或不动产,凡侵权者,依法承担自己物对他人物的侵权赔偿责任。换言之,当所有权、占有权受到侵犯时,被侵权的所有人或占有人可依法提起侵权行为之诉,依法获得赔偿。

> 诸马牛到所,皆毋敢穿陷,穿陷及置它机能害人、马牛者,虽未有杀伤也,耐为隶臣妾。杀伤马牛,与盗同法。

> 马、牛、羊、彘豕、豕食人稼穑,罚主金马、牛各一两,四彘豕若十羊、豕当一牛,而令撟(?)稼偿主。

> 盗侵巷术、谷巷、树巷及貇(墾)食之,罚金二两。①

以上三简均引自《吕后二年律令·户律》,涉及侵权行为赔偿法。第一简大意说在马牛所经过处,土地所有权或占有权人不许设陷阱或其他机械能伤害人、马、牛的。若设有陷阱等,即使未伤害到马、牛等的也要依法处以两年以上三年以下劳役刑隶臣妾,如因陷阱而杀伤了别人马牛的,设陷阱者与犯有盗窃罪一样同刑处罚。第二简大意是说,自己的马、牛、羊、牡猪、猪吃了别人家的庄稼,法律上将惩罚该物的主人。马、牛主人各被罚一两黄金。四头牡猪的侵权赔偿相当十只羊的侵权;一头猪的罚金相当一头牛的罚金,并且还要命令侵权动物之主人以从事农作劳役偿还被侵害者的庄稼损失。第三简是说,私自侵占里中的小道"巷",邑中的小道"术",溪水旁的小路,树木间的小路,而将之开垦

---

① 《张家山汉墓竹简》,第二五一简、二五三简,文物出版社 2006 年版,第 43 页;"田律"二四五简,第 42 页。

耕种,处以罚金二两的刑。

用这些严谨而周密的侵权行为法律规定保证了公、私所有权的不被侵犯。

这种侵权行为赔偿法甚至扩大到准侵权行为的赔偿责任。前引第二简即属于此。另外还可见到的有:

犬杀伤人畜产,犬主赏(偿)之,它 囗。五〇①

4. 所有权、占有权中之处分权。

处分权是完全所有权中最高的权力。因为拥有处分权者,说明所有权人对自己的物拥有完全的主宰权。在汉代,对于不动产,除皇帝外,所有的人都只有称为占有权人,包括对自己的私有土地、田宅也只能称为法律意义上的占有权人,因为土地田宅的权利是与封建义务,特别是向国家纳税赋的义务捆绑在一起的。然而在封建义务约束之下,占有权人依然可以拥有有限制的处分权。对于动产,他们也拥有更多的处分权。

处分权的最重要表现之一为立遗嘱处分分割自己的所有权标的物及其权利。

民欲先令相分田宅、奴婢、财物,乡部啬夫身听其令,皆参辨券书之,辄上如户籍。有争者,以券书从事;毋券书,勿听。②

这是《二年律令·户律》中的规定。法令中提到的先令,就是遗令、遗嘱。可以以遗嘱处分的财产有田宅、奴婢、财物。包括了不动产和动产。唯一需要在官府办的事就是以书面文书参辨书的形式书写,并登录上户籍本,先令券书是以后司法机关在所有权发生争议时判处案件的凭证。

---

① 《张家山汉墓竹简》,"贼律"五〇简,文物出版社 2006 年版,第 15 页。
② 《张家山汉墓竹简》,第三三六简,文物出版社 2006 年版,第 54 页。

以先令券书形式处分财产所有权在《汉书》中也有记载。《汉书·景十三王传》记载景帝之子赵敬肃王彭祖的后继者缪王元在有病时，曾有先令，"病先令，令能为乐奴婢从死，迫胁自杀者几十六人，暴虐不道。……国除"。其下师古注曰："先令者，预为遗令也。"①这说明汉代以遗嘱处分财产称为"先令"。只不过这位诸侯王太残忍，竟然以先令命令自己死后，乐奴殉葬，且迫胁杀死十六位乐奴，不符合汉律禁止滥杀奴婢的规定而被除掉封国。另外，《太平御览》曾引《风俗通》记载了汉成帝、哀帝时大司空何武断决的一桩遗产纠纷案。该案中也提到立遗嘱的老翁为遗令书即先令券书之事。"沛郡有富家公，赀二千余万。小妇子裁数岁，顷失其母，又无亲近。其女不贤，公痛困思念，恐争其财，儿必不全。因呼族人为遗令书，悉以财属女，但遗一剑，云儿年十五以还付之。其后又不肯与，儿诣郡自言求剑谨案。……"②这个记载不仅让我们知道汉代可以以先令券书行使财产处分权，而且，立先令券书时还要有证人在场作证。以后发生所有权纠纷时，司法官员以先令券书为凭证进行判决。

另外，以买卖方式转移所有权以行使处分权，在汉律中也有明确规定：

> 代户、贸卖田宅，乡部、田啬夫、吏留弗为定籍，盈一日，罚金各二两。③

这条简文规定，立户籍后，处分自己家产、买卖田宅而官府故意稽留不为买卖者进行田籍登记的要承担法律责任。说明所有权人有权买卖自己的田宅，当然，必须按法律程序办理。

---

① 《汉书·景十三王传》，中华书局1999年版，第1847页。
② 《太平御览》，卷六三九，中华书局1960年版。
③ 《张家山汉墓竹简》，第三二二简，文物出版社2006年版，第53页。

三、他物权

(一) 地役权

罗马法学家在分析人对物的权利时,首先将之分为自物权和他物权。自物权是所有人对自己物的权利,也就是人们通常称之为所有权的,它被罗马法学家视为最完全的权利,在完全私有制占主导地位的社会,这种权利是绝对的、排他的、永继的。这便是罗马法上所有权的三个最主要属性。但是,在一个私有经济发达的社会,在一个商品经济繁荣的社会,在一个人与人密切交往的社会,人们的经济交往绝不可能只是独来独往的。经济活动和自然条件必须使人们的物权关系有时要发生在对别人物上的权利。这种产生在别人物上的权利,罗马法学家将之统称为"他物权",即所有人或占有人在他人物上可以享受而使自己获得经济利益的权利。这种权利必须有法律的明确规定,才使各方所有权人不能产生利益矛盾,或有利益矛盾时,受损害一方的权利能获得公平的补偿。因此,他物权是有法律限制的,故又叫限制物权。在罗马法的这些限制物权中最早就有一种被称为"地役权"的权利被法学家归纳了出来。

罗马法学家说:"地役权是为一块被称作需役地的土地而设立的,它几乎被视为该需役地的附属品和它的一种品格。这种权利当然归需役地和所有主所有,权利人随需役地所有主的更迭而更换。……地役权应当直接给土地而不是脱离土地给人带来功利。"① 把这段比较拗口的法律语言剖析开来,它是说地役权是给予一块需要另一块土地为之供役服务的土地,也就是为一块需役地而设的权利,这种权利被视为这

---

① 〔意〕彼德罗·彭梵得:《罗马法教科书》,黄风译,中国政法大学出版社 1996 版,第 253 页。

块需役地的附属品,它与需役地不可分割。也就是说,当需役地的自然情况继续存续时,需役地所需要的这个地役权就必然法定地存在。它不因需役地的所有权人或供役地的所有权人的变化而变化。譬如张三的一块地与王五的地相连,为了土地灌溉的原因,修通灌溉的小沟渠时,张三可以将从王五土地上流经的公共水流的水再延伸引向自家的土地。即使以后张三将该土地出卖给李六,李六也因此享有从王五土地上沟渠内延伸引渠灌溉的权利。即使王五将自己的这块地卖给金七也一样,前一块需役地仍享有从供役地引水灌溉的权利。所以,地役权不是为某人设立,是为两块相连的土地,一块需役地需从另一块供役地上享受某种权利而设的。所以地役权几乎是自然附属于需役地上的权利。显而易见,它是与最早的农业经济紧密相连的。罗马的地役权分类较细,但是乡村地役权中的用水权应当是其中最早的。彭梵得说:"乡村地役权是最古老的役权,并且属于'要式物'之列,……引水权无疑是最早的役权。……引水权是从他人土地取水或经他人土地引水的权利。"①

中国的汉代,没有使用罗马法上地役权的法律名词,但是作为一个农业经济大国,用水灌溉是必须解决的大事。一个以大农业生产为主的中央集权制的政府,要解决的首要大事是水利灌溉,同时它还要细致入微地调解好水流灌溉中流经各家私有地时的法律问题。因此汉代已经有很详尽的水法来解决这一法律问题,它实际上就是罗马法中地役权之最重要的乡村地役权之引水权问题。

读《汉书·沟洫志》知中国自远古就是农业经济大国,为防止水灾,历代统治者很注重水利工程及其维修。兴修水利,疏通河道,不仅防止

---

① 〔意〕彼德罗·彭梵得:《罗马法教科书》,黄风译,中国政法大学出版社1996年版,第254页。

水灾,还因为在大河支流修渠,灌溉良田,增加农业收入。大禹治洪水十三年,为导引黄河水流入东海,修贝丘以南一条渠及漯川渠,不仅导黄河水入海,且漯川渠直到汉朝时还在使用。汉初文帝时黄河决堤于酸枣,使金堤溃坏,水灾造成极大困扰,武帝时黄河又在瓠子决口,灾难苦重。郑国当时担任大司农官职,再修郑国渠,便利漕运,人民大得好处。兒宽任左内史时,奏请穿凿六辅渠,增加对郑国渠附近高地的灌溉使民受益。以后,在汉武帝太始二年(公元前103年)又由赵中大夫白公奏请修白渠引泾水起自谷口入栎阳,地广二百里,灌溉田地四千五百余顷。老百姓得水利工程之利,民歌赞之道:"田于何所?池阳、谷口。郑国在前,白渠起后。举臿为云,决渠为雨。泾水一石,其泥数斗。且灌且粪,长我禾黍。衣食京师,亿万之口。"①可见水利工程之惠民,正因此,汉代水法十分细致。

《汉书·兒宽传》记载:"宽既治民,劝农业……宽表奏开六辅渠,定水令以广溉田。"②这六辅渠就是指在京城附近六座重要城市,即京兆、冯翊、扶风、河东、河南、河内称为六辅,在六辅的界内郑国渠的上流南岸另外开凿六条小渠,辅助进行灌溉。为了灌溉有序,专门制定了用水次序的法令,叫做"水令",以次序用水,使百姓们各个公平得到用水的好处。《汉书·召信臣传》记载宣帝时的臣子召信臣曾历任地方主管官员为民兴修水利"信臣……好为民兴利,务在富之……行视郡中水泉,开通沟渎,起水阀凡数十处,以广灌溉,岁岁增加,多至三万顷。……信臣为民作均水约束,刻三石立于田畔,以防纷争"。这个召信臣为百姓制作的均水约束,就是地方官所规定的地方用水的法令,所以要刻石立于田畔,以防止在引水导水时发生地役权与所有权的纷争。《汉书补

---

① 《汉书·沟洫志》,中华书局1999年版,第1340页。
② 《汉书·兒宽传》,中华书局1999年版,第1996页。

注》沈钦韩作了关于这个均水约束的详细说明:"长安志泾渠图制云,立三限闸以分水,立斗门以均水。凡用水,先令斗吏入状,官给申贴,方许开斗。自十月一日放水,至六月。遇涨水歇渠。七月往罢。每夫一名,溉夏秋田二顷六十亩,仍验其工给水。行水之序,须自下而上,昼夜相继。不以公田越次。霖潦辍功。此均水之法也。"①这段记载是说,根据长安地方志的记载,对泾渠的管理,是在泾渠上设三道闸口,对渠水分段管理。泾渠就是汉武帝时修的白渠,引泾水从谷口流经二百里至栎阳入渭水,后人称为"泾惠渠"的。在该二百里长的渠上设三个限段的闸门以保证将水流分段使用。在各闸段间又立了斗门。也是为了控制在这泾渠能灌溉的四千多顷地上均匀用水。凡是需要引泾渠灌溉时,先需要主管斗门的小吏写出申请,由官府发给批准令以后,才许斗吏开闸放水。放水的时间是每年十月一日放水,到六月底。如遇雨水多水涨就要将渠水放掉一些,到七月停止。每一名农夫,允许用水灌溉夏秋两季的农田共二顷六十亩。还要由小吏验清其农田再给水。遇有雨霖雨涝,就停止放水。用水的次序是按照田地的次序,从下游向上游开放,水一开闸,昼夜相继地放水,不因田地是公田越次灌溉,一律按土地的自然形成,自下而上用水。这就是均水的水法。这个补注详尽而有力地证明了汉代水令中所体现的地役权制度。因为当进行水利灌溉时,法令是让田地依次用水,也就是依田地的自然连接状态从下而上供水。并不因田地的性质是公田或私田有别,公田并无优先权。当引水的沟渠从下而上,修通时,必然有一个经别人家田亩挖通水道的过程,就相邻之田地来说,就是为一块需役地的需要,另一块相邻和相近的田地要成为供役地,为需役地提供引水的役权。这便是地役权中最重要

---

① [清]王光谦补注:(国学基本丛书)《汉书补注》(第8册),商务印书馆1959年版,第5198—5199页;《汉书·循吏传召信臣》,中华书局1999年版,第2699页。

的引水役权。国家以正式的法令和细致的规定确立了地役权制度,使相邻各方的权利都得到调节。

当然,地役权不仅限于引水权,它也涉及相邻田地之间的相邻权问题。罗马的十二表法中,关于相邻的土地权利法中,曾有最早的规定:"如果沿着近邻地区挖掘壕沟,则不得越过限界,如设置围墙,则必须[从邻近的地区起]留出空地一呎,如果是住所,则留出二呎,如果是挖掘坑道或墓穴,则留出的尺度与挖坑的深度同,如果是井,则留出六呎,如果是栽种橄榄树或无花果,则从近邻的地区起留出空地九呎,而其他的树木,则为五呎。"①这一规定常被学界视为最早的地役权中涉及相邻关系法之规定。中国古代是农业经济大国,涉及农田相接的法律纷争,多以地方官员教化为主,但也有的官员在处理此类纷争时以法律加教化而行之更为有效。汉宣帝时的官员黄霸,自幼学习法律,喜欢为吏,而又注重使法律与教化相结合。他在担任颍川太守时"力行教化而后诛罚"。在地方上宣布诏令,教化乡民,规定耕者让畔等一系列地方行政措施,使地方治理得很好,为全国之冠。皇帝因而表彰他"田者让畔,道不拾遗,养视鳏寡,赡助贫穷,狱或八年亡重罪囚,吏民乡于教化,兴于行谊,可谓贤人君子矣"。②他的施治措施中的"耕者让畔"就是解决农田耕作中的相邻权问题,使两块相邻的田地,各留出田界。"畔",即田界。因为各块田地均留有田界,便很少会发生田地问题的法律纠纷。也可以视为与地役权相关的问题。事实上,汉律的《田律》中也有这方面的专有规定,如:"盗侵巷术、谷巷、树巷及垦食之,罚金二两。"③这是《吕后二年律令·田律》中的规定,其中的"巷",指里中的道;"术",

---

① 《十二铜表法》第七表《土地权利法》第二条,见由嵘等编:《外国法制史参考资料汇编》,北京大学出版社 2004 年版,第 130 页。
② 《汉书·循吏传·黄霸》,中华书局 1999 年版,第 2692 页。
③ 《张家山汉墓竹简》,第二四五简,文物出版社 2006 年版,第 42 页。

指邑中的道;"谷巷",指溪水旁的小路;"树巷",指树木间的小路。全律条文的大意指,个人如私自侵占里中的道、邑中的道,溪水旁的小路,树木间的小路,都属于违法行为,在法律上要处于罚金二两的刑罚。这正是关于相邻土地间关系的法律。我国民法学界,至今仍有占主流的理论是使用"相邻关系权"而不使用"地役权"观念的。总之,在汉代的农业实际中,这种他物权关系已被立法或实际的措施所考虑到。

他物权中之地役权尤其是乡村地役权被汉代物权法中予以特别的重视,有两点原因。其一,中国是有记载历史以来的农业大国,人民为了生存的必需,一定要注重水利,要与洪水斗争,要与干旱斗争,在几千年的生存斗争中,人们认识了顺应自然,利用自然,变水害为水利,它会造福于人类,会更有利地促进农业经济的发展。而在包括中国在内的亚洲国家,中央政府将这项工作纳入了自己最重要的工作范畴内。正像马克思所说:"气候和土壤条件,特别是广阔的沙漠地带,由撒哈拉经阿拉伯、波斯、印度及蒙古绵延到亚洲高原,……这些情形曾使利用水道及水利工程来实行人工灌溉的办法成为东方农业底基础。在埃及和印度利用河水泛滥来灌溉田地,在美索不达米亚、波斯及其他国家也是一样,利用河水高涨来灌满人工水道,人们需要节省水分和共同使用水源,这种初步的需要……便绝对要求政府底集中力量出来办理此事。由此便产生一切亚洲政府所不得不担任的经济职务,即组织公共事业的职务。"[①]事实也印证了马克思的观点。中国从夏王朝立国就是以集中举国之力,由中央政府领导,修水利,治黄河,为民众造成安居的生存环境。《汉书·沟洫志》起始就引夏书"禹堙洪水十三年,过家不入门。……然河灾之羡溢,害中国也尤甚"。所以最初的中央政府也只能

---

① 《马克思恩格斯全集》(俄文版),第九卷,第347页。参看《马克思、恩格斯论中国》,解放社1938年版,第22页,转引自苏联司法部全联盟法学研究所编:《国家与法权通史》(第一分册),中国人民大学出版社1954年版,第17页。

将治理黄河作为头等大事"唯是为务……于是禹……乃醻二渠以引其河,北载之高地,过洚水至于大陆,播为九河,同为迎河,入于勃海。九川既疏,九泽既陂,诸夏乂安,功施乎三代"。大禹治水在中国是妇孺皆知,数千年人们口耳相传的故事。正因为四千多年前黄河洪水泛滥,作为治水主帅的禹才能"唯是为务",将治水作为中央政府的核心工作来抓,并且逐渐在实践中懂得了水是不能堵的,只能顺应其自然属性,自然疏导,于是他先是为黄河分二渠疏导,再将之分九川,终于导引入渤海。使整个华夏民族能安定生活"诸夏乂安,功施乎三代"。这以后,历代兴修水利。三国时蜀郡太守李冰父子修都江堰,使成都平原成为天府之国。魏文侯时西门豹治邺有善政之称,但其后的史起为邺令,决漳水灌溉邺地,使之成为终古稻粱地。战国时韩国派水工郑国间说秦国,想以修郑国渠延缓秦对韩的战争,但最终如郑国所言:"始臣为间,然渠成亦秦之利也。臣为韩延数岁之命,而为秦建万世之功。"正因为郑国渠修成灌溉盐碱地四万余顷,使亩收达到六斛四斗,"于是关中为沃野,无凶年,秦以富强,卒并诸侯"。八百里秦川美名因郑国渠而得。汉代在郑国渠基础上再修六辅渠、白渠,使关中得以成为汉数百年都城所在地,也是重要粮仓。所有这历朝历代的水利都是中央政府的一等大事。因此,数千年积累的知识与经验,使得用水的法律成为中国中央政府十分重视的立法活动。其二,因为水利的兴修与农户用水息息相关,在漕运发达以后,汉代的水法愈来愈细密化,它要涉及引水经过他人土地的地役权问题。那么,当地役权与所有权发生矛盾时,国家立法以哪个为重?很显然,所有权固然有极大的绝对性,但是地役权,尤其为水利而规定的地役权因涉及水流的疏通与灌溉,它已经不只限于个人私利,对于以大河为中心的中国来说,它将涉及整个国家、民族的利益。因为地役权的形成是以土地的自然生成为前提的。所以,当地役权与私人所有权发生矛盾时,国家法律的规定是地役权优先。这时,它甚至不受封建特权法的限制,无论公田与私田,无论贵族与平民,水的使用是根据土地的自然生成情况而定,"行水之序,有自下而上,昼夜相继。不以公田越次"。地役权的取得,在罗马可依法律而取得,可依契约关系而取得。在中国,这种乡村役权中的引水权,它只能依法律取得,而不能依双方协议取得。因为,汉代的地役权主要是为国家整体的水利利益而规定的。它的细密程度,让我感到有如当今仍实行的《法国民法典》一般。

> 役权发生于地点的自然情况,或法律所定的义务……
>
> 低地对高地须接受从高地不假人力、自然流下之水。……
>
> 如水供给区乡、村落居民的需要时,水源地所有人不得变更其水道……
>
> 不动产坐落流水旁侧的所有权人……得利用流过之水,作为灌溉自己土地之用。①

这些关于地役权的规定与汉代水令中规定:"每夫一名,溉夏秋田二顷六十亩,仍验其工给水。行水之序,须自下而上,昼夜相继。不以公田越次。"读来如有异曲同工之妙;而在时间的差异上,已相差两千年之久。所以,我们不能不赞叹两千多年前的西汉王朝在调节地役权问题上的法令规定之合理、细致。

综上所述,汉代关于地役权的法律规定表现为以下几个特点:

第一,汉代地役权主要表现为乡村地役权,其中包括引水役权和相邻地界关系。

第二,汉代地役权可以界定为:为了一块需役地的必然需要,而在一块相邻或相近的供役地上设定的权利。此权利是由土地的自然状况而形成,而非依其他人为情况而形成。汉代的地役权是土地对土地的

---

① 《法国民法典》,商务印书馆 1996 年版,第 639、640、643、644 条,第 84—85 页。

权利。

第三,汉代的地役权依法律而设定,表现的形式为律或令。以"水令"或"田令"表现之。这种水令或田令是以公开形式刻于石碑上而立于相关的土地上。目前史料的记载尚未发现有以个人协议而取得者。水令或田令被公开于田间地头,一则为实施方便,同时也有法律教化的作用。

第四,这种令,常由主管该地区水、田管理的地方官员借助于中央的敕而阐发,所以有地域性。

第五,汉代法律中涉及地役权的水令或田令、田律表现了中国古代法注意民生的农业水利管理和农业生态管理。虽然由行政机构颁行,带有行政法令性质,实际却是涉及农业社会民生问题,仍应视为民事法律的组成部分。

第六,当地役权与土地所有权发生矛盾时,地役权优先。因此汉代水令规定,用水的次序依土地自然状况,而不依土地的属性为公田或私田来区分。"行水之序,须自下而上,昼夜相继。不以公田越次。……此均水之法也。"

(二)质权

质权也是他物权的一种,又称担保物权。它是为保证债的履行的一种方法。具体说,就是在债务人和债权人之间产生了债的关系以后,债权人为了使债务人进行的债务清偿有可靠的保证,让债务人提供物的担保。而这种作为担保之物是动产,可以在债务人债务未清偿完之前,将此动产质押于债权人处。此时债权人便享有对质押物的质权,所以质权是质权人在别人物上的权利,是他物权。这种债权人对质物的权利是有法律限制的,因为质物不是债权人自己的,所以债权人对自己享有的质物无处分权。质物只能作为债务人清偿债务的担保。一旦债务人完全清偿了债务,债权人的质权也就消失,他应将质物完全归还给原所有人。只有当债务人在法定期限内无法清偿债务时,债权人才能在期限到达之日取得对质物的所有权,而此时质权已转化为所有权了。

汉代的债的关系包括契约债务和侵权行为而形成的债的关系,债权人为了债务清偿的担保,产生了质权关系。汉代的质权中,作为担保的物有两种,一为劳动力担保,就是债务人以为债权人作佣,抵偿债务;一为物的担保,就是债务人以自己所有的动产作为质押担保。

汉代契约关系和侵权行为的法律规定已较前有了很大的发展,在这种债的关系中,作为债务履行保证的质权也很明显。《太平御览》引刘向所著《孝子传》中董永的故事:

> 《孝子传》曰:董永,性至孝,而家贫。父死,卖身以备棺敛。既葬,即诣主人,将偿其直。路逢一女子,云能织,愿为永妻。永不得已,与同诣。主人问其故,永具以对。主人曰:"必尔者,但令尔妇为我织缣百匹。"于是,妻为主人织十日,百匹具焉。主人大惊,即遣永夫妻。妻出门,谓永曰:"我,天之织女也。卿笃孝,卖身葬父。故天使为卿偿债耳!"言终,忽然不见。①

这个董永卖身葬父遇织女的故事在中国是家喻户晓的。然而,董永所谓"卖身"其实不是自卖为奴仆,而是贷棺木钱,而在这种借贷关系中,董永是以自己的人身劳役作为债的清偿的担保的。因此债主(即故事中称为"主人"的)便对董永的人身享有质权。董永因此在葬父之后,立即就赶往债主家,"将偿其直"。就是准备以人身劳役抵挡债务。后来董永妻子以十日织出百匹缣,为董永偿还了债务。债务既已清偿,债主的质权也因而消失,便放还董永夫妻。董永妻对董永说:"天使为卿偿债耳!"。说明这是一借贷关系。后来债的清偿是以物清偿了的,即

---

① 《太平御览·卷八二六·资产部六·织》(第四册),中华书局1960年2月版,1998年3月第6次印刷,第3681页。

百疋缣。

在侵权行为的债务关系中,债务人也常常以人身为质物,即以劳动力为债务清偿的标的。《后汉卷》记梁鸿故事:

> 梁鸿……家贫……乃牧豕于上林苑中。曾误遗火延及它舍,鸿乃寻访烧者,问所去失,悉以豕偿之。其主犹以为少。鸿曰:"无它财,愿以身居作。"主人许之。因为执勤,不懈朝夕。①

梁鸿的故事,是典型的侵权行为的赔偿,因为梁鸿的过失,造成对邻居房舍等物的烧毁。梁鸿的赔偿先是将自己的物——所牧之豕悉数偿之。但还不够,梁鸿便"以身居作",也就是以人身劳役为质押偿还债务。这时债主便享有对债务人的人身质押的质权。

第三节 汉代的债法

一、汉代"债"的概念

罗马法中,在查士丁尼时代,对"债"的概念作出了明确的定义:"债是法律关系,基于这种关系,我们受到约束,而必须依照我们国家的法律给付某物的义务。……债务得再分为四种,即契约的债、准契约的债、不法行为的债和准不法行为的债。"②也就是说公元六世纪,罗马法学中对债的理论已具有现代民法学中债的意义了。

剖析这段定义的目的主要有三点:第一,明确债是一种法律关系,过去中国学者旧译为法律锁链,③似乎更形象一些。正像梅因所指出的,"债"是法律用以把人或集体的人结合在一起的"束缚"或"锁链",作

---

① 《后汉书·卷八十三·逸民传·梁鸿》,中华书局1999年版,第1868页。
② 〔罗马〕查士丁尼:《法学阶梯》,张企泰译,商务印书馆1989年版,第158—159页。
③ 见〔英〕梅因:《古代法》,沈景一译,商务印书馆1984年版,第182—183页。

为某种自愿行为的后果;第二,债是当事人之间的关系。法律把债务人和债权人拘束到了一起。一旦债的关系确立,这种债的锁链只能通过清偿程序才能解除。这种债的清偿就是债务人依法履行给付某物的义务;第三,"债"既表示权利,也表示义务。对债权人说,他享有享受债务清偿之权,而对债务人说,他负有清偿债务的义务。而关于"债"的形成原因,查士丁尼已指出了四种原因,即由于契约关系或准契约关系而生成契约履行之债,或由于侵权行为或准侵权行为而形成的赔偿之债。

中国在西周时已有"债"的称谓,叫做"责"。《周礼·秋官·朝士》:"凡有责(债)者,有判书以治,则听。"[①]判书,是指契约券书。所以,这段话的意思是说,如发生了契约借贷债的法律纠纷,司法机关要见到当事人原先的契约券书,才受理这种民事案件。《天官·小宰》:"听称责(债)以傅别",[②]称责(债),就是借贷契约;傅别,就是契约券书。所以,此句的意思与上句相同,都是指因借贷关系而发生的债务纠纷,法官审理时要以当初双方当事人所立契约券书为依据。《秋官·朝士》:"凡属责(债)者,以其地傅而听其辞。"[③]属责(债),郑玄解释为债权人死亡,嘱友人代为收取债务清偿。债务人因原债权人死亡,故意诈言,将债务减少;此时法官就要听取债务人所居地之知情人之证词了。从《周礼》中有关"责"(债)的规定看,中国在西周时已使用"债"的概念,但比罗马法中"债"的概念狭窄,仅指契约债务,尤其指借贷契约所形成的债。汉代,仍沿袭西周时观念,"债"仍仅指借贷契约关系而形成的债权债务。《汉书·淮阳宪王刘歆传》:"博言:负责数百万,愿王为偿。"[④]其下颜师

---

① 《十三经注疏》(上),中华书局影印本 1980 年版,第 878 页。
② 《十三经注疏》(上),中华书局影印本 1980 年版,第 654 页。
③ 《十三经注疏》(上),中华书局影印本 1980 年版,第 678 页。
④ 《汉书·宣元六王传》,中华书局 1999 年版,第 2469—2470 页。

古注曰:"责谓假贷人财物未偿者也。"① 可见,汉代时,"债"一词仍仅指借贷契约形成的债权债务关系。但事实上,就汉代资料看,契约之债中,除借贷关系外,仍有赊买、雇佣、租佃、租赁等债的关系。另外,债的关系中之侵权行为所造成的债的关系,这些大多以行政法律来解决司法纠纷。

二、契约关系形成之债

英国学者梅因说:"我们今日的社会和以前历代社会之间所存在的主要不同之点,乃在于契约在社会中所占范围的大小。"② 虽然他不同意法国学者所提出的"一切'法律'源自'契约'的理论",③ 但是他还是提出"无论是'古代法'或是任何其他证据,都没有告诉我们有一种毫无'契约'概念的社会"。④ 这其实说明,自从有人类社会群居生活开始,最简单的商品交易就已存在。正像马克思所说:"先有交易,后来才由交易发展为法制……这种通过交换和在交换中产生的实际关系,后来获得了契约这样的法律形式。"⑤ 汉代是中央集权的中国封建社会第一个商品经济发展的高峰期,加之以西汉丝绸之路的开通和两汉边塞屯戍制度的发展,两汉的商品交易活动和契约制度较之前朝有了很大的发展。

(一)买卖契约

《汉书·高帝纪》记载:

> 高祖……好酒及色。常从王媪、武负贳酒,时饮醉卧,武负、王

---

① 《汉书·宣元六王传》,中华书局1999年版,第2470页注②。
② 〔英〕梅因:《古代法》,沈景一译,商务印书馆1984年版,第172页。
③ 〔英〕梅因:《古代法》,沈景一译,商务印书馆1984年版,第175页。
④ 〔英〕梅因:《古代法》,沈景一译,商务印书馆1984年版,第176页。
⑤ 《马克思恩格斯全集》,第19卷,第423页。

媪见其上常有怪。高祖每酤留饮,酒雠数倍。及见怪,岁竟,此两家常折券弃责。①

这段记载说汉高祖任亭长时,常赊酒吃。"贳",赊的意思。这是中国民间一种赊买的方式。但是赊买也是买,故而卖酒家是留买卖契券的。即写在简牍上的契券,后因高祖醉卧卖家,被卖家发现了高祖头上的异怪现象才"折券弃责"。就是卖家不准备以后向高祖索讨所欠酒资,才折毁了契券,放弃了自己的债权。

西域汉简中有许多典型的买卖契约券书。如:

建昭二年闰月丙戌,甲渠令史董子方买鄣卒欧戚裘一领,直千百五十,约二里长。钱毕已。旁人杜君隽。②

七月十日鄣卒张中功贳买皂布章单衣一领,直三百五十三。埃史张君长所。钱约至十二月尽毕已。旁人临桐史解子房知券□。③

此类买卖契约文书在新发掘的《居延新简》中也可见到:

蔡良买袭一领,直九百。布绔一两,直四百凡千三百。(五七·三A)④

另外,二十世纪九十年代初的1990—1992年间,文物考古工作者在甘肃敦煌悬泉汉简的出土发掘中也发现了大量此方面的文书。如:

五凤二年四月癸未朔丁未,平望士吏安世敢言之。爰书:戍卒南阳郡山都西平里莊疆友等四人守候,中部司马丞仁、史丞德,前

---

① 《汉书·高帝纪》,中华书局1999年版,第2页。
② 中国科学院考古研究所编辑:《居延汉简》(甲编),科学出版社出版1959年版,"释文",第一八七简,第10页。
③ 中国科学院考古研究所编辑:《居延汉简》(甲编),科学出版社出版1959年版,"释文",第一三七三简,第57页。
④ 甘肃省文物考古研究所、甘肃省博物馆、中国文物研究所、中国社会科学院历史研究所编辑:《居延新简上——甲渠候官》,中华书局1994年7月版,第147页。

得毋贳卖财物敦煌吏,证财物不以实,律辨告,乃爰书。疆友等皆对曰:"不贳卖财物敦煌吏民所,皆相牵证任。它如爰书,敢言之。"(Ⅱ0314②:302)①

上引这些第一手的原始资料都确凿有力地证明汉代买卖契约关系十分发达。它具有如下特点:

1. 凡构成买卖关系,必立有书面文书,当时称为"券书"。

一般写在木简或竹简上。买卖契约的券书一般保存于买受人和出卖人双方,重要的是要将券书中间部分呈送县府。《二年律令·金布律》中有一条规定,使我们大体可以据之想象当时的买卖券书状况:

> 官为作务、市及受租、质钱,皆为缿,封以令、丞印而入,与参辨券之,辄入钱缿中,上中辨其延。质者勿与券。②

这条律文译文:

> 官府经营手工业进行市场贸易以及收取租赁金、质钱,都要有一个盛钱的器物(类似存钱的铺满,上面有个小孔,只可将钱装入而不能取出)。这个盛钱的钱罐用盖有县令或县丞印章之物封四周。交易时,用三辨书的券书书写。所收取的钱就投放入钱罐中。将三辨券书的中间一辨券书上呈至县府。对质押者不给券书。

上引的资料,佐证了《汉书·高帝纪》记载的刘邦赊酒吃,酒家仍保留券书以作为以后债务清偿时的凭证。只有当债主决定免除其债务时,才"折券弃责"。

张掖、敦煌地区都是汉武帝通西域后,靠近西域的郡。从二十世纪三十年代始到八十年代在汉代张掖郡所辖的居延地区有过数次考古学大发现,出土了近三万枚汉简;九十年代在敦煌悬泉驿发掘了两万多枚

---

① 胡平生、张德芳编撰:《敦煌悬泉汉简释粹》,上海古籍出版社 2001 年 8 月版,第 26 页。

② 《张家山汉墓竹简》,第四二九简,文物出版社 2006 年版,第 67 页。

汉代简牍、十份帛书、十张纸文书和一幅墙壁题记等重要汉代文书,是我们研究汉代法制的第一手资料。本文前引三例居延汉简一例敦煌汉简文书,也都证明汉代买卖契约是生活中最常见的契约类型。而买卖契约的签订,要有书面契约,即"券书"。口头契约是否有法律效力,目前尚无资料可证。

2.买卖契约券书的形式。

与西周的书面契约相比较,汉代的契约券书略有变化。西周的买卖契约,《周礼·天官·小宰》说:"听买卖以质剂。"①其下,郑司农的注疏说:"质剂,谓券书。有人争市事者,则以质剂听之。……质剂,谓两书一札,同而别之。长曰质;短曰剂者。"按,《地官·质人》云:"大市曰质;小市曰剂。郑注:大市,人民、马、牛之属,用长券;小市,兵器、珍异之物,用短券。言两书一札,同而别之者,谓前后作两券,中央破之,两家各得其一。"②这段话,郑注解释得很清楚。西周的买卖契约,称为质剂,也就是汉代称为"券书"的,如有人因为市场买卖之事发生了争议,官府裁决时要有质剂才审理。而质剂的写作形式,是将双方的买卖契约内容写在一个木简的正反两面。内容是相同的。写成之后,在木简的中央将木简破为两份,由买卖双方各保存一份。称为"质剂",是因为木简有长短的分别,如果买卖物是人(奴婢)、马、牛之类,就用长券书书写,如果买卖物是非主要物,像兵器、珍异物等,用短券书书写。长券书称为"质",短券书称为"剂"。那么,由此而知,西周的买卖券书,是写在木简的正反两面,写成后,契约一分为二,买卖双方各保存从中央破开的券书的一半。西周发现的契约券书也有地下文存可证。《格伯簋》铭文是一份交换契约,原文如下:

---

① 《十三经注疏》,中华书局影印本 1980 年版,第 654 页。
② 《十三经注疏》,中华书局影印本 1980 年版,第 654 页。

格伯叟良马乘于倗生,厥租三十田,则析。①

这段话的意思:叟,《说文》:"上下相付也。"②即是赋予或给予的意思。"析",《说文》:"破木也,一曰析也。"③整句意为:格伯用四匹马交换取得倗生的三十田。成约后,将写有契约内容的木札从中央破为二,双方各得契约券书的一半。交换契约是最初的买卖契约。这一铭文,证明《周礼》各家对西周买卖契约的注释。

汉代的买卖契约券书,与西周时又有不同的是,发展为三辨券书。前引《二年律令·金布律》的规定就说明了这点。如是现金交易的买卖券书,要以三辨书的买卖券书写成。成交以后,券书中间一辨要呈交县府保存。另外两辨,法律条文未言及,应当是像西周的券书一样,买卖双方各执一辨。

但是,汉代还有赊买或称为贳买或贳卖的买卖关系,前引敦煌文书中所提到的戍卒疆友等四人"贳卖财物"的爰书即是。律条未言及,但从律条规定,对交纳质钱的人不给券书,而质字,《说文解字》:"质,以物相赘。从贝,从所阙。"④就是说,以物品作抵押。当然,债务人此时未清偿债务,所以买卖券书中属于买方应得的一辨券书是不能给予他的。以此类推,赊买券书,买方应得的一辨也是不能给予尚未清偿债务的一方。至于赊买券书是两辨书还是三辨书,现在不得而知。

3.汉代买卖券书的内容。

①立约的时间;②立约的原因;③债权人与债务人的姓名,即立约人;④立约的标的、物品及其价值;⑤债务清偿期限;⑥契约见证人的姓

---

① 胡留元、冯卓慧:《长安文物与古代法制》,法律出版社 1989 年版,第 11 页。
② [汉]许慎:《说文解字》,中华书局影印本 1963 年版,1979 年第 5 次印刷,第 84 页下。
③ [汉]许慎:《说文解字》,中华书局影印本 1963 年版,1979 年第 5 次印刷,第 125 页上。
④ [汉]许慎:《说文解字》,中华书局影印本 1963 年版,1979 年第 5 次印刷,第 130 页下。

名和身份。在《居延汉简》(甲编)中的两例买卖券书中均有"旁人×××"字样,此"旁人"就是契约见证人,但仍非唐代契约中的"保人"。因为"旁人"只负有契约见证人义务,无担保责任,故与债务人间还无连带责任关系。然而,既是契约见证人,在契约发生纠纷时,也有举证责任,因此,两件木简上都有画押的刻痕。建昭二年契木简左侧有三道杠刻痕,第一道刻痕木简上端有 45 厘米,第二道刻痕距第一道刻痕 0.8 厘米,第三道刻痕距第二道刻痕 0.7 厘米。七月十日契木简左侧亦有三道刻痕,第一道刻痕距木简上端约 5.8 厘米,第二道刻痕距第一道刻痕 1 厘米,第三道刻痕距第二道刻痕约 1.4 厘米。这可以认定为买卖双方立约人和见证人三人的画押,即画指。杠痕之间的距离似乎是指节长短的模拟。

买卖契约券书从西周时的两辨书发展到汉代的三辨券书,可以反映出国家对民事法律活动的关注度的增强,不仅有律令规定,而且在契约券书中也更完善化。三辨券书中的中辨要呈交县府保管,更有利于在发生契约债务纠纷时的案件受理及裁决。券书中的"旁人"在契约纠纷时起到证明人的作用。券书制作完成后,还要画押刻痕,更保证了契约关系受国家法律保护。

4. 一份完善的买奴契约。

汉代买卖的标的也扩及人们生活的多方面。前引的文献记载和出土木简,买卖标的多为生活日用品,如酒、衣物等,汉代还存在家内奴婢制,只是此时的奴婢多为主人从事家内劳役,主人可以使之从事各种家内劳作,却无处死奴婢之权。《汉书·王子侯表》记载,邵侯顺,承袭侯位,在位二十六年,然而武帝天汉元年(公元前 100 年)"坐杀人及奴,凡十六人,以捕匈奴千骑,免"。[1] 也就是说他为了谎报战功,说自己捕得匈奴骑兵一千,然而实际未达此数,便私自杀了犯罪的人和奴仆十六

---

[1] 《汉书·王子侯表》(下),中华书局 1999 年版,第 341 页。

人,冒充千骑之数。事发后,被免去封国。这说明汉代的奴婢是不可被主人任意杀戮的。但奴仆是可以被视为动产而买卖的。奴仆主要从事的家内劳动在买卖契约上也要写得清清楚楚。

《太平御览》记载了西汉宣帝时的一份买卖奴仆的契约券书,即《王褒僮约》,又称"王褒髯奴券",就是一个名叫王褒的人买了一个有胡须的奴仆。南朝《文心雕龙》评价此券书时说:"券者,束也,明白约束。约束以备情伪。自形半分,故周称判书。古有铁券,以坚信誓。王褒髯奴,则券之谐也。"这段话的意思是说券书本是一种契约约束。为防止立契以后再有争议,所以古代的券书是自中央分为两半的,西周时称为"判书"。古代也有铁铸券书,更表示契约要坚守、信守。而王褒髯奴券却是一份带有诙谐性质的券书。不论《文书雕龙》如何评价此券书的文笔,它却是一份详尽的汉代买奴契约。现全文录于下:

《王褒僮约》曰:蜀郡王子渊以事到湔上寡妇杨惠舍。惠有夫时奴名便。子渊倩奴行酤酒,便拽大杖上冢,颠曰:"大夫买便时,但要守家,不要为他人男子酤酒。"子渊大怒,曰:"奴宁欲卖耶?"惠曰:"奴父讦人,人无欲者。"子渊即决买券之。奴复曰:"欲使,皆上券;不上券,便不能为也。"子渊曰:"诺。"

券文曰:"神爵三年,正月十五日,资中男子王子渊从成都安志里女子杨惠买亡夫进产下髯奴便。决贾万五千。奴当从百役使,不得有二言。晨起早扫,食了洗涤;浚渠缚落,锄园研陌;杜牌评地,刻犬枷,屈竹作杷,削治鹿卢;居当穿臼,缚帚裁芋,凿斗织履,作鹿黏雀,张乌结网,捕鱼种薑,养羊长,育豚驹。二月春分,调治马胪,涤杯整案;园中拔蒜,斫苏切脯。饮酒栽得,染唇渍口,不得倾杯、覆斗;用钱推纺,垩败楔索,绵绨买席,往来都洛,当为妇求脂泽。转出旁蹉,牵犬贩鹅,武都买茶,杨氏池中,掘荷入市,不得夷蹲旁卧,恶言丑骂。多作刀矛,持入益州,贸易羊牛。自教精慧,不得痴愚。持斧入山,断辕裁辕,若有余残,当作俎、几、木履;及寻檠焚薪作炭,石曡薄岸,治舍盖屋,书削代牍。日暮欲归,当送干薪两三束。四月当披,九月当获,十月拔豆,俞菱窖芋;南安拾栗采桔,持车载辕,多取蒲矛,盖作绳索;两堕所无,当编蒋织薄。植种桃、李、梨、柿,拓桑三丈,一树八尺为行,果类相从,纵横相当。果熟收敛,不得吮尝。犬吠当起,警告邻里。枨门柱户,上楼击鼓,持楯曳矛,还落三周。勤心疾作,不得遨游。奴老力索,种莞织席。事讫休息,当舂一石,夜半无事,浣衣当白。若私钱主给宾客,奴不得有奸私,事当关白。奴不听教,当笞一百。读券文适讫,辞穷诈索,仡仡叩头,两手自缚,目泪下落,鼻涕长一石:'审如王大夫言,不哪早归黄土,陌蚯蚓钻。额早知,当众王大夫酤酒,真不敢作恶也'!"①

从文笔上看,此份王褒(字子渊)买髯奴的券书语言中有诙谐之处,但却是一份非常规范的买卖券书,有买卖券书签约的时间,"神爵三年正月十五日",即汉宣帝神爵三年(公元前59年)正月十五日。有买卖双方当事人姓名:买主为四川资中人王子渊(即王褒),卖主为成都安志里的女子杨惠。买卖的标的是一名奴仆,即杨惠亡夫户内登记的有髯奴名叫便的。买价为一万五千钱。奴仆买至家内所应当从事的劳役也写得清清楚楚,真所谓百役使。最后写明如果奴仆不按契约约定劳作的惩治。

5.不动产土地的买卖契约。

中国从战国以后,土地私有化已完全为国家所承认。公元前594年,鲁国实行初税亩,《春秋》三传都认为它是"非礼也"、"非正也",因为

---

① 《太平御览·卷五九八·文部一四·契券》(第三册),中华书局1960年2月影印版,1998年3月第6次印刷,第2693—2694页。

它是法律上正式将土地公田化的井田制之破坏。汉代国家虽也将土地称"公田"、"私田",但那仅指归国家占有之田和私人占有田,非古代井田制的公田。国家的税收也是要耕者按亩、顷纳税。这在《二年律令》中已有明确规定。① 当然,按亩、顷纳税的包括公田中授予农民之田和私田。私田中唯有卿以上的贵族的私田才不按顷纳田税。② 这说明汉代的土地私有制已完全合法。正因此,东汉时,国家才不得不累颁诏令,限制豪强地主土地私有制的迅速膨胀,避免造成社会的极度动荡。在土地私有制发展的时期,土地成为商品,因此,出土文物和边塞汉简中也常有土地买卖方面的原始文献记载。

(1)汉代的买地铅券。

"券书"是指双方当事人一致同意并达成的对双方具有法律约束力的法律文书。《太平御览》引《释名》曰:"券,绻也。相约束绻。绻为限,以别也。大书中央,破别之。"又引《说文》曰:"券,契也。别之书,以刀刻其旁也,故曰契也。"又引《文心雕龙》曰:"券者,束也。明白约束,约束以备情伪。自形半分,故周称判书。古有铁券,以坚信誓。"③这些都是强调契约的约束力。为了立契双方的信守,契约都要别为二,双方各保存一半。只是立契的材料,可能写在绢帛上,也可能契刻在竹、木简上。依《文心雕龙》的说法,古代更有铁券,那应是铸刻在金属器皿上,其作用更是"以坚信誓"。从考古发现来看,西周的契约是镌刻在青铜器上的,那是强调"以坚信誓"的。汉代也有铁券,《太平御览》引《东观汉记》曰:"桓帝延熹八年,妖贼盖登称太皇帝,有璧二十,珪五,铁券十

---

① 《张家山汉墓竹简》,第二一、二四二、二四八简,文物出版社2006年版,第42—46页。

② 《张家山汉墓竹简》,"户律"第三一七简"卿以上所自田户田,不租,不出顷刍",文物出版社2006年版,第52页。

③ 《太平御览·卷五九八·文部一四·契券》(第三册),中华书局1960年2月影印版,1998年3月第6次印刷,第2693页。

一,后伏诛。"①这个造反的"妖贼"的铁券内容记什么,不得而知,然而历代所存契券中却有汉代买地铅券。铅券比木券书,更为坚实,更强调契约的坚信性。以学界认为可信的东汉灵帝建宁四年(公元171年)的孙成买地铅券为例:

> 建宁四年九月,戊午,朔二十八日乙酉,左骏厩官大奴孙成,从雒阳男子张伯始卖所名有广德亭部罗伯田一町,贾钱万五千,钱即日毕。田东比张长卿,南比许仲异,西尽大道,北比张伯始。根生土著毛物,皆属孙成。田中若有尸死,男即当为奴,女即当为婢,皆当为孙成趋走给使。田东西南北,以大石为界。时旁人樊永、张义、孙龙、异姓樊元祖皆知券约,沽酒各半。②

这份土地买卖的铅券告诉我们,对涉及不动产土地买卖券书的要求更为严格一些:

第一,买卖契约签订的时间。(东汉)建宁四年九月戊午,朔二十八日乙酉日(公元171年)。

第二,买卖双方的身份及居住处所。买方孙成是左骏厩官的大奴;卖方是雒阳男子张伯始。

第三,买卖的标的。出卖人所登录入国家的名田——位于广德亭部的罗伯田一町。

第四,买卖的价格。贾钱万五千。

第五,买卖的种类。是现金交易,"钱即日毕"。

第六,所卖之田的四邻土地。东比张长卿,南比许仲异,西尽大道,北比长伯始。

---

① 《太平御览·卷五九八·文部一四·契券》(第三册),中华书局1960年2月影印版,1998年3月第6次印刷,第2694页。

② 《蒿里遗珍》,转引自方诗铭:"从徐胜买地券论汉代'地券'的鉴别",《文物》1973年第5期,第52页。

第七,土地所有权的延伸。按照依附原则,动产依附于不动产,动产所有权即被不动产所有权吸收。因此,该土地上"根生土著毛物,皆属孙成"。即凡在此土地上生长出根,或生长出的任何作物,其所有权也一律属买主孙成所取得。可以得知,东汉时土地所有券的概念也实行如罗马法的规定的依附原则。

第八,土地所有权概念还延伸至土地中埋葬的尸体。依宗教的轮回观,认为死者在另一世界仍存在,所以券书中有"田中若有尸死,男即当为奴,女即将为婢,皆当为孙成趋走给使"语。由此可推想,可能是买主孙成为自己买的墓地。

第九,买地契约,立界石。

第十,买地时的旁证人和中介人。旁人樊永、张义、孙龙。中介人,称为"知券",①三位旁人既充当契约见证人的身份,当以后有契约纠纷时,负有准举证责任,又充当"中介人"即"知券"的身份。另一位樊元祖是"知券"。

第十一,契约签订完的仪式。在旁人和知券的见证下,双方当事人与之共同沽酒各半,饮酒订约。

土地买卖契约券书,使用铅券,明确土地所有权概念的延伸,有地界证明,有旁人和知券人,还有严格的法定仪式,说明以土地作为标的的买卖契约是买卖契约中最重要的一种。

(2)边塞地区土地买卖契约上报政府批准的司法文书。

边塞地区的土地买卖契约不仅要按法律规定签订,而且最后要报呈上级官府批准。《居延汉简》中有此类司法文书记载:

建平五年八月□□□□□广明,乡啬夫客、假佐玄敢言之。善

---

① 王国维在《流沙坠简考释》说:"在旁某某知券,即今卖券中之中人。"又见方诗铭:"从徐胜买地券论汉代'地券'的鉴别",《文物》1973年第5期,第52页。

居里男子丘张自言与家买客田,居作都亭部,欲取□□。案张等更赋皆给,当得取检,谒移居延,如律令,敢言之。(1982A)放行。(1982B)①

这是一份西汉哀帝建平五年八月某日,居延地方善居里的行政小官乡啬夫客和其副手假佐名叫玄的向上级报告,该里的一名男子名叫丘张的,自述买了都亭部人的田,想要办理合法的认可手续。据地方小吏乡啬夫客及其副手的调查,该丘张完成了给国家履行服更赋的任务,此买田行为应当被合法认可,所以写成书面文书,上呈给居延地区。此简的背面有"放行"二字。表示该文书已被上呈了。

通过上引原始资料证明,汉代土地买卖交易已很普及。作为买卖契约中最重要的一种——不动产土地的买卖,它的要求比别的买卖契约更严谨,大体说来有两点值得注意:

①土地买卖所用券书为铅券,更强调契约的坚信性。契约内容更细致周密。而在土地所有权概念上,强调了土地概念的延伸,包括了地上生产物和地下葬埋物。

②除券书的要求外,买卖取得新的土地所有权要上报上级行政主管单位备案。而不像一般动产买卖仅在县级主管单位存档即可。土地买卖,尤其边塞地区土地买卖,甚至要上呈上级军事主管单位。例如《居延汉简》所反映的第1982简文即是。居延本是县级单位,是郡以下的下级行政单位。《汉书·地理志》记载,张掖郡是武帝太初元年(公元前104年)设的郡,其下管辖十个县,居延县是其中之一,但因居延地方军事的重要性居延县不是设县令,而是直属郡的军事主管都尉管辖。②因此,前文所引《居延汉简》(甲编)简文1982A,是记述一个里内居民买

---

① 中国科学院考古研究所编辑:《居延汉简》(甲编),科学出版社出版1959年版,第82页。

② 《汉书·地理志》,中华书局1999年版,第1292页。

田之事。"里"是汉代最低一级的行政机构。《汉书·百官公卿表》记："县令……掌治其县。……大率十里一亭,亭有长。十亭一乡,乡有三老,有秩、啬夫、游徼。"①此简文记载一个善居里男子买田事,乡啬夫等证明他已履行了给国家所应负担的更赋义务,请上级机关认可他的合法买田行为。但上报文书是要报请居延都尉批准的,因为居延虽是县的行政级别,但军事地位重要,它的管辖权不属县令,属张掖郡都尉管辖。因此,这份边塞军事重镇土地买卖所有权则要经过更高一级郡都尉的认可。

(二)雇佣契约

雇佣契约的产生,说明在商品经济发展到一定程度之后,不仅具体的实物可以作为商品流动于市场之中,甚至劳动力也可以作为商品交易,这样就产生了雇佣劳动关系。在这种契约中,出卖劳动力的一方,以劳动力作为买卖的标的,换取当时市场上合法的金钱价值。雇佣契约关系虽被视为资本主义社会典型的生产关系,但它却早于资本主义社会而产生。恩格斯说:"包含着整个资本主义生产方式萌芽的雇佣劳动是很古老的,它个别地和分散地同奴隶制度并存了几百年。"②罗马法中雇佣劳动关系被称之为"赁借贷"。盖尤斯说:"买卖与赁借贷是那样地相似,以至在一些情况下,人们常常会发出这样的疑问:这究竟是买卖呢?还是赁借贷呢?比如:一名金匠同意用他的金子为我打造一只一定重量、一定形状的戒指,要价三百枚金币,这是赁借贷呢?还是买卖呢?当然,只可能是一项交易,因此,我们更倾向于是买卖。要是由我提供原料并就加工戒指订好酬金,那么,在这种情况下,无疑是赁

---

① 《汉书·百官公卿表》(上),中华书局1999年版,第624页。
② 《马克思恩格斯全集》,第3卷,第311页注①。

借贷了。"①盖尤斯用具体例证很清楚地说明了仅以劳动力为出卖标的的契约关系就是"赁借贷",就是雇佣契约。

中国的雇佣劳动关系在汉代已相当发展了。雇佣契约在田耕、运输、店铺经营、家内劳动杂役中已广泛存在。这种契约中雇主一方为债权人,雇工一方为债务人,债的标的是债务人以劳务完成某项任务。这种契约也是一种双务契约,因为债务人是以出卖劳务换取金钱,所以在债务人履行劳务完成任务后,债权人要对之支付劳务酬金。所以契约签订时不仅有债权人、债务人的姓名,债的标的,还有债务完成后的酬金"庸贾钱"。

汉代称雇佣劳动为"庸"、"傛"、"保"、"雇",《说文》:"庸,用也。从用从庚。庚,更事也。"②意指使用使之从事劳作。"保",《说文》:"保,养也。从人从孚省;孚,古文孚。"③依《说文》解释,"保"应是家内养的劳动力。所以《汉书·食货志》记载汉武帝时赵过推行代田法提高农业产量,但老百姓苦于无牛劳作,赵过推行以人挽犁,实行换功共作,"教民相与庸挽犁",师古注释曰:"庸,功也,言(挽)〔换〕工共作也。义亦与庸赁同。"④又《汉书·司马相如传》记载司马相如与卓文君自己开垆卖酒时说:"相如身自著犊鼻裈,与庸保杂作。"师古注释:"庸即谓赁作者。保谓庸之可信任者也。"⑤这说明"庸"是出卖劳动力者,"保"是"庸"中可信任的留在家内劳作的。《汉书·匡衡传》写宣帝、元帝时的大臣匡衡年轻时为人庸作以求读书之资的故事:"匡衡……父世农夫,至衡好

---

① 〔意〕桑德罗·斯奇巴尼选编:《民法大全选译Ⅳ·ⅠB 债·契约之债》(D19,2,1),丁玫译,中国政法大学出版社 1992 年 4 月第 1 版,第 62 页。
② 〔汉〕许慎:《说文解字》,中华书局影印本 1963 年版,1979 年第 5 次印刷,第 70 页上。
③ 〔汉〕许慎:《说文解字》,中华书局影印本 1963 年版,1979 年第 5 次印刷,第 161 页下。
④ 《汉书·食货志》,中华书局 1999 年版,第 958—959 页注⑱。
⑤ 《汉书·司马相如传》,中华书局 1999 年版,第 1924—1925 页注⑰。

学,家贫,庸作以供资用。"师古注释曰:"庸作,言卖功庸为人作役而受顾也。"①

汉代的雇庸劳动,还有雇佣人代服徭役的。汉代的徭役中有称为"更"的,"更"包括两种,在地方上服更役,每人每年一个月,称为"卒更"。如有人不愿去服此"卒更",可出钱雇人替服"卒更",称为"践更",践更者雇人代役的钱数是固定的,每月二千钱。被雇的自然是贫者,他们领的这份佣金称为赋钱。另一种更役是全国人人都得服的,即使宰相的儿子也不能免除的,那就是人人自带干粮戍边三日为国家服军役制度。但是人人自带干粮赴边三日即还家是不现实的,不愿服此三日军役的,可以缴三百钱,由官府雇佣愿得此佣金者戍边,称为"过更"。因此服役中的"践更"或"过更",都是由不去服役者交"更赋"给国家,国家出面雇人代役,受雇者领取的佣金称为"赋钱"。《汉书·昭帝纪》元凤四年诏:"三年以前逋更赋未入者,皆勿收。"其下如淳对"更赋"的注说:

> 更有卒更,有践更,有过更。古者正卒无常人,皆当迭为一,一月一更,是谓卒更也。贫者欲得顾更钱者,次直者出钱顾之,月二千,是谓践更也。天下人皆直,戍边三日,亦名为更,律所谓徭戍也。虽丞相子亦在戍边之调。不可人人自行三日戍,又行者当自戍三日,不可往便还,因便住,一岁一更。诸不行者,出钱三百入官,官以给戍者谓过更也。②

从如淳的注中,清清楚楚可知,汉代想要免去本人直接在地方服一月军役的,可将之改为交纳二千钱的赋钱给官方,由官方代为雇人服地方徭役,称为"践更",想要免除在边疆守边三日军役的,也交钱于官方,

---

① 《汉书·匡衡传》,中华书局1999年版,第2483页。
② 《汉书·昭帝纪》,第七卷,中华书局1999年版,第161页下注③。

交三百钱。这些代军役的钱称为"赋钱",官方再以赋钱雇人代役。在边塞地区出土的大量汉简中也证明了这种官方代收赋钱雇人代军役的雇佣契约。

《居延汉简甲编》:

凡入赋钱卅万八千八十。①(1549)

□□未□三年四□已得赋钱千二百②(1806)

《居延汉简考释释文》:

张掖居延库卒弘农郡陆浑河阳里大夫武便,年廿四,庸(佣)同县阳里大夫赵勤,年廿九,贾二万九千。

田卒大河郡平富西里公土昭遂,年卅九。庸举里严德,年卅九。

□中为同县不审里爵王来,庸贾钱四千六百,戍诣居延六月且,谓弃甲渠第□。③

以上五条简文,前二条选自《居延汉简》(甲编),向我们呈现出了汉代边塞居延地区,官方收入赋钱和出资雇人代役,代役者领取赋钱的出入支出原始记录。后三条更具体呈现了这种雇人代役的契约原貌。其契约书写形式为:

1. 雇主的身份、姓名、年龄。如张掖居延库卒弘农郡浑河县阳里大夫,名武便,年二十四岁;田卒大河郡平富县西里公士,名昭遂,年三十九岁。

2. 受雇者的身份、姓名、年龄。受雇者被称为"庸"。如"庸同县阳

---

① 中国科学院考古研究所编辑:《居延汉简》(甲编),第一五四九简,科学出版社 1959 年版,第 65 页。

② 中国科学院考古研究所编辑:《居延汉简》(甲编),第一八〇六简,科学出版社 1959 年版,第 75 页。

③ 转引自孔庆明、胡留元、孙季平编著:《中国民法史》,吉林人民出版社 1996 年版,第 156 页。

里大夫赵勤,年二十九","庸举里严德,年三十九"。"〇中为同县不审里爵王来。"

3. 佣金。如"贾二万九千","庸贾钱四千六百"。

4. 劳务标的。如"戍诣居延六月且,谓弃甲渠第〇"。

从文献资料和出土文物中可看出,雇主与雇工的身份应都是同等的自由人身份。如后三条简文显示受雇者赵勤本人也是大夫一级爵位。又《史记·平准书》记载卜式是位有大量牲畜的牧人,因捐资给河南太守帮助国家解决流民困难,名单上报天子后,天子"乃赐式外徭四百人",就是赏他四百人的"过更"钱,即年得十二万钱赏金。

"僦"也是雇佣关系的表现,但"庸"与"保"是出卖劳动力的个人,而"僦"则不仅包括出卖劳动力的个人还包括他的车辆。《史记·平准书》曰:"天下赋输或不偿其僦费",其下注释:"索隐不偿其僦"。服虔云:"雇载云僦,言所输物,不足偿其雇载之费也。"① 这说明"僦"的雇佣劳动关系是发生在雇佣车辆连同用车辆搞运输的人身上。《汉书·酷吏传·田延年》:"初,大司农取民牛车三万两为僦,载沙便桥下,送致方上,车直千钱,延年上簿诈增僦直车二千,凡六千万,盗取其半。"② 这里"取民牛车二万两为僦",就是国家雇佣老百姓及其牛车。"车直千钱",是指连车带人,佣金为一车一人一千钱。后来贪官田延年在作出登记簿向国家上报时,"诈增僦直车二千,凡六千万,盗取其半"。欺上瞒下,将每车僦钱一千钱谎报为二千钱,本应由国家支付的僦钱三千万钱就被他"诈增"为六千万钱,自己从中贪污了三千万钱,即三千斤黄金钱。③ 可知,"僦"就是雇车辆及用车搞运输的人。边境汉简中也有此

---

① 《史记·平准书》,中华书局 1959 年版,第 1441 页。
② 《汉书·酷吏传》,中华书局 1999 年版,第 2715 页。
③ 《汉书·食货志》(下),中华书局 1999 年版,第 985 页。

记载:

　　方子真一辆就人周谭侯君宾为取;出钱千三百三十七□赋就人会水宜禄里兰子所一两;

　　元延四年八月以来,将转守尉黄良所赋就人钱名;

　　出钱四千七百一十四,赋就人表是万岁里吴成三两半。①

从这几条简文看,有时僦人的车又是转租过来的。如第一条简文,车一辆本是方子真的,就人周谭县候君宾以一千三百三十七文租来,转使就人会水县宜禄里兰子所为之运输,给其佣金为一两黄金。

(三)借贷契约

借贷契约是商品经济社会更经常使用的一种契约关系,在罗马法中,已将借贷契约更详细地区分为三种,即消费借贷、使用借贷和海运借贷。罗马法学家对之区别为:"消费借贷不是以收回原物为目的的借贷,但是,收回的应为同种类的物品。""能作为消费借贷标的的是那些能够称量计数的物品。……同偿还同种或同类的物品来履行契约。""对于金钱的消费借贷……你向我负有一笔款项的债务,……而我又将这笔钱作为消费借贷借给了你一样。"②简言之,消费借贷是将消费物的所有权转移给了借贷人,而借贷人从法律上负有的义务是将偿还同种同类物。海运借贷是罗马法中消费借贷的特例,它限定借贷的目的只为进行海运借贷:"用于海洋运输的借款称为海运借款"。③ 使用借贷与前二种借贷的最大区别在于出借人不转移被借贷物的所有权,因之,借贷人负有归还原物的义务。故而,使用借贷的标的物应是不可消

---

① 《居延汉简考释文》,转引自《中国民法史》,吉林人民出版社 1996 年版,第 157 页。
② 〔意〕桑德罗·斯奇巴尼选编:《民法大全选译 IV·I 债·契约之债》(D.12,1,2Pr;D.12,1,2,1;D.12,1,15),丁玫译,中国政法大学出版社 1992 年版,第 46—47 页。
③ 〔意〕桑德罗·斯奇巴尼选编:《民法大全选译 IV·I 债·契约之债》(D.22,2,1),丁玫译,中国政法大学出版社 1992 年版,第 49 页。

耗物、特定物。"没有人通过使用借贷转移所有权。""在使用中能被消耗掉的物品不能作为使用借贷的标的","如果返还了使用借贷物,但返还的是损坏了的物品,除非赔偿了损失,否则不视为返还"。① 汉代的借贷契约关系也广泛使用,但没有如罗马法那样的详细区分,即没有消费借贷与使用借贷之区分。而从实际的文献资料与出土汉简的记载来看,借贷的标的已有可消耗物与不可消耗物之分。汉代海运尚不发达,无海运借贷。

汉代的借贷关系所用的关键字词有"贷"、"假"、"责"、"偿"、"贳"、"字贷"等。

1. 从汉律的规定看汉代的借贷契约关系。

《二年律令·盗律》:

□□□财(?)物(?)私自假貣(贷),假貣(贷)人罚金二两。其钱、金、布帛、粟米、马牛殴,与盗同法。七七。②

《二年律令·襍律》:

吏六百石以上及宦皇帝,敢字贷钱财者,免之。一八四

诸有责(债)而敢强质者,罚金四两。一八七。③

上引三条汉律,与借贷契约有关的字词为"假贷"、"字贷"、"责"、"质"。"假贷"就是借贷。《说文》:"借,假也。"④所以,"假"就是"借"。"贷",《说文》:"施也。"⑤即给予。"假贷",就是"借给"。"字贷",就是附有利息的借贷。"字",《说文》:"乳也。从子,在门下。"⑥衍生为利

---

① 〔意〕桑德罗·斯奇巴尼选编:《民法大全选译Ⅳ·Ⅰ债·契约之债》(D.13,6,9;D.13,6,3,6;D.3,6,3,1),丁玫译,中国政法大学出版社1992年版,第50—51页。
② 《张家山汉墓竹简》,第七七简,文物出版社2006年版,第19页。
③ 《张家山汉墓竹简》,第一八四、一八七简,文物出版社2006年版,第33页。
④ 〔汉〕许慎:《说文解字》,中华书局影印本1963年版,1979年第5次印刷,第165页上。
⑤ 〔汉〕许慎:《说文解字》,中华书局影印本1963年版,1979年第5次印刷,第130页上。
⑥ 〔汉〕许慎:《说文解字》,中华书局影印本1963年版,1979年第5次印刷,第310页上。

息,可参见该律条解释。① 此三条律文大意译为下:

  私自借贷财物,借贷人处罚金二两之刑。他所借贷的钱、金、布帛、粟米、马牛等同于偷盗行为。

  任六百石以上薪俸官职者,及在皇帝前任官职者,有人敢于高利贷借贷者,免去官职。

  凡是享有债权者,敢于对债务人强行质押的,处罚金四两的刑罚。

这三条涉及借贷契约的法律规定,第一条是禁止官员私自以公家财物借贷;第二条是禁止高级官员私人从事高利贷借贷行为;第三条是禁止债权人个人对债务人的人身和财产进行强行质押的行为。

从这三条汉律规定,我们看出,汉代借贷契约关系的一些特点:

第一,借贷分为官方借贷和私人借贷。法律禁止官员非依法将官方财物借贷。

第二,汉代借贷中已有高利贷行为。高利贷会加剧社会贫富分化,造成社会动荡不安。因此,法律严禁高级官员从事高利贷行为,这说明高利贷在当时社会已是严重问题,法律只有依法先打击官员尤其是高级官员的高利贷行为。

第三,因为借贷关系中,债务人无力偿还债务时,债权人常常以质押债务人的人身和财物为债务担保,这会更加剧社会矛盾。所以法律禁止债权人强行质押债务人,并将该行为视为犯罪,处以罚金四两之刑,以缓解社会矛盾。

第四,就此法律而看,当时的借贷标的以可消耗物为多,系消费借贷。其标的有金钱、布帛、马牛等。

---

① 《张家山汉墓竹简》,第一八四简注二,文物出版社 2006 年版,第 33 页。

2. 史籍文献中也大量记载有汉代的借贷契约关系。

就史籍记载看,官方向百姓出借的,常常是不动产土地,并且将不动产土地出借给无地贫民,有时甚至是免去土地应交纳的地税的。它一方面反映了统治者为缓解社会矛盾而做的工作,另外也反映了中国古代以农为本的治国理念。这种将公田假贷给无地农民的记载在东汉时更为突出。这不仅反映了东汉时土地兼并情况较西汉更为严重,贫民无力承担债务时会导致社会动荡,而且也是自西汉以来的社会救济原则的继续执行,总的目的在于使社会安定和以农为本。

《后汉书》记载的有:

> 永平九年,……夏四月甲辰,诏郡国以公田赐贫人各有差。

> 永平十三年,……夏四月,……乙酉,诏曰:"滨渠下田,赋与贫人,无令豪右得固其利。"①

> 元和三年春……告常山、魏郡、清河、钜鹿、平原、东平郡太守、相曰:"……今肥田尚多,未有垦辟,其悉以赋农民,给与粮种。务尽地力,勿令游手……。"②

> 永元五年,……二月戊戌诏:……自京师离宫果园,上林、广成圃,悉以假贫民,恣得采捕,不收其税。③

> 永元五年,……九月,……壬午。令郡县劝民蓄蔬食,以助五谷。其官有陂地,令得采取,勿收假税二岁。④

> 永元九年,……六月蝗、旱。戊辰,诏:"今年秋稼为蝗虫所伤,皆勿收租、更、刍稿;若有所损失,以实除之,余当收租者亦半入。其山林饶利,陂池渔采,以赡元元,勿收追税。"⑤

---

① 《后汉书·明帝纪》,中华书局 1999 年版,第 77、79 页。
② 《后汉书·章帝纪》,中华书局 1999 年版,第 106 页。
③ 《后汉书·安帝纪》,中华书局 1999 年版,第 119 页。
④ 《后汉书·安帝纪》,中华书局 1999 年版,第 120 页。
⑤ 《后汉书·和帝纪》,中华书局 1999 年版,第 125 页。

永初元年,……二月丙午,以广成游猎地及被灾郡国公田假与贫民。①

"永初三年,……三月,……癸巳诏,以鸿池假与贫民。②

永初三年,……夏四月,……己巳,诏上林、广成苑可垦辟者,赋与贫民。③

以上所引史料记载所称"假贫民"、"赋与贫民"等及"勿收假税",均可看出,是封建国家在发生旱、蝗灾害时,皇帝下诏书将公田,包括皇室林苑、郡国公田、陂地等借与农民耕种的社会救济措施。这种借贷的标的包括土地与种子等,以不动产土地为主。可视为使用借贷。因为贷受者农民是要交纳租税的,所以不是无偿的赠与。只是因为社会实际矛盾,使统治者往往也免租借税的全部或部分。当然,这种使用借贷与罗马法不同,使用者过后不可能再将借贷的标的归还给国家。而且,国家也不可能对受贷者实行高利盘剥,因为它还要体现中国古代统治者的"生民"的儒家仁爱思想,也要维护社会稳定。

3.借贷契约关系在出土的汉简中也多有反映。

汉代的买卖契约关系中常有见到使用"贳卖"一词的,"贳",《说文》解释为:"贷也。"④又解释:"赊,贳买也。"⑤那么,"贳"本身是欠债的,是类似借贷关系的。赊买就是"贳买"。"贳卖"就是出售者未得钱而将物品赊卖给买主。这实际上也是一种借贷契约关系。在《居延汉简》中常见到此类记载:

〕候长候史十二月日迹薄戍卒郭利等行道贳卖衣财物,郡中

---

① 《后汉书·安帝纪》,中华书局1999年版,第139页。
② 《后汉书·安帝纪》,中华书局1999年版,第143页。
③ 《后汉书·安帝纪》,中华书局1999年版,第143页。
④ [汉]许慎:《说文解字》,中华书局影印本1963年版,1979年第5次印刷,第130页下。
⑤ [汉]许慎:《说文解字》,中华书局影印本1963年版,1979年第5次印刷,第130页下。

移都尉二事二封正月丙子令史南封。三三二①

　　□□北贳卖官袭一领,备南燧长陈长买,所贾钱 ⌷ 如律令。
五二二②

　　终古燧卒东郡临邑高平里召胜,字游翁贳卖九稷曲布三匹,匹三百三十三,凡直千麒得富里张公子所,舍在里中二门东入,任者同里徐广君。282·5

　　惊虏燧卒东郡临邑吕里王广□卷上字次君□贳卖八稷布一匹,直二百九十麒得定安里方子惠所,舍在上中门第二里三门东入,任者阎少季、薛少卿。287·13③

　　甲渠戍卒淮阳始□□宁□□自言,责箕山队长周祖,从与贷钱千,已得六百少四百。四九二④

以上所引例,前二例是居延汉简中官方向上级汇报文书中的记事,并用"如律令",说明是合法的贳卖关系。后三例也是记载的文书,但已非常像借贷契约债券形式。

首先,在文书上栏登记了债权人姓名、身份、原籍郡、县、里。下栏登记了债务人姓名、住址、贳买标的物、价格。又登记了担保人的姓名。担保人称为"任者",这与此前所见"旁人"、"中人"不同。是具有担保作用的。这里不写旁人、知券者,因为不是一种正式契约券书,与前引买卖契约中董子方买欧威裘一领不同,那是正式券书,旁边有刻齿印痕的。也与张中功贳买皂布单衣不同,那也是正式契券,有刻齿印痕,有注明还款日期。旁人是见证人。知券人也是见证此券书的中介人。而

---

① 同前《居延汉简》(甲编),科学出版社1959年版,第16页。
② 同前《居延汉简》(甲编),科学出版社1959年版,第23页。
③ 《居延汉简》(甲乙编),科学出版社1980年版,转引自李均明:"居延汉简债务文书述略",《文物》1986年第11期。
④ 同前《居延新简上——甲渠侯官》,中华书局1994年版,第6页。

这里的简书无刻齿痕,但因为"贳卖"是借贷关系,所以最后写有任者的姓名,是契约的保证人,虽在契约上无偿还债务的日期,因有"任者"在,债务的清偿是有保证的。

第五例是一则债的记录文书,有债务人、债权人姓名、贷款额、债务人实贷钱数,债权人尚欠钱数。同时,债务人自己承认债的关系。因是残简,所以不知是诉讼文书还是上报文书。

4. 汉代借贷契约关系的总结。

总结上述可知:汉代的借贷契约也已很发达了。借贷实际上已有消费借贷与使用借贷两种。消费借贷是个人之间的借贷关系,而使用借贷的标的是官地,是不动产,多以国家行为来完成。

国家对借贷的法律关系的规定主要限于禁止官府人员私自贷出国家财物;禁止高级官员从事借贷活动;禁止高利贷行为;禁止债权人对债务人的人身和财物强行质押。总体是从维护社会稳定,防止社会矛盾激化方面去考虑。

借贷契约也应立有券书,并应刻齿为证。借贷契约的书写格式与买卖契约非常相似。有债权人、债务人姓名、身份、住所;借贷标的;价值。最后有契约的担保人,称为"任者"。这是它与买卖契约最大不同点。一般借贷标的仍为生活日用品。

(1)抵押借贷。

由于借贷契约的独特性,为保证借贷契约最终债务人清偿债务责任的履行,借贷契约不仅有"任者"作为契约担保人的签名,而且还实行抵押担保。在《居延汉简》中可见到有以俸禄作抵押的借贷保证文书。如:

　　阳朔元年八月乙亥辛卯,当□□□百卅五,愿以八月俸偿放□□□。213·41

　　移卿在所。负卒史斡卿钱币,唯卿以七月俸钱千付斡卿。以

印为信。282·4;282·11

　　初元四年正月壬子,箕山燧长胆敢言之□□□赵子回钱三百。唯官以二月俸钱三□□□以付乡男子莫。以印为信,敢言之。282·9①

　　这里所引三例汉简都是西汉时期的。第一例为汉成帝阳朔元年(公元前24年)的简文,虽无债权人、债务人姓名,但从简文看,显而易见,是债务人向债权人书写清偿债务的保证书,作为担保的是债务人当月的俸钱。第二例无年月,但从内容看,是债权人写的。债务人卿负债权人卒史幹卿千钱,保证以其七月份奉钱一千偿还,并在保证书上盖有官印。因为此借贷关系双方当事人均是小官员卿。第三简是汉元帝初元四年正月的(公元前45年),债务人箕山燧长明借贷了债权人三百钱,保证官府以其二月份奉钱三百清偿。所以最后也盖有官印,以为凭证。

　　这三例实例说明借贷契约不同于买卖契约,更在于其注重债务清偿的担保,不仅可以有保证人的担保,还可以有物的抵押担保。

　　(2)契约的担保制度。

　　汉代债的担保制度已经比较发达了。除上引《居延汉简》中所见的以俸禄为抵押的物的抵押担保外,再有就是人的担保。

　　人的担保有两种,一种是与债务人无亲属关系的他人为担保人,这种担保人称为任人、任者。《周礼·地官·大司徒》:"使之相保。"郑玄注:"使之保,犹任也。"郑玄是东汉经学家,他解释"保"就像汉代称的"任"一样。《说文》:"任,保也。"段玉裁注为:"孝友睦姻任恤。注云:任,信于友道也。"②依此解释,在《周礼》中已出现的担保制度,汉代称

---

① 《居延汉简》(甲乙编),中华书局1980年版。
② [清]段玉裁注:《说文解字注》,上海古籍出版社1981年10月版,第375页下。

为"任人",而担任任人的是与债务人并无血缘关系的债务人的朋友,他之所以承担任人之责,是出于朋友间的诚信原则,相信作为债务人的朋友,在债务期满之前,一定能履行债务,故为之担保。这点上也可看出中国古代法发展中儒家思想在法文化中的作用。同样是为了债务履行更有保证而产生的债的担保制度,同样是产生于诚信原则的债的担保制度,在罗马法中,作为债的担保人,大多也都是朋友,但是债权人在要求担保时,却首先要考虑债务人的担保人有无经济偿还能力。所以法律限制一个担保人承担过多的债务担保,以防止债的担保变为无保证。盖尤斯《法学阶梯》中有很具体的规定:

115,……这些保证人,一部分称为斯潘索尔,另一部分称为菲德意穆普洛米索尔,第三部分称为菲德尤索尔。

……

124,李戈特·考尔涅利法(закон лъгта корнеиева)涉及所有的人。这项法律禁止一个人为另一个人在一年内承担债务总额多于二万。尽管斯潘索尔、菲德意穆普洛米索尔和保证人都承担了大量数目,譬如,承担一万谢斯推尔捷乌斯,但是,他们所承担的仅能在二万数目之内。……①

而在中国汉代,却没有如罗马法那样更细致的从债的清偿角度去考虑保证人的债务,更多地是从儒家的孝友睦的角度去考虑,因为保证人与被保证人是友的关系,保证人从朋友之交必以信义诚信维护之的角度维护,而相信债务人必定也会以朋友间的信义诚信履行债务,便会主动地去承担这本与自己无干系的债务担保人之责,使自己成为主债务人的连带责任人。儒家是特别强调做人要遵从信义原则的。曾子曰:"……与朋友交而不信乎?";子曰:"道千乘之国,敬事而信……";子

---

① 见冯卓慧:《罗马私法进化论》,陕西人民出版社1992年版,第396页。

夏曰:"与朋友交,言而有信";子曰:"君子……主忠信";有子曰:"信近于义,言可复也"。① 所以,中国古代的担保人制度中,作为任人的,主要是从朋友间的信义原则、诚信原则出发的,在法律规定方面不如罗马法更务实。《汉书》记载了郑当时的故事,便是例证:

> 汉征匈奴,招四夷,天下费多,财用益屈。当时为大司农,任人宾客僦,人多逋负。司马安为淮阳太守,发其事,当时以此陷罪,赎为庶人。其下师古注曰:"僦谓受顾赁而运载也。言当时保任其宾客于司农载运也。"②

郑当时是武帝时的官员,当时担任大司农一级的重要官职。案情发生时,汉朝因征讨匈奴,国库正是空虚之时。郑当时是一个特别推崇与朋友相交注重侠义行为的人,所以依附于他的朋友很多。因为征战,国家要雇用很多人向前方运送粮草,他就自己担任保人,做了他的朋友们的保证人,推荐朋友们做僦人,担任在大司农府从事运送粮草的工作,哪知,他的大多朋友并不看重这份朋友情义,相反,领了国家发给的雇佣费,却在履行运送粮草任务时,逃跑了。作为担保人的郑当时也因此被判有罪,后来按汉代法律,他以家产交赎金,被贬为庶人。这个故事,既告知我们,汉代的保人是与债务人一同承担连带责任的,也告知我们,保证人不仅用于借贷也用于雇佣契约中;还告知我们仅以朋友之间的信义、诚信观念的保证人制度在契约履行中的脆弱性,但是汉代契约中的担保人制度已是一种常用制度,保证人。就是任人,其姓名也常见于汉简中,有时,在注明任人身份时,常会见到任者是同里乡党的。《居延汉简》例:

> 终古隧卒,东郡临邑高平里召胜,字海翁□□賁卖九稯曲布三

---

① 《论语·学而篇》,云南大学出版社 2004 年 1 月版,2005 年第 4 次印刷,第 2、35 页。
② 《汉书·张冯汲郑传》,中华书局 1999 年版,第 1779 页。

第一章 汉代的民事法律制度

四,千三百卅三,凡直千。鰈得富里□张公子所,舍在里中二门东入。任者同里徐广君。二四一五①

七月十日,鄣卒张中功贳买皂布章单衣一领,直三百五十三。墱史张君长所。钱约至十二月尽毕已。旁人临桐史解子房,知券□刀。一三七三②

上引两例汉简,都是贳卖或贳买契约,因为是赊欠的买卖,故要有债务人的担保人,第一例的担保人"任者同里徐广君",说明是邻里乡党的担保人;第二例的"知券"就是担保人,但因简文残缺而不得知。

汉代的担保人或有自己担保,或有他人担保,写在契券开首的。这类简文,担保人都是戍卒,因为有奉钱可保证,也可自作担保人的。如:

吞远燧卒夏收□□自言债代胡燧长张赦之买收缣一丈,直钱三百六十。一二〇五

望南燧卒康辅□□十石以买练一匹,至十月中不试□毋房练丈□尺刀□□自言责甲渠令史张子恩钱三百。一六〇一A。

第三种担保人是家人。如有债务人死亡或下落不明,债务人的家人负有偿还债务的连带责任。《居延汉简》有:

□□□石十石。约至九月枭必以。即有物故,知责家中见在者。272·12③

□□卖皂布复裈□□□即不在,知责家□□□□。77,JH5,6④

"知",《尔雅释诂》:"匹也"。《说文解字注》:"匹,两而成匹,判合

---

① 同前《居延汉简》(甲),科学出版社 1959 年版,第 57 页下、99 页上。
② 同前《居延汉简》(甲),科学出版社 1959 年版,第 45 页下、51 页下。
③ 《居延汉简》(甲乙编),中华书局 1980 年版。
④ 《玉门花海汉代简牍》,转引自《中国民法史》,吉林人民出版社 1996 年版,第 147 页

之理也。"① 可知"知"就是"匹",就是连带在一起,故而"知责"就是与债务有连带关系。"知责家中见在者",就是债务人的家人与其债务有责任关系。前引责任担保人有写"知券",也就是与契约关系有连带责任者。

汉代的契约之债的担保制度盛行于借贷契约、赊买赊卖契约、雇佣契约中,因为这类契约不同于现金直接交易的买卖契约。债务人的债务并非立即履行,故而为了保证契约债务此后履行中的可靠性,担保制度发展起来,并日趋完善。东汉以后,金钱借贷盛行,担保制也随之广泛使用。《后汉书·桓谭传》有载:"今富商大贾,多放钱货,中家子弟,为之保役,趋走与臣仆等勤,收税与封君比入。"② 这是桓谭给光武帝上的奏折,分析当时社会情况,指出富商大贾放高利贷,贫穷人家借贷要请家资中等的人家作借贷的保证人,但是保证人在高利贷者眼中视若臣仆之辈,因为他们与债务人有连带责任。而高利贷者所收高利使他们可富比封君。李贤为之作注称:"保役,可保信也。""收税谓举钱输息、利也。"但可看出的是,东汉以后,保证人已要求是"中家子弟,为之保役"。这时已注重保证人的清偿能力了。

(四)其他契约

1.合伙契约。

在商务关系发达的罗马法中合伙契约是典型的商务契约,因为其成立完全是为了商业经营的目的。而它又是合意契约,完全是一种商业合伙人之间自由意愿的结合。查士丁尼在《法学总论》中论及"合伙"时如是说:

人们所组织的合伙,或者包括双方的全部财产,这种合伙,希

---

① [清]段玉裁注:《说文解字注》,上海古籍出版社1981年版,第635页下。
② 《后汉书·桓谭冯衍列传》,中华书局1999年版,第641页。

腊人特称之为"共同体",或者为了经营某种特定业务,例如买卖奴隶、油、酒或小麦。

如未特别商定分配损益的比例,应视为平均分配。……

合伙在合伙人维持原议时,一直继续存在;……

为经营单独一项业务而组成的合伙,在业务结束时,合伙也随之结束。①

我们由上述论述可知,合伙契约是合伙人之间为从事共同目的的商业经营而自愿达成的有法律效力的协议。合伙可能是资金与劳务的全部合伙,也可能是部分合伙;无专门规定情况下,合伙契约的合伙人是共担损益、共担风险的;合伙契约可以是永久性的也可以是单独一时一事的合伙,都需在契约中有明确的规定。

从近年新出土的汉简看,汉代也存在有合伙契约。湖北江陵凤凰山 10 号汉墓出土的《中服共侍约》就是一份典型的合伙契约。现将原文录于下:

□年三月辛卯,中服长张伯、□晁、秦仲、陈伯等七人,相与为服约;人服钱二百;约工会钱备,不备,勿与为同服;即服,直行共侍;非前谒病不行者,罚日三十;毋(无)人者,□庸贾;器物不具,物责十钱;共事己器物毁伤之及亡,服共负之;非其器物擅取之,罚百钱;服吏令会不会,日罚五十;会而计不具者,罚比不会;为服吏,余器物及人,服吏秦仲。②

从该简文内容看,是一份明确的合伙契约:

(1)首先有签订契约的具体时间、人员,共有张伯等七人自愿签约。

(2)此合伙称为"中服"。关于"中服"的解释考古界说法不一。有

---

① 〔罗马〕查士丁尼:《法学阶梯》,张企泰译,商务印书馆 1989 年版,第 179—180 页。
② 转引自孔庆明、胡留元、孙季平编著:《中国民法史》,吉林人民出版社 1996 年版,第 161—162 页。

说是服役者分期完成的较大服役中时间安排在中间的一期;有说"中服"是汉代的商业用语,是"中转服卖"的意思;有说"服"字与"般"字相通,"般"是大船,"中服"可能是一种官船的称谓;有的将"中服共侍"解释为"一个区域性中型规模管理物资储备调配的组织"。① 总之,无论哪种解释,可以肯定的是"中服共侍约"是一则合伙从事某种劳作的契约。

(3)契约规定,参加该中服组织的,每人须出资二百文钱,这是资本的合伙。

(4)契约规定,等到参加约定调配货物聚会时,合伙人必须钱款齐备,钱未备者,不能成为此中服的合伙人。

(5)因病不能来聚会经营业务的,一日罚钱三十,或由缺席人出钱雇人参加,说明此合伙是资本与劳务的共同合伙。

(6)物资的储备、调配工作由"中服共侍"直接负责进行。

(7)物资不能如期齐备的,要罚钱十钱。

(8)在共同经营物资储备、调配活动中,如器物设备有损毁或丢失,由合伙人共同承担责任。

(9)合伙人擅自拿取不属自己的器物,罚一百钱。

(10)合伙的负责人称为"服吏"。"服吏"通知聚会而不聚会的,缺勤钱五十,或虽参加聚会经营而财物账目不齐全,与不参加聚合经营同样处罚。

(11)"服吏"的职责是集合物资和合伙人。秦仲被推举为"服吏"。

2. 租赁契约。

租赁契约是指租赁他人的房屋、车、马等为自己所使用,租赁者要对该房主、车主、马主付租金的。汉代租赁他人车辆等,我们前述之雇

---

① 《考古》1989年第3期。

佣契约中的"僦"就包括雇佣别人的车辆及赶车的人。如前引《汉书·酷吏传·田延年》:"初,大司农取民牛车三万两为僦",这个"僦"就包括雇用民众的牛车及赶车的人。而在《居延汉简》中还见到租赁房屋的:

三　隧长徐宗自言,故霸胡亭长宁就(僦)舍钱二千三百三十四,贳不可得。①

这不是一份租赁契约原件,而是一份民事案件的诉讼起诉书。大意是:起诉人三隧长徐宗,起诉霸胡亭人长宁,因原先长宁租赁他的房舍(简文称"就舍"),租金应是二千三百三十四钱,但长宁长期拖欠租金,(简文称"贳不可得"),故就此向官府提出诉讼。可见,在边郡地区有房屋租赁契约,且租赁契约受国家法律保护。

三、侵权行为形成的债

罗马法学中关于债的理论是相当完善的,盖尤斯在公元二世纪的时候已经很明确地指出:

债或是产生于契约,或是产生于不法行为(malesicium),或是产生于法律规定的其它原因。②

盖尤斯所指出债产生的两种原因中的"不法行为"之债,就是指今天民法所称谓的"侵权行为之债"。这种债的关系的产生与契约之债的最大不同点在于,它不是基于债的双方当事人的合意、协议而产生的,而是基于债务人一方对债权人权利的违法侵犯而构成。所以,盖尤斯又说:

产生于不法行为的债有:盗窃、强盗、对物品的损害(ex damno)以及对人身、财物的非法侵害及对人身的侮辱(ex iniuaia)。

---

① 《居延汉简考解释文》,转引自《中国民法史》,吉林人民出版社1996年版,第161页。
② 〔意〕桑德罗·斯奇巴尼选编:《民法大全选译·IV·I债·契约之债》(D.44,7,lpr),丁玫译,中国政法大学出版社1992年4月第1版,第4页。

上述债是属于同一种类的,是产生于同一类的不法行为的,都是要物之债。①

盖尤斯将所列举的四类不法行为之债最后都称为"要物之债",是指由于不法行为对债权人造成侵害,债务人在法律上必须承担债务损害赔偿的义务。

(一)汉律中有关侵权行为之债的法律规定

凡有人群居住的地方,也常常会产生相互间因权利的侵犯而造成的债的关系。中国古代虽未使用罗马法式的法律专用术语,然而,在法律规范中也早已考虑到侵权行为所形成的债的关系的调节方法。《二年律令·田律》中与侵权行为之债有关的法律规定有:

> 盗侵巷术、谷巷、树巷及垦(壑)食之,罚金二两。二四五

> 诸马牛到所,皆毋敢穿陷及置它机能害人、马牛者,虽未有杀伤也耐为隶臣妾。杀伤马牛,与盗同法。杀人弃市。伤人,完为城旦舂。二五二

> 马、牛、羊、彘豖、豖食人稼穑,罚主金马牛各一两,四彘豖若十羊、豖当一牛,而令拚(?)稼偿主。县官马、牛、羊,罚吏徒主者。贫弗能尝(偿)者,令居县官;□□城旦舂、鬼薪白粲也,笞百,县官皆为尝(偿)主,禁毋牧豖。二五四②

将这几条法律规定译为现代汉语:

> 私自侵占里中小路、溪水旁小路、树木间小路,并且开垦其路而种植食物者,处以罚金二两的刑罚;

> 凡各牛马所行走的处所,都禁止设陷阱,凡在该等地方设置陷阱以及放置机械设备能伤害到人、马、牛的,即使未造成对人、马、

---

① 〔意〕桑德罗·斯奇巴尼选编:《民法大全选译·Ⅳ.Ⅰ债·契约之债》(D.44,7,4),丁玫译,中国政法大学出版社1992年4月第1版,第5页。
② 《张家山汉墓竹简》,文物出版社2006年版,第42—43页。

牛伤害的,也应处以耐刑及隶臣妾刑(即被处以剃去鬓须保存头发的耻辱刑,再将之男为隶臣,女为隶妾,罚作国家的男女官奴隶,但刑期低于三年)。而因为设陷阱等杀伤马、牛就与盗窃马、牛同罪。因设陷阱等致杀死人者,处以弃市死刑。伤人者,处以完城旦舂刑(即剃去鬓须保留头发,男罚修长城,女罚舂米,劳役刑期为四年)。

马、牛、羊、牡猪、猪吃了别人家的庄稼,罚其主人赔偿。马、牛侵食庄稼的,主人各赔黄金一两,四头牡猪的赔偿金相当十只羊的赔偿金,猪一头等于一头牛的赔偿金,并且还要令这些动物的主人归还被侵权者等量的庄稼。如是县里的官马、牛、羊侵吃了他人庄稼,罚主管的吏赔偿。家贫不能偿付债主的,被罚在县内服居作役(一年至三月的劳役);城旦舂劳役(男守城,女舂米的五年或四年徒刑);鬼薪白粲役(男为寺庙砍薪,女为寺庙舂米的三年徒刑),并且还要处笞一百的刑罚(用竹、木板打臀部一百下),县官府为债务人的,禁止其放牧猪等。

以上这些具体的法律规定让我们看出:

第一,汉代的侵权行为包括行为人自己对官私财物的侵权,还包括行为人所管辖之物(马、牛、猪、羊等)对他人物权的侵权。也就是说,侵权人不仅承担侵权责任,还承担准侵权责任。并且官府与普通百姓一样承担责任。

第二,承担侵权责任和准侵权责任者,不仅承担对债权人损害的赔偿责任,偿付等价等量物,而且要承担罚金。此罚金是损害赔偿之外的惩罚;并且对能导致危险的损害后果的,即使未造成损害后果,也要处以刑罚如劳役刑等,而如造成损害后果的,如设陷阱而杀伤马、牛的,按刑罚盗罪惩处;更严重的,如杀伤人,则虽非故意杀害也处以死刑。

第三,无力承担侵权赔偿的,以劳役刑代之。说明中国汉代侵权行为赔偿法中,政府权力介入之深。将民事赔偿中的重大责任,由刑罚惩处。它与罗马法不同之处,在于罗马法更注重的是物的赔偿,即便是盗窃、强盗等行为,罗马法视为民事上对私人权利的侵犯,以赔偿加罚金来惩处。而在中国汉代,重大的民事侵权,如设陷阱杀伤马、牛或人,则按刑事犯罪惩处,直至处以弃市死刑。

第四,在对私人权利侵犯的赔偿上,不论私人或官府都要承担同等责任,这里并无特权照顾。它仍体现了汉代政府以"生民"即让人民能生存为主旨的儒家法律文化观。

(二)史籍记载的关于土地权利侵权的法律规定及案例

1.对相邻关系及导水役权造成侵害及其救济。

《说文解字》"湆"字下许慎解释:"湆,所以灈水也。从水,昔声。汉律曰:及其门首洒湆。"①清人段玉裁为之作注时说:"湆,所以灈水也。灈当作潅,塞也。广雅曰;湆,郾也。……汉律曰:及其门首洒湆。盖谓壅水于人家门前,有妨害也。"②许慎是东汉人,他在解释"湆"字时,引证了一条汉律"及其门首洒湆",根据段玉裁的解释,就是在别人家门前壅水,因为这对别人家流水有妨害。所以它既是妨害了相邻关系,又是妨害了别人的导水役水权。所以汉律当时已经有专门规定了。只是因为许慎未完整引用此条汉律,所以汉律具体的法律救济办法我们不得知。《二年律令·田律》二四九有规定:"禁诸民吏徒隶,……及进(壅)隄水泉……",③明确规定壅堵堤水是法律禁止的行为,那么,发生了此类侵权行为的法律救济手段如何?可参考印证承袭汉律的唐律之相关规定。

---

① [汉]许慎:《说文解字》,中华书局1963年12月影印版,1979年第5次印刷,第233页上。
② [清]段玉裁注:《说文解字注》,上海古籍出版社1981年版,第555页下。
③ 《张家山汉墓竹简》,文物出版社2006年版,第42页。

《唐律·杂律》：

……其穿垣出秽污者，杖六十；出水者，勿论。主司不禁与同罪。

诸占固出野陂湖之利者，杖六十。①

按唐律的规定，对于因相邻关系而壅堵别人家的处杖六十之刑；对强行垄断山野、湖沼、壅塞土地的也处以杖六十之刑。这是罚则，至于造成的壅水等损害，侵权人自行拆除是不在话下的了。

2.对不动产房屋的侵权及其救济。

《汉律》对不动产土地的侵权及其救济办法在前引的《二年律令·田律》中已有明确规定，对田间小路的私自占有、开垦，牲畜吃了别人的庄稼均有相关的罚金、劳役刑的罚则规定。但律中未见到对别人房屋侵权的规定。《太平御览》引《列异传》有一则案例：

西河鲜于冀，建武中为清河太守。言出钱六百万，屋未成而死。赵高代之，计功用钱凡二百万耳。五官黄秉、功曹刘商言：是冀所自取，便表没冀田宅、奴婢、妻子送日南。俄而白日：冀鬼见入府、与商、秉等共计校定，余钱二百万皆商等匿，冀乃表自烈付商，上诏还冀田宅。②

《列异传》是魏晋年间的作品，史料自当时已常被引用，所记载的此案是东汉光武帝时的事。鲜于冀的田宅、奴婢、妻子等由于他人的诬告栽赃，被无故没收，妻子等还被发配到日南等边地，平反后，田宅、奴婢等全部退还。但这个案例仅见到被侵权人得到原物返还的记载却未见到对侵权者的罚金惩罚，不知是否因侵权人为国家？

综上所述，汉代法律中已有不少对侵权行为的规定，大体可知，见

---

① ［唐］长孙无忌等：《唐律疏议》，第 404 条、405 条，中华书局 1983 年版，第 489 页。
② 《太平御览·卷八三六·资产部一六·钱下》（第四册），中华书局影本 1960 年第 1 版，1998 年第 6 次印刷，第 3734—3735 页。

于汉律的多为对不动产土地及其地上附着物庄稼侵权的规定。在这种侵权行为中不论侵权者为私人或官府,一律要有侵权赔偿,甚至在其中还包括罚金的规定。对动产的侵权则用汉令来调整。而对不动产房屋的侵权,仅见的案例,侵权者为国家,故而只做到返还原物,却未见罚金的惩治。同时国家还以行政法令来预防官员、宗室、豪强相互勾结来对弱势群体的侵权。同时,对侵权行为制裁中也明显带有民事案件以刑事方法制裁的特色。

第四节 汉代的婚姻家庭继承法

一、宗法制度与汉代的婚姻家庭继承法

中国古代自商开始的宗法制度到西周时已较完善并形成体系。宗法制度就是以男权为核心,以家族血缘关系为纽带,按血缘关系的远近区别亲疏的家族等级制度。这种制度来源于原始的父系氏族习惯,从夏商开始,逐渐形成规模,至西周时已形成完备的体系。而又因为中国自夏朝开始建立的国家是以家族为核心而形成的家天下,家族成为社会的细胞单位,所以家族、宗法成为国家统治的政治基础,因而,宗法制度不仅与婚姻家庭法紧密结合无法分割,而且与国家政治统治无法分割。所以宗法制度的家族等级制进而形成中国古代从奴隶制社会到封建制社会的社会等级制。

周分大宗、小宗。周王自称天子,王位由嫡长子继承。周朝是姬姓建立的天下,周天子为姬姓的大宗;天子的庶子们分封为诸侯,他们相对于天子的大宗而言,是小宗。大宗和小宗的关系是大宗率小宗的关系,依此而形成严格的礼制关系,维护天子的统治地位。西周初年,为了保证姬姓这个从岐山地区走出来的一个小的部落联盟对广大国土的

统治,按宗法制大规模分封诸侯,即实行"封邦建国"。郭沫若先生认为"这种'封邦建国',实质上是一种比较原始的部落殖民。相传,武王、周公、成王先后建置七十一国,其中,武王的兄弟十五人(一说十六人),同姓四十人。周王的子弟一般都得到了封地,立为大小诸侯"。① 而分封的目的是"封建亲戚,以蕃屏周",起着拱卫周天子的作用。所以《左传》说:"昔武王克殷,成王靖四方,康王息民,并建母弟,以蕃屏周。"②在周分封的七十一国中周天子的同姓姬姓③诸侯被分封了四十国,他们与周天子的关系是小宗与大宗的关系。周天子是大宗,其余姬姓被分封的诸侯国是小宗。大宗率小宗,所以小宗们所治理的诸侯国像周天子的屏障一样拱卫周王朝。而除了周王对自己的子弟们分封以外,也对异姓部落进行分封,例如周朝东南方的宋国是商朝原来的贵族微子启受封而建立的,宋国治理着商朝早期活动的地区,都城于商丘。武王克商时,微子作为殷纣王之兄,反对其暴政,没有参加反周的活动,反而自缚衔璧,让族人抬着棺木,向周人投降。后来,他也没有参加成王时被保留下来的殷纣王之子武庚的叛乱活动,因而,武庚的叛乱被镇压之后,微子作为商朝的后裔受封赐为宋国。宋国靠近徐夷、淮夷,是周朝东南的屏障,也起到以蕃屏周的作用。微子是商族始祖契的后代,其姓氏应为子姓,《史记》说:"契为子姓。"④在宋国周围,周朝还封了一些异姓小国,如曾是夏王朝后裔的姒姓的杞国等。⑤ 这些被封的异姓诸侯国也像屏障一样,拱卫周王朝。分封制又与宗法制结合在一起,维护周

---

① 郭沫若主编:《中国史稿》(第一册),人民出版社 1976 年 7 月第 1 版,1978 年 2 月第 1 次印刷,第 223 页。
② 《十三经注疏·春秋左传正义·卷五十二》(上),中华书局 1980 年第 1 版,第 2114 页。
③ 《史记·周本纪》,中华书局 1959 年版,第 81 页。
④ 《史记·殷本纪》,中华书局 1959 年版,第 80 页。
⑤ 《史记·夏本纪》,中华书局 1959 年版,第 65、66 页。

的统治。

在宗法关系中。周天子的同姓诸侯中,分为大宗与小宗。周天子是大宗,王位由嫡长子继承;天子的庶子分封为诸侯,其地位也由庶子们的嫡长子继承,对天子来说,他们是小宗,在本封国是大宗。诸侯的庶子分封为卿、大夫,其地位也由各自的嫡长子继承,对诸侯来说是小宗,在本家为大宗。从卿大夫到士,各有大小宗之分。这种大小宗之分的宗法制是以血缘关系将之凝聚在一起,甚至对于非出于同一姓氏的异姓也以宗法关系将之凝聚在一起。因为所有的诸侯国都要拱卫周天子,因此,他们与周天子在法律关系上也形成大宗率小宗的关系。《礼记·大传》说:"上治祖祢尊尊也;下治子孙,亲亲也;旁治昆弟,合族以食,序以昭穆,别之以礼,义道竭矣。……同姓从宗,合族属;异姓主名治际会。……有百世不迁之宗,有五世则迁之宗。百世不迁者,别子之后也,宗其继别子之所自出者,百世不迁者也。宗其继高祖者,五世别继者也。尊祖故敬宗,敬宗尊祖之义也。"① 这段记述明确讲述了宗法制的目的是以尊尊、亲亲的血缘关系,以尊祖敬宗的理论从情感上维持家族、宗族的统治,它又与家天下的政治统治极为吻合,所以,宗法制在西周完善后,此后历经封建制社会而不衰。宗法制又以礼制的规定而法制化。三国时期,引礼入律,它直接被法典化。

宗法制的最底层基座是从家族开始,所以它必然最先显现于婚姻家庭法中。

二、汉代的婚姻家庭法

(一)"同姓不婚"的原则

中国自西周开始,明确提出的"同姓不婚"的原则,在汉代及此后的

---

① 《十三经注疏·礼记正义》(下),中华书局 1980 年 10 月第 1 版,第 1506—1508 页。

封建制社会一直被继承下来。当然,这个"姓"是与宗法制度密切相关的。在宗法制度下,亲属分为宗亲,包括宗族、本亲、内亲;外亲,包括外族、外姻、妻亲。

宗亲,即男姓同宗之亲。包括祖父母、父母、妻、兄弟及其妻、子孙及其妻等。宗亲以九族为限。《礼记·丧服小记》:"亲亲以三为五,以五为九,上杀、下杀、旁杀,而亲毕矣。"《礼记》是秦汉以前各种礼仪论著的选集,相传为西汉戴圣编纂,也称《小戴礼记》,现今保留的是东汉经学家郑玄的注释本。郑注说:"己上亲父,下亲子,三也;以父亲祖,以子亲孙,五也;以祖亲高祖,以孙亲玄孙,九也。杀,谓亲益疏者,服之则轻。"[1]也就是说,"三"指父、己、子,"五"指祖、父、己、子、孙,"九"指高祖、曾祖、祖、父、己、子、孙、曾孙、玄孙。宗亲最远包括这九族在内。

外亲是异姓亲属,包括出嫁的姐妹之子、姑之子、女儿之子,因为他们均与自己非同一姓氏;与母亲本族的亲属关系,与妻方本族的亲属关系因为也非同姓,故均称为外亲。明清律中将妻方亲属单列为一项,称为妻亲。

所以,以宗法关系,"同姓不婚"原则是指宗亲关系不能结婚。这点与丧服制的五等亲关系不同,因为丧服制的五等亲中包括外亲关系。所以,汉代皇帝常有与血缘关系非常近的外亲结婚而法律不禁的事例。例如,惠帝张皇后,本是惠帝姐姐鲁元公主的女儿,这是舅舅娶了外甥女;又如武帝陈皇后本是其姑姑的女儿,是姑表亲,因而说明汉代的"同姓不婚"是仅指宗法关系的九族亲不能结婚。

(二)"一夫多妻"与"一夫一妻"制

中国古代在贵族中奉行"一夫多妻"制,而在平民、贫民中则奉行"一夫一妻"制。

---

[1] 《十三经注疏·礼记正义·丧服小纪》(下),中华书局1980年版,第1495页。

贵族的"一夫多妻"制。严格说,应称为"一夫一妻多妾"制。这种制度在商、周时已成为定制。其原因,从理论上讲,在西周时,首先是家天下的需要,即为了保证统治阶级传宗接代的需要,尤其宗法制下,为了保证宗法地位的继承。《礼记·昏义》说:"昏礼者,将合二姓之好,上以事宗庙,而下以继后世也,故君子重之。"①这一理论明确肯定了中国古代的婚姻观,结婚的目的是血缘血统继承的合法化,所以是要承祭祀,承继承的。而贵族要多妻,也被认为是家天下的需要。贵族的最高代表者天子,其多妻是有等级区别的。类似一个皇宫内的宫廷办公室,使之分层各掌管不同的事务。因而《礼记·昏义》又说:"古者天子后立六宫、三夫人、九嫔、二十七世妇、八十一御妻,以听天下之内治。……天子听外治,后听内治。教顺成俗,外内和顺,国家理治。"②一个周天子要娶126位女子,并将之阶梯化地分为不同等级。《礼记》还傍依此等级对应了天子治理国家的官僚机构也设六官、三公、九卿、二十七大夫、八十一元士,共126位为政府班子,听外治。认为女主内,男主外,通过这宫内宫外的治理班子,国家才能理治,称赞"此之谓盛德"。并将之与自然宇宙现象对应。认为"故天子之与后,犹日之与月,阴之与阳,相须而后成者也"。③

天子、贵族实行多妻制还有一个原因,就是政治联姻,结成婚姻集团,组成政治同盟。因为中国自古以来的家天下,是建立在血缘关系的纽带基础上的。《尚书·盘庚上》已经懂得"施实德于民,至于婚友"。④婚姻关系可以扩大自己的政治统治基础,从同姓而至于异姓,甚至可以使远方的部族与自己构成婚姻的政治联盟。因之《礼记·郊特牲》说:

---

① 《十三经注疏·礼记·昏义》,中华书局1980年版,第1680页。
② 《十三经注疏》,中华书局1980年版,中华书局1982年第2次印刷本,第1681页。
③ 《十三经注疏》,中华书局1980年版,中华书局1982年第2次印刷本,第1682页。
④ 《十三经注疏》,中华书局1980年版,中华书局1982年第2次印刷本,第169页。

"夫昏礼,万世之始也。取于异姓,所以附远厚别也。"① 这一则是因为同姓相婚可能有近亲结婚的弊害,如郑玄所说"同姓或取多相袭也",另一方面可以使非同姓者,尤其是血缘关系与之相远的婚姻结成盟友,厚待别姓。在西周宗法制下,这点显得尤为重要。

但是,天子与诸侯们的多娶又要保证家国内等级地位的昭然,于是,贵族们实行一夫一妻多妾制。首先从称谓上区分。"妻"的意思是"齐",是与丈夫地位平等的。因此,《礼记·郊特牲》规定:"壹与之齐,终身不改。故夫死不嫁。"而郑玄为之作注:"齐谓共牢而食,同尊卑也。"② 也就是说,在结婚仪式上,妻与夫共同祭祀了夫家的祖先,举行了共食婚的礼仪,说明夫妻地位从此有了法律上的肯定,女方也入了男家的姓氏序列,此后永不能更改。而妻的地位就列入夫在家族地位之旁,夫尊妻尊,夫卑妻卑。正因为此,娶妻要遵守严格礼制,称为聘娶婚,是我国古代广泛使用的标准结婚仪式。杜佑《通典·礼典》记述了这种聘娶婚礼的发展过程:"遂皇始有夫妇之道,伏羲氏制嫁娶以俪皮为礼,五帝取时娶妻必以告父母,夏亲迎于庭,殷于堂,周制限男女之岁定婚姻之时,亲迎于户,六礼之仪始备。"③ 所以,到西周时发展完善的六礼婚制是婚制历史发展过程的成熟期。而这一整套完善的婚制是要严格保证妻的法律地位。从天子到贵族的一夫一妻多妾制,在礼制上最重要的也是要保证妻的地位。

其余地位低于妻的诸妻,一律统称为妾。妾非正妻,是不能取代妻的地位的。作为天子,也只能有一位妻,她与天子地位是同尊荣的,只是在治理的职权上,她只能管内治,不能管外治,就是不能管国家大事,

---

① 《十三经注疏·礼记·郊特牲》,中华书局 1980 年版,第 1456 页。
② 《十三经注疏·礼记·郊特牲》,中华书局 1980 年版,第 1456 页。
③ 王云五主编,[唐]杜佑撰:《万有文库第二集·通典·礼典十八》,商务印书馆 1935 年版,第 333 页。

只能管理宫廷内部事务。而其余天子的诸妻,一律称为妾,在宫内地位均居妻之下,受妻的管理。因此,《春秋穀梁传》将之明令规定于对天子的禁令中:"僖公九年九月戊辰,诸侯盟于葵丘……壹明天子之禁。曰,毋雍泉,毋讫籴,毋易树子,毋以妾为妻,毋使妇人与国事。"①"毋以妾为妻"作为明确的天子行为之禁令,说明妻、妾地位的显明差别,而以妾为妻,乱了这套礼制,则可以导致亡国之危险,所以,专列为明确治国之法律。同时,这些妾中,地位又应明确有差别,才形成等级制。《汉书》中明确记载了汉代皇帝的妻、妾等级地位。"汉兴,因秦之称号,……適称皇后,妾皆称夫人。又有美人、良人、八子、七子、长使、少使之号焉。至武帝制婕妤、娙娥、㛪华、充依,各有爵位,而元帝加昭仪之号,凡十四等云。昭仪位视丞相,爵比诸侯王。婕妤视上卿,比列侯。娙娥视中二千石,比关内侯。㛪华视真二千石,比大上造。美人视二千石,比少上造。八子视千石,比中更。充依视千石,比左更。七子视八百石,比右庶长。良人视八百石,比左庶长。长使视六百石,比五大夫。少使视四百石,比公乘。五官视三百石。顺常视二百石。无涓、共和、娱灵、保林、良使、夜者皆视百石。上家人子、中家人子视有秩斗食云。五官以下,葬司马门外。"汉代从皇后以下的妾,又有十四等的区别,他们的俸禄待遇和荣誉待遇,又是差别非常大的,真正体现了"毋以妾为妻"的古训。所以,这是真正一夫一妻多妾制。这些妾们其地位分十四等,其俸禄待遇,则从妾的最高级昭仪对最低级无涓等,相差 21.9 倍。按师古的解释,三公是丞相级,"其俸月各三百五十斛谷",到最低级"一百石者十六斛",②而低于百石者还不包括在内。

一夫一妻多妾制,有名称上的差异,待遇上的差异,荣誉上的差异,

---

① 《十三经注疏·春秋穀梁传注疏·僖公九年》(下),中华书局 1980 年版,第 2396 页。
② 《汉书·百官公卿表》(上),中华书局 1999 年版,第 609 页。

也更有礼制上的差异。所有的妻妾中，夫能亲迎的，只有妻。因为理论上，夫妻是平等的。所以，史籍记载的皇帝迎皇后，在聘礼上是有定制的。汉初，吕后为惠帝娶自己亲生女儿鲁元公主之女，聘礼便特别优待。杜佑《通典》载："汉惠帝纳后，纳采雁璧，乘马、束帛，聘黄金二万斤，马十二疋。平帝立，王莽纳女为后，以固权。……有司奏故事，聘皇后黄金二万斤。为钱一万万。"①按汉代货币比率计算"黄金重一斤，直钱万"。② 吕后为汉惠帝迎娶皇后的聘金，黄金二万斤，马十二疋，折钱为20亿加十二匹马，而汉平帝聘娶王莽女儿为皇后，所费聘金"黄金二万斤，为钱一万万"折钱为21亿钱。而据《汉书·食货志》的记载，汉代货币，自武帝时改铸五铢钱，"自孝武元狩五年三官初铸五铢钱，至平帝元始中，成钱二百八十亿万馀云"。③ 如以平帝娶皇后所用的聘金，折钱为21亿，则等于全国总造币的10万分之一，可见其靡费之度。这种极度的靡费，终于导致数年后，王莽改制，首先就是货币改革，不断加大对私铸钱者的镇压，然而仅仅二十年后，国内已到"战斗死亡，缘边四夷所系虏，陷罪、饥疫、人相食，及莽未诛，而天下户口减半矣"。④ 终于致王莽政权之灭亡。

绝大多数的普通民众，其生活仍是一夫一妻制的家庭，这当然首先由经济因素决定的，农耕制的家庭，需要男耕女织的劳动协作，才能决定家庭的经营，也可以保证社会人口的良性繁殖和缓慢前进。汉代的学者所理想的，和向皇帝谏言的都是这种一夫一妻、带几个孩子的五口之家的小农经济。《汉书·食货志》说："理民之道，地著为本。……民

---

① 王云五主编，[唐]杜佑撰：《万有文库第二集·通典》，商务印书馆 1935 年版，第 333 页。
② 《汉书·食货志》(下)，中华书局 1999 年版，第 985 页。
③ 《汉书·食货志》(下)，中华书局 1999 年版，第 984 页。
④ 《汉书·食货志》(下)，中华书局 1999 年版，第 945—989 页。

年二十受田,六十归田。七十以上,上所养也;十岁以下,上所长也;十一以上,上所强也。……女修蚕织,则五十可以衣帛,七十可以食肉。"①他们憧憬的是诗经里描述的男耕女织,父子同劳作于田野的生活:"'四之日举止,同我妇子,馌彼南亩',又曰:'十月蟋蟀,入我床下,嗟我妇子,聿为改岁,入此室处'。"②这很像解放初期土改时,中国农民的愿望:"三十亩地一头牛,老婆娃娃热炕头。"这种自两汉开始特别强调的男耕女织五口之家的生活观几乎成了此后数千年,中国农业社会普通人民的理想生活。所以,当时关于礼制的安世房中歌也这样唱:"安其所,乐终产。乐终产,世继绪。"③《汉书·食货志》描写的也是"今一夫挟五口,治田百亩"④的农耕生活。这种符合当时社会实际情况的农耕生活对广大民众说来,必然是一夫一妻制的家庭生活。我们从汉代保留下来的乐府诗集里也常常看到一夫一妻制对广大民众来说几乎是社会公认的合法婚姻。

《汉乐府诗·陌上桑》被学界视为古辞,讲述一个美丽的女子罗敷,拒绝一位有权有势的太守的求婚,理由就是双方已各自有妻或夫。可见一夫一妻制在当时社会是公认的。而有权势的贵族官员在法理上也不能因此而不同,强为多娶。其诗句"使君一何愚! 使君自有妇,罗敷自有夫"。铿锵有力地以一夫一妻制保护了一个地位低下的女子对地位高贵的官僚的人格话语权。

(三)婚姻年龄的规定

中国古代,关于婚姻年龄的规定是早已有的。西周时《周礼·地

---

① 《汉书·食货志》(上),中华书局 1999 年版,第 944—945 页。
② 《汉书·食货志》(上),中华书局 1999 年版,第 946 页。
③ 《汉书·礼乐志》,中华书局 1999 年版,第 895 页。
④ 《汉书·食货志》(上),中华书局 1999 年版,第 948 页。

官·媒氏》,已明确为"令男三十而娶,女二十而嫁"。① 杜佑《通典·礼十九》记载:"太古男五十而娶,女三十而嫁;中古男三十而室,女二十而嫁。……地官媒氏掌万民之判。男三十而娶,女二十而嫁。有故,则二十三而嫁。《曲礼》曰:'男子三十曰壮,有室。'周末越王勾践蕃育庶人,欲速报果,使男二十而娶,女二十而嫁。议曰,郑元据周礼《春秋穀梁逸礼·本命篇》等男必三十而娶,女必十五乃嫁。王肃据孔子家语、服经等以为男十六可娶,女十四可以嫁。三十、二十言其极耳。又按《家语·鲁哀公问于孔子》曰:'男十六而精通,女十四而化育,是则可生人矣。而礼必三十而室,女必二十而嫁,岂不晚哉?'孔子曰:'夫礼,言其极耳,不是过也。男二十而冠,有为人父之端;女十五许嫁,有適人之道。'……今按三十、二十而嫁娶者,周官云掌万民之判,即众庶之礼也。故下云,于是时也,奔者不禁。……左传十五而生子,国君之礼也。且官有贵贱之异,而婚得无尊卑之殊乎?则卿士大夫之子,十五六之后,皆可嫁娶矣!"②这一段关于婚龄的记载已十分清楚。中国古代的婚姻观是为承祭祀、承继承的,因此,婚龄的规定是从可生育繁殖后代来考虑的。西周到春秋以前,婚龄被规定为男三十,女二十,是认为到那个年龄段,男女从生理到心理已成熟,故以此作为法定婚龄。但春秋时期,因战争和国家人口发展的需要,越王勾践已改法令为男女皆以二十为婚龄。汉代,经学家郑玄等已考据认为女十五岁已可到必嫁的年龄。再据《孔子家语》等认为从生育角度看,男十六可娶,女十四可嫁。又以礼制的等级观认为周礼规定的三十、二十是对一般民众的约束,而国君、贵族、卿大夫等之子女十五六以后都可嫁娶了。所以,汉代的婚龄是较早的,比西周时已提前了。以《汉书》记载,惠帝时规定:"女子年十

---

① 《十三经注疏·周礼·地官·媒氏》(上册),中华书局1980年影印本,第733页。
② 王云五主编,[唐]杜佑撰:《万有文库第二集·通典》,商务印书馆1935年版,第340—341页。

五以上至三十不嫁,五算。"①那么,汉代女子婚嫁年龄定为十五岁,而且,为了人口繁衍的需要,女子在十五至三十岁的最佳生育年龄期不出嫁,法律以成人算赋的五倍来惩治,据后汉人应劭的注释,根据《国语》的记载,越王勾践为了繁息人民,法令规定国中女子年十七而不嫁者,罪其父母,这已将女子婚龄提前了,汉初为了发展经济、繁衍人口,再将女子婚龄提前两年为十五岁。汉代男子婚龄为多少?法律没有明文规定,但从一些其他资料旁证,男子婚龄也是提前了的。惠帝年十七及位,及位四年,娶皇后张氏,结婚时应是二十一岁②。宣帝幼年生长于民间,及位时年十八,而此时已婚,立皇后许氏,③说明他在十八岁之前已结婚。平帝年九岁及位,即位三年,娶王莽女为王皇后,此时应是十二岁④。皇室为王位继承问题,有早婚的习惯。如汉昭帝即位时才八岁,立上官皇后,当时皇后才六岁⑤。但是,因为汉代为人口繁衍,提倡早婚,所以民间也常早婚。以汉宣帝为例,他幼时生长于民间,娶妻许氏,当时许氏也才十四五岁,婚后一年,生子,即后来的汉元帝。⑥而汉宣帝即位时才十八岁,这时已是一个孩子的父亲了,说明汉代的婚龄虽规定女十五岁,但民间实际存在男女婚龄都提前的事实。

(四)结婚的"六礼"礼制

中国古代,礼制是法律的基础,而婚姻之礼要成就两个家族的结合,更是一个大的宗法家庭发展的最基本点,所以,婚姻关系的构成,特别是一个异姓女子加入另一姓氏男子的家族,更是一个关系子孙后代的大事,所以自西周以来已完备化的"六礼"礼制是绝对不可或缺或简

---

① 《汉书·惠帝纪》,中华书局1999年版,第67页。
② 《汉书·惠帝纪》,中华书局1999年版,第66页。
③ 《汉书·宣帝纪》,中华书局1999年版,第166页。
④ 《汉书·平帝纪》,中华书局1999年版,第248页。
⑤ 《汉书·外戚传》(上),中华书局1999年版,第2914页。
⑥ 《汉书·外戚传》(上),中华书局1999年版,第2918页。

化的。

汉代人戴圣所整理出的婚礼制度对之有详细的描述：

> 昏礼者,将合二姓之好,以上事宗庙,而下以继后世也,故君子重之。是以昏礼:纳采、问名、纳吉、纳征、请期,皆主人筵几于庙,而拜迎于门外。入揖让而升,听命于庙。所以敬慎重,正昏礼也。①

这一段首先说明婚姻要构成两个不同姓氏家族的结合。而组建的家庭对上要侍奉祖宗的宗庙,要承担祭祀祖先的重任,对下要繁衍家族继承人,承祭祀、承继承的家族血缘关系延续而永不断竭自然是一个家族的第一等重要大事,所以,在礼制上是十分被看重的。

所以,它首先记述了婚礼中的前五礼:纳采、问名、纳吉、纳征、请期。我们逐一按汉代人的理解去复原它们:

"纳采"。汉代经学家郑玄为《礼记》写正义时,指出礼是"经天地,理人伦"②的一等大事。婚礼开始的第一个程序就是"纳采"。而"纳采"的意思就是选择可构成婚姻之家的礼仪。唐代孔颖达作疏时说:"纳采者,谓采择之礼。故昏礼云,'下达纳采用雁也'。必用雁者,白虎通云,'雁取其随时而南北,不失节也;又是随阳之鸟,妻从夫之义也'。"经过郑玄和孔颖达的解释,我们很清楚了。婚礼程序的第一步称为"纳采",就是选择要构成婚姻对象的家庭。男方家族代表到被选择的女方家族去,表示有意和女方家族结为婚姻关系,其时,所携带的礼品必须是一只大雁。为什么要用雁？汉代人班固在他所著的《白虎通》一书中解释,"雁是随时节而向南方回北方飞行的,所以它含有'不失节'的意思,同时雁又是一种随阳之鸟,中国古代以男性为阳,所以它也寓含'妻

---

① 《十三经注疏·礼记正义·昏义》(下),中华书局影印本1980年版,第1680页。
② 《十三经注疏·礼记正义·昏义》(上),中华书局影印本1980年版,第1223页。

从夫'之义"。这便是汉代婚仪的第一步程序,男方家族选择要构成婚姻关系的异姓的女方家族,由男方家族代表向女方家族呈献一只大雁,便表示求婚即要结成两姓之好的意愿了。

"问名"。第二步程序是"问名"。孔颖达疏曰:"问名者,问其女之所生母之姓名也。故昏礼云谓谁氏,言女之母何姓氏也。此二礼一使而兼行之。"这步程序的意思是说男方求婚的使者,在向女方家族呈献大雁表示求婚之意后,要进一步询问女方生该女子的母亲娘家姓氏是什么?这个"问名";显而易见是为了遵循"同姓不婚"的婚姻原则。因为中国古代的姓氏是以男性为主的。人们可能知道这女孩儿父亲的姓氏,却未必能知道女孩母亲的姓氏,所以求婚时的"问名"是问女孩母亲的姓氏,以防止同姓相婚。但事实上,我们知道,在汉代现实生活中这一条程序显然不是必备的。因为我们知道,惠帝娶的是他姐姐鲁元公主的女儿,如认真执行"问名"这道程序,不用问,鲁元公主和惠帝都姓刘,而且是姐弟,这桩婚姻肯定是不符合礼制的。又如,武帝的陈皇后是武帝姑姑的女儿,武帝姑姑和武帝自然同为刘姓,这桩婚姻应当也到此便夭折了才对。

"纳吉"。孔颖达疏为:"纳吉者,谓男家既卜,得吉,与女氏也。"就是说,在经过纳采、问名二道程序后,男方家族得知女方家族的相关信息后,再在宗庙内占卜,问明神明,求得卦象为吉卦后,便去通知女家。这是六礼程序中的第三步。

"纳征"。也被称为"纳聘",就是聘取婚中男方家族正式下聘礼,确定双方婚姻关系的不可更改。这应是婚姻关系的正式确定。孔颖达疏曰:"纳征者,纳娉财也。征,成也。先纳娉财,而后婚成。春秋谓之纳币。其庶人则缁帛五两,卿大夫则玄𫄸。玄三𫄸二,加以俪皮。及诸侯,加以大璋;天子加以榖圭,皆具于周礼经注也。"根据孔颖达的解释,纳聘就是纳聘财,也就是民间人称的纳彩礼。又称纳征,征就是成的意思，纳了聘礼，婚姻关系就成功了。故《春秋》一书又将之称为纳币。至于彩礼的多少，也是有等级制的区分的，如普通的庶人，聘礼是黑色的帛五两。若是有爵位的卿大夫，就需要纳玄纁，玄纁是指颜色，玄为黄，纁为浅红色。就是要纳三匹黄色的帛和二匹浅红色的帛，再外加两张鹿皮，表示身份等级和象征夫妇成双。若是诸侯，则聘礼要在卿大夫之上，再加以专表诸侯身份的大璋；若是天子，则要在诸侯聘礼之上再加以穀圭，就是天子专用的朝聘的高级白玉的玉器。还要加以丰厚的聘金。《东汉会要·卷六·婚》："桓帝初立，有司奏太后曰：春秋迎王后……时进娉币，请下三公太常案礼仪。奏可。于是悉依孝惠皇帝纳后故事。娉黄金二万斤，纳采雁、璧、乘马、束帛，一如旧典。"[①]可见西汉自惠帝纳后已形成惯例要黄金二万斤，纳采雁、白璧、驷马拉车一乘、束帛。这个聘礼之丰厚可有对比，文帝曾想在宫中造一露台，召工匠计算，"直百金"。文帝说："百金，中人十家之产也。"于是作罢。依此二万斤可谓天文数字。这些聘礼都是按身份等级规定在《周礼》中已有规定的。当然，我们知道，财富和身份是封建社会人们等级地位、权力的依据。因此，就汉代的纳聘具体数额来看，也许已非《礼记》的规定，而是折合成黄金、钱或其他东西。譬如，我们前引的杜佑《通典》记载，汉惠帝娶皇后纳聘财为黄金两万斤，外加马十二匹；汉平帝娶王莽女儿纳聘财已是黄金两万斤外加钱一万万，这都是来自《汉书》的真实记载。至于次一级的，如《孔雀东南飞》这首记载东汉末刘兰芝夫妻爱情悲剧的乐府诗中记述刘兰芝被太守要聘娶时的聘礼则如是说："青雀白鹄舫，四角龙子幡，婀娜随风转。金车玉作轮，踯躅青骢马，流苏金镂鞍。齎钱三百万，皆用青丝穿。杂采三百匹，交广市鲑珍。""三百万"的聘钱，

[①] 王云五主编，徐天麟撰：《万有文库·东汉会要·卷六·婚》，商务印书馆1937年版，第62页。

"三百匹"的杂采,这是一个太守级官员的聘财。总之,"纳征"是婚姻之礼的第四步。

"请期"。请期是在纳征之后,男方再派人到女方家,请问结婚迎娶的日期。孔颖达疏曰:"请期者,谓男家使人请女家以昏时之期。由男家告于女家,何必'请'者?男家不敢自专,执谦敬之辞,故云请也。女氏终听男家之命,乃告之。"孔颖达的疏中,特别对"请"字有专门解释。"请"是中国语言中的一种敬辞。婚姻关系虽已确定,男方家族仍不能自作主张,确定结婚日期,仍要恭谦地派专人到女方家族中去询问,请求女方家族确定具体的结婚日期。女方家族确知婚姻关系在纳征之后已完全确定下来了,若此时男家再来征询婚期,女方家族必须郑重告知对方。

上述这五项程序都必须严肃按礼制来进行。因此这五项程序进行时,都是男家派使来到女家的,因此,女方父母均要在女家的祖庙中设筵席,聆听男方的要求,接受男方呈献的礼物,并设筵席款待使者。要在女方家族的祖庙内进行,是因为这将是两个不同宗的人的婚姻,所以必须告知宗族祖先的神灵。

"亲迎"。这是婚礼仪式的最后一项程序。当请期之后,女家给出结婚日期的确切时间。这之后,男家作好准备,在结婚那日,由新郎接受父命而亲去迎接新妇。《礼记》有记载:

> 父亲醮子而命之迎。男先于女也。子承命以迎。主人筵几于庙,而拜迎于门外。壻执雁入,揖让升堂。再拜奠雁。盖亲受之于父母也。降出,御妇车,而壻授绥,御轮三周。先俟于门外。妇至,壻揖妇以入。共牢而食,合卺而酳,所以合体,同尊卑。以亲之也。①

---

① 《十三经注疏·礼记·昏义》(下),中华书局1980年影印本,第1680页。

第一章 汉代的民事法律制度 115

这是一套复杂的迎亲礼。先是新郎的父亲用酒为儿子醮祈福,然后命儿子去迎亲。迎亲必须是新郎亲自迎娶,而不能让新妇先来男家。当新郎迎娶队伍到女家时,女方的父亲要设筵在祖庙,并在庙外拜迎新郎。新郎手执大雁,经过三次礼让的礼节,登上女家的祖庙殿堂,再拜,并以雁为祭奠礼。礼毕,坐于内室的新妇走出房门,接受父母再次教育。之后,新郎执马鞭亲自为新妇驾御马车,让新妇上车后,御迎亲车绕女家三周。再后,新郎登马先行,新妇车由御者驾。新郎先到自己家,等候于门外,当新娘车到之后,礼请新妇同入家门,先在门内"共牢而食","牢"在古代指祭祀用的牺牲物。古代祭祀天地、社稷宗庙用太牢或少牢,太牢指大三牲,即牛、羊、豕,少牢指除牛之外的牺牲物。祭祀完后,全宗族人围坐合吃一个大鼎内煮的祭祀物称为"共牢而食"。并且,夫妻还要"合卺而酳",就是指将一个饮酒的瓠分为两半称为瓢,夫妻各执一瓢饮酒,之后两瓢再合为一瓠,称为合卺而酳,此酒称为合卺酒,此时两瓢合为一体,意味夫妻同尊卑,亲密无间。经此亲迎仪式以后,夫妻完全合为一家,婚礼算最后完成。

这种严格的婚礼制度,尤其是最后的"亲迎",男子从女子家族中将之迎娶归来,"共牢而食"、"合卺而酳"之后,女子才完全融入夫的家族。在古代法中常常形式比内容更重要,这是因为古人认为许多仪式是带有神圣的意味,它加强了肯定这种法律行为后果的作用。婚姻是大事件,是两个家族乃至两个宗族的结合,所以严格的婚礼仪式更肯定了这种法律关系的不可变更。正如《礼记》所说:"妻者,齐也。一与之齐,终身不改。"[①]所以"共牢而食"、"合卺而酳"就是保证这种婚姻关系不可更改的重要见证仪式。

这点,让我想起它和古希腊、古罗马人的共食婚仪式何其相似?

[①] 《十三经注疏·礼记·郊特牲》(下),中华书局 1980 年版,第 1456 页。

希腊的婚姻,"一男一女皆立在祭台前,于是女子算见过家神。(按此即中国古代庙见之礼。)浸她以洗水,她手触圣火,继之以祷,新夫妇乃分食一块点心、一块面包、水果。这种食前食后皆祭的共餐,这种在神前的分食,皆使新夫妇共感同一宗教,而上通于家神"。

"罗马的婚姻甚似希腊者……引新妇至祭台前,圣火之旁,其家神及祖先的像皆在。新夫妇乃举行祭祀,奠酒祷告,然后分食精面所制的点心。在祭祷中,在家神之前,共享麦制点心,乃所以使夫妇的结合是神圣的。从此以后,他们共奉同一的崇祀。……诚如柏拉图之言,实由神也。"①

妙在三者都有神圣的祭宗庙仪式、神圣的共食婚,此后则夫妻合为同一姓氏,共祭祀将是他们今后最重要的法定义务。而保证这义务的则是严格的带有宗教般神圣的婚礼仪式。"共食婚"、"共牢而食"、"合卺而酳",这种庄严神圣仪式的婚礼有重要作用,在古代,在东西方远隔数千万公里的国家间其形式和作用均是那样的相似,它不正说明古代法中重形式的原因正是要通过形式保证某方面法律行为的作用么?

(五)父母、夫妻、子女家庭关系

汉代明确规定德主刑辅,以礼治天下。这种礼首先施行于家庭内部。家族内的礼,强调达到家族内长幼尊卑之间,用礼制使之维系"亲亲"原则。一个家族遵从"亲亲"原则,就会大至一个国家、一个社会遵从"尊尊"原则,进而维护封建国家的治理。所以,作为"礼"的最根本点,首先在于确立因婚姻关系组建的家庭内的"亲亲"关系。因此《礼记·昏礼》说:"亲亲,礼之大体。而所以成男女之别,而立夫妇之义也。男女有别,而后夫妇有义;夫妇有义,而后父子有亲;父子有亲,而后君

---

① 〔法〕古朗士:《希腊罗马古代社会研究》,李玄伯译,商务印书馆1938年版,第29—30页。

臣有正。故曰：昏礼者，礼之本也。"①

要确立家庭内的"亲亲"关系，就要在家庭组建以后，规定一套完整的上下父母子妇的礼制，这套礼制的核心是以孝道作基点。汉代人戴圣总结出《礼制》中间的一篇称为"内则"的文字，它很详尽地规定了保证家庭内"亲亲"关系的礼制：

  子事父母，鸡初鸣，咸盥漱，栉、縰、笄、总拂髦，冠、緌、缨，端、韠、绅、搢笏。左右佩用。左佩纷帨、刀、砺、小觿、金燧；右佩玦、捍、管、遰、大觿、木燧，偪、屦，着綦。

  妇事舅姑，如事父母。鸡初鸣，咸盥漱，栉、縰、笄、总，衣绅。左佩纷帨、刀、砺、小觿、金燧；右佩箴、管、线、施繄帙、大觿，衿缨，綦屦。以适父母舅姑之所。及所，下气怡声，问衣燠寒，疾痛苛痒，而敬抑搔之。

  出入则或先或后，而敬扶持之。进盥，少者奉槃，长者奉水，请沃盥卒，授巾。问所欲而敬进之。柔色以温之。饘、酏、酒、醴、芼、羹、菽、麦、蕡、稻、黍、粱、秫，唯所欲；枣、栗、饴、蜜，以甘之；堇、荁、枌、榆。免、薧、滫、瀡，以滑之；脂、膏，以膏之。父母舅姑，必尝之而后退。②

这一部分详尽地规定了已婚的儿子、儿媳对父母、公婆应尽的孝道礼制：从每日清晨鸡初鸣就起床洗漱、梳理自身严格按规定着装，之后，立即到父母公婆的居室，低声下气地向他们请安，问寒问暖；如他们有疾痛苛痒，为之恭敬地搔痒。他们出入，子与媳要尊敬地扶持，侍候他们洗漱、饮食，尽一切能力供应并亲自侍候他们饮与食。

  男女未冠笄者，鸡初鸣，咸盥漱。栉、縰、拂髦、总角、衿缨，皆

---

① 《十三经注疏·礼记·昏义》(下)，中华书局 1980 年版，第 1681 页。
② 《十三经注疏·礼记·内则》(下)，中华书局 1980 年版，第 1461—1462 页。

佩容臭，味爽而朝。问何食饮矣？若已食则退；若未食，则佐长者视具。①

这一段，规定了家中未成年的子女晨起、着装，向父母请安，陪同侍候父母饮食之礼。

凡内外，鸡初鸣，咸盥漱。衣服，敛枕簟，洒扫室堂，及庭。布席，各从其事。②

这一段说明全家所有的人，都应鸡鸣即起，盥洗完毕，就立即收拾好自己的卧具，洒扫整理好整个家庭内外，之后，各人再各行自己的事。

孺子蚤寝晏起，唯所欲，食无时。

由命士以上，父子皆异官。昧爽而朝，慈以旨甘。日出而退，各从其事，日入夕，慈以旨甘。③

家中唯有年幼的小孩子们是早睡晚起，吃饭也不受时间的限制。其余的人均遵从上述礼仪。而身份若进入到士一级以上，礼制又有不同。士以上者，一般有一定公职，所以他们晨起向父母请安以后，便可"日出而退"从事公务了，至傍晚，公务完毕，再"日入而夕"，陪同父母吃饭。

父母舅姑将坐，奉席许何乡？将衽，长者奉席请何趾？少者执床与坐，御者举几，敛席与簟、悬衾、箧枕、敛簟而襡之。

父母舅姑之衣、衾、簟、席、枕、几、不传。杖屦、祗敬之，勿敢近，敦、牟、卮、匜，非馂莫敢用；与恒食饮，非馂莫之敢饮食。

父母在，朝夕恒食，子妇佐馂。既食恒馂。父没母存，冢子御食，群子妇佐馂如初。旨甘、滑，孺子馂。

这一部分规定了侍候父母舅姑吃饭的礼节。从他们就座的方向、

---

① 《十三经注疏·礼记·内则》(下)，中华书局1980年版，第1462页。
② 《十三经注疏·礼记·内则》(下)，中华书局1980年版，第1462页。
③ 《十三经注疏·礼记·内则》(下)，中华书局1980年版，第1462页。

座次,吃饭的专用餐饮具,到吃饭时子、妇的侍候食用,均有细致的礼节。父母舅姑所用之衣物卧具、饮食用具,均要恭敬地收拾起来,平时不能乱用,只有到侍奉就餐时,才可动用餐具。只有父母就餐完后,子、妇才敢就食。如父母俱在,每日由子、妇侍奉其饮食。如父亡仅母在,就由嫡长子每日侍奉其饮食,其余的子、妇们也在旁边陪侍。味甘甜滑腻之物,则给小孩子们吃。

在父母舅姑之所,有命之,应唯,敬对进退周旋慎齐。升降出入揖遊。不敢哕噫、嚏咳、欠伸、跛倚、睇视;不敢唾洟。寒不敢袭,痒不敢搔;不有敬事,不敢袒裼;不涉不撅,亵衣衾不见里。父母唾咦不见。冠带垢,和灰请漱;衣裳垢,和灰请澣;衣裳绽裂,纫箴请补缀。五日则燂汤请浴,三日具沐;其间面垢,燂潘请靧;足垢燂汤请洗。少事长,贱事贵,共帅时。

这一部分讲子、妇们在父母处所的礼节,父母有命令一定要恭敬应对,出入父母之所,要有揖让之礼,不能任意打喷嚏、咳嗽、伸懒腰、斜躺乱靠、斜视、乱吐唾沫。冷不能加衣,痒不敢乱搔。不能任意袒胸露背,自己衣服不干净,不能暴露于外。而对父母舅姑却要恭敬地收拾好他们的处所,洗干净他们的脏衣物,缝补好他们的衣服,五天为他们烧一次热水请之沐浴,平时洗面、洗足都为之准备好热水。除子、妇们如此照料老人外,在家庭内,年幼的要侍奉年长的,地位卑贱的要侍奉地位高贵的,共依此种礼制,保证家中长幼尊卑的区分。

男不言内,女不方外。非祭非丧,不相授器。其相授,则女受以篚;其无篚,则皆坐,奠之,而后取之。

外内不共井,不井滆浴,不通寝席,不通乞假。男女不通衣裳。内言不出,外言不入。男女入内,不啸不指,夜行以烛,无烛则止。女子出门,必拥蔽其面,夜行以烛;无烛则止。男子由右,女子由左。

这一部分,规定男女有别,男女授受不亲的礼制。在家族内,男主外女主内,因此涉及家庭内部的事务,男子不插言管理,而涉及家庭以外的事务,女子也没有发言权。平时男女之间不可能直接用手递交物品,如遇祭祀丧事,要传递物品,也是女子用筐将器物接上,再用手拿。如无筐就双方都坐于地下,在祭奠之后,女子再从地下取起器物使用。家庭的内室和外室间有天井相连,男女不能共同待在天井内,也不能共同洗浴,共住一室,相互借物,不能共穿一服。内室的话不能传到外面,外面的话语也不能传入内室。男女夜行,均要持烛夜行,无烛就不能行走。妇女出门,还必须以面巾遮面。走路时,男行右边,女行左边。

> 子妇孝者敬者,父母舅姑之命。勿逆勿怠。若饮食之,虽不耆,必尝而待。加之衣服,虽不欲,必服而待。加之事,人待之,己虽弗欲,姑与之而姑使之,而后复之。

> 子妇有勤劳之事,虽甚爱之,姑纵之,而宁数休之。子妇未孝未敬,勿庸疾怨,姑教之,若不可教,而后怒之。不可怒,子放妇出,而不表礼焉。

这一部分规定父母子妇相互的礼貌与容忍关系。子与妇最尊敬的应是父母(舅姑),对他们的命令,不要忤逆,不要懈怠,要认真去做。例如饮食,即使因经济条件不能准备得非常高档,但必须是备好饭菜后子与妇亲尝后再侍奉父母吃;衣物如系父母所赐,即使子妇不想要,也必须穿上在旁侍奉;所让做的事,即使自己不想做也必须去做,并在做完之后,回复公婆。公婆对儿媳,即使儿媳很勤劳,自己很满意,也不能赞扬放纵。儿媳不够孝敬,也不必怨怒,先教会她。如教育而她不听,才可发怒。如发怒后,儿媳也不听从教诲,这时如儿子犯法被流放,儿媳犯七出之条被弃出家门,作父母的也不应高兴,因为这是家族内部事务,应当隐忍。

> 父母有过,下气怡色,柔声以谏。谏若不入,起敬起孝。说则

复谏。不说,与其得罪于乡党州闾,宁孰谏。父母怒,不说而挞之流血,不敢疾怨,起敬起孝。

父母有婢子,若庶子孙,甚爱之,虽父母没,以身敬之不衰。子有二妾,父母爱一人焉,子爱一人焉。由衣服饮食,由执事,毋敢视。父母所爱,虽父母没不衰。子甚宜其妻,父母不说,出。子不宜其妻,父母曰:是善事我。子行夫妇之礼焉,没身不衰。

父母虽没,将为善,思贻父母令外,必果。将为不善,思贻父母羞辱,必不果。

这一部分以特例讲子的孝道。父母行为有过错,儿子只能和颜悦色低声正气劝谏。父母不听从劝谏,如考虑到父母的错行影响到乡党邻里间,子仍需劝谏。如劝谏使父母恼怒,即使鞭挞儿子到使之流血,儿子仍不能生气,仍要像从前一样孝敬。父母有宠爱的奴婢,并使之生子,儿子对之要像对待庶子、庶孙一般爱护,即使父母去世,也要始终如一对待。儿子有二妾,一为父母喜爱,一为儿子喜爱,儿子绝对不能对父母喜爱者不满,即使父母去世,仍要始终如一对待之。儿子娶妻,自己很满意,父母不喜欢,也得出妻。儿子娶妻,父母喜欢,儿子也得与之终身偕老。即使父母去世,儿子想到为善行,给父母增光,就行必果。如想为不善行,想到要使父母蒙羞,就必中止非善行。

舅没则姑老,冢妇所祭祀宾客,每事必请于姑。介妇请于冢妇。舅姑使冢妇,毋怠。不友无礼于介妇。舅姑若使介妇,毋敢敌耦于冢妇。不敢并行,不敢并命,不敢并坐。凡妇不命适私室,不敢退。妇将有事,大小必请于舅姑。

子妇无私货,无私畜,无私器。不敢私假,不敢私与。妇或赐之饮食、衣服、布帛、佩帨、茝兰则受而献诸舅姑。舅姑受之,则喜,如新受赐。若反赐之,则辞。不得命,如更受赐,藏以待乏。妇若有私亲兄弟,将与之,则必复请其故赐,而后与之。

这一部分讲叙冢妇与介妇在家庭的地位不同。冢妇,嫡长子之妻。冢,本意为坟墓。嫡长子妇在家庭内承担的主要角色之一就是祭祀逝去的祖先的主祭人,因之称之"冢妇"。其余诸子之妻称为"介妇"。古代庶子亦称介子。"介"有辅助之意,祭祀助手。古代一个家族,祭祀是第一等大事。它起了家族延续、继承的作用。因而,此段规定,当家族内公公去世后,婆婆因年老,祭祀大礼、招待宾客就由冢妇主持但她仍每事必请示婆婆而后按祀而行。冢妇在家族内地位居高,但必须友爱地对待诸介妇。介妇们不论婆婆如何喜欢或倚重于自己,也不能忘记长幼有序,不能将自己置于与冢妇同等的地位,不能与之并行、并命、并坐。所有的子妇们,包括冢妇与介妇们,在家族内未得公婆命令,不得私自回到自己的私室。家族内大小事务的决策权在于公婆。

另外,特别强调家族内的财产是家庭共有产,对财产的处分权,属家族的长者父母舅姑,因之,一个女子出嫁为人妻后,便无自己的私货、私产、私畜、私器,包括自己无权私自接受赠物,即使接受也得奉献于舅姑,如舅姑再转赠给自己也只能接受后留待家族困难时为家族使用。甚至所受赠与即使要转赠于自己娘家兄弟,也得舅姑允许。子妇们更无权私自将家族内任何物品私自借与人或赠与人。

  嫡子庶子,只事宗子。宗妇。虽富贵,不敢以贵富入宗子之家。虽众车徒,舍于外,以寡约入。子弟犹归器,衣服、裘衾、车马,则必献其上,而后敢服用其次也。其非所献,则不敢以入于宗子之门。不敢以贵富加于父兄宗族。若富,则具二牲,献其贤者于宗子。夫妇皆齐而宗敬焉。终事而后敢私祭。①

---

① 《十三经注疏·礼记正义·内则》(下),中华书局1980年版,第1461—1463页。

这一段规定宗法关系。在一个大的宗族内宗子、宗妇的地位最高。因之,各小宗的嫡子、庶子们只能奉侍宗子、宗妇,即使自己因立功受赏或其他原因虽富与贵超过宗子、宗妇,但因身份地位之差,仍不敢随意入宗子之家。自己接受的各种来自国家的馈赠品也不敢私用,必先将其中好的献于宗子,以共同敬宗族祖先,而在祭献时,嫡子、庶子们夫妇只能立于祭祖的侧位为助祭者。只有在大宗祭祀完毕后,嫡子、庶子们回自己小室家族再祭小宗之祖。

总之,《礼记正义·内则》规定了整个家族、宗族的亲亲、尊尊的礼制,以孝道为最重要的一根红线贯穿始终。它包括了成婚后的子、妇侍奉父母舅姑之礼,未成年人侍奉父母之礼,成年的子、妇对父母的劝谏礼,父母对子、妇家庭成员的教诲责任,祭祀之礼,宗法家族的等级制,家族共有产的财产管理原则。这样从一个家族的日常起居到宗法祭祀,无处不以儒家孝道为主线、等级制礼制为规范,使社会管理完全处于亲亲、尊尊的总礼制约之下。

(六)婚姻关系的终止——七去、三不去原则

汉代,自武帝以后,儒家思想成为中国法制的根本指导思想。而在婚姻家庭关系中,由儒家学者戴德、戴圣叔侄先后整理出的两本《礼记》,即所谓大戴《礼记》和小戴《礼记》,也就是有关自儒家学派成立以来,自春秋至秦汉时间成体系化的"礼"的规定,成为汉代社会法制的重要组成部分。而《礼记》一书,后经汉代学者刘向再在"二戴"版本上的整理、编纂,及汉代经学家郑玄的注释,更成为儒学经典,影响中国此后封建法制数千年。在民事法律关系中其影响至大至深。

作为民事法律关系中的婚姻关系又是地位最重要的一个部分。《礼记·昏义》说:"夫礼,始于冠,本于昏,重于丧祭,尊朝聘,和于射乡,此礼之大体也。"[1]摆明了在宗法家族社会,"礼"的不可替代作用,"冠

---

[1] 《十三经注疏·礼记正义·昏义》(下),中华书局 1980 年版,第 1679 页。

礼"是"礼"的开始,它使人们明确了君臣、父子、长幼尊卑的关系。接下来的"昏礼",是"礼制"的根本,因为它确立了两个非血缘关系而形成的家族的组合,形成了家族、宗族关系的发展,也构建了守法社会关系的基础,是礼制中的根本、奠基者、基石。因此,婚姻关系中,礼制尤为重要,而且,它是确立这种家族、宗法关系亘古不变的原则。于是《礼记·郊特牲》说:

> 夫婚礼,万世之始。娶于异姓,所以附远厚别也。币必诚,辞无不腆。告之以直信。信,事人也;信,妇德也。壹与之齐终身不改,故夫死不嫁。……妇人,从人者也。幼从父兄,嫁从夫,夫死从子。夫也者,扶也;夫也者,以知帅人者也。①

这里,它特别强调"昏礼"的重要性。因为"昏礼"之后,将是一个新家族的起端。它不仅强调了"昏礼"中的同姓不婚原则,更重要的是强调了"昏礼"中的诚信原则。文中所提的"币必诚,辞无不腆。告之以直信",都是反复强调诚信的意义。"腆"、"直",都是诚信的意思。而在婚姻关系中,诚信更被强调为作为妻的妇女的重要道德标准。所以"壹与之齐,终身不改"。妇女一经婚礼的礼仪与一个男子成婚后,就与该男子并列于该家族的同一地位,并成为该男子的助手地位,而且从此不可更改了。在婚礼中,她虽与该男子"齐"了,但这只是明确了她在通过婚姻关系后,处于该男子在家族中助手的地位。因为,妇女的地位,在《礼记》中被规定为"从人者也"的地位。即她没有完整的独立人格。她的一生只是别人人格的附属品,所以,她要遵守"三从"的礼制规定。她在幼时从父兄,因为当她未出嫁时,在娘家,只是父、兄人格的附属品,故而,包括她长大成婚的婚姻决定权,也是以父、兄意志为代表的。她婚后,便从一个人格依附转入另一个人格依附,即从对娘家父、兄的人格

---

① 《十三经注疏·礼记正义·郊特牲》(下),中华书局1980年版,第1456页。

依附转入到对夫家丈夫的人格依附。甚至,在夫家丈夫死后,她的人格依附又会转移到对儿子的人格依附。因为,礼制规定,"妇人,从人者也",她是无独立人格的人。而在"三从"关系中,对娘家父兄的依附是短暂的,一到成年,具有生育能力,她便需要出嫁。汉代法律规定女子十五岁便要出嫁,甚至,在十五至三十岁的女子最佳生育年龄段不出嫁的,在法律上要以成人算赋的五倍来惩治。出嫁以后的女子,在很长的婚姻生活中,只是丈夫人格的附属品。因为礼制规定,"夫也者,扶也;夫也者,以知帅人者也"。称为夫的,是他需要别人的扶持的。妻子在家庭的地位就是扶持丈夫的人,就是他的附庸,她最重要的任务就是相夫教子。而丈夫,则是以智慧统率别人的人,因而妻必须在丈夫统率下成为丈夫的助手、扶持者。甚至,最终,如丈夫去世,儿子成人,她仍要服从儿子的统率。

以诚信原则嫁给丈夫的妻,她与丈夫的婚姻关系,从缔结之日起,便永世不得更改了。所以,正常情况下,夫妻关系的终止,便是一方的自然死亡,甚至男方自然死亡之后,妻与丈夫的关系也不终止,因为她已融于丈夫的人格中,她可再依附于该家族中儿子的人格下。

但是,因为夫妻关系不是依夫妻二人的意见和利益为出发点去考虑,而是以两个家族,特别以男方家族利益为出发点,因而,在不利于男方家族利益的情况下,男方家族可以要求丈夫片意离婚,解除夫妻婚姻关系,称之为"七出"或"出妻",就是在七种不利于男方家族的情况下,丈夫可将妻赶出家门,结束此婚姻关系。这个主动权在丈夫,他不必求得妻的同意。"出妻"以后的妻结束了与丈夫的婚姻关系,在法律上,她可以再嫁。关于"七出"或"出妻",《仪礼注疏·丧服》中是这样说的:"出妻之子为母。"其下贾公彦疏,"此谓母犯七出,去。谓去夫氏或适他族,或之本家。……七出者,无子一也;淫佚二也;不事舅姑三也;口舌四也;盗窃五也;妒忌六也;恶疾七也。天子诸侯之妻,无子不出,唯有六出耳。"①

　　唐代人贾公彦作疏解释汉代称为"出妻"的,就是女子在夫家,犯了"七出"的错误,丈夫有权迫使之离开夫家。即解除与夫家的婚姻关系。这说明"出妻"的主动权在丈夫。而"出妻"之后的该女子,可能另嫁其他人家,或回归娘家。汉乐府诗《孔雀东南飞》记载了东汉末一个小吏焦仲卿被母亲强迫出妻刘兰芝的爱情悲剧,正有力地佐证汉代存在"出妻"的片意休妻制。而构成女子被出的"七出"之条,我们可以看出,其第一条无子,这并不是此女子个人的错误,但是汉代人仍然认为婚姻关系的首要任务是承祭祀、承继承的。女子在婚后不能为夫家生出儿子就是不能生出进行祭祀的继承人,这是关系到家族整体利益,也是不能达到婚姻的最重要目的的。至于无子的责任为何要女性一方承担？这也许和当时人对生育知识的理解有关,故将责任完全归咎于女子方。而天子、诸侯妻无子,则不出,七出成了六出,这是因为天子、诸侯均是一夫一妻多妾制,即使妻未生子,其余诸多的妾们仍是可能生出男性继承人的。汉成帝妻赵飞燕自己不能生出儿子来,就杀害所有后宫有孕之宫人,使成帝终生无子,但最终赵飞燕也只是被废为庶人。这说明天子、诸侯妻是不能"出妻"的。而其余各条,均从维系夫家族的内部和谐为出发点。这也可看出,妇女在当时的社会地位之低下。

　　《太平御览·宗亲部·出妇》记载了一些汉代由夫家片意休妻的事例,以强调实行"七出"原则,是为了保证男方家庭内的和谐。

　　　　《汉书》曰,王吉少时,学问居长安。其东家有大枣树垂庭中。吉妇取枣以啖吉。吉后知之,乃去妇。东家闻而伐其树,邻里共止之。因固请吉令还妇。里中为之语曰:"东家有树,王阳去妇;东家枣完,去妇归还。"

---

① 《十三经注疏·仪礼注疏·丧服》(上),中华书局1980年版,第1104页。

又曰,王禁生元后,元后母魏郡李氏女也,后以姤去,更嫁为河内苟宾妻。

《后汉书》曰,冯衍娶北地女任氏为妻,悍忌不得畜媵妾儿、女,常自探井臼,老竟逐之。

又曰,黄允,济阴人也,以儁才知名。郭林宗见而谓曰:"卿有绝人之才,足成伟器。然恐守道不笃,将失之矣!"后司徒袁隗欲为从女求姻,见允而叹曰:"得婿如是足矣!"允闻而黜遣其妻夏侯氏。妇请姑曰:"今当见弃,方与黄氏长辞,乞一会宗属,以展离诀之情。"于是,大集宾客二百余人。妇中坐,攘袂数允隐匿秽恶十五事,言毕,登车而去。允以此废于时。

又曰,李充,字大逊,家贫,兄弟六人同衣递食。妻窃谓充曰,今贫居如此,难以久安,愿思分离。充伪许之曰,当酤酒具会,请呼乡里内外。充于坐中,前跪白母曰:"此妇无状,而教充离间母兄,罪合遣斥。"便呵叱其妇,遂令出门。妇衔涕而去。①

以上所引《汉书》、《后汉书》中所记实例,可以看出,当时以"七出"之条所休弃的妻,均是从保护宗法家族利益出发的。这里如王吉出妻,是因其妻私摘主人家枣,被视为盗窃行为;王禁出妻,是因为该妻妒忌;冯衍出妻,是因妻悍忌不能善待妾儿女;李充出妻,是因为妻不愿守贫家,教唆李充分家,李充认为此行为已构成离间家人和睦罪,"罚合遣斥"。以上实例,均说明汉代婚姻中有"出妻"权,而其出发点是维护儒家孝道观、伦理观。

但是,男子虽有片意休妻权,若妻未犯"七出"之条,男方的片意休妻权仍受社会舆论的监督与指责的。以上所引黄允休妻便是实证,黄

---

① 《太平御览·卷五二一·宗亲部·出妇》(第三册),中华书局影印本1960年第1版,1998年第6次印刷,第2369页。

允休妻不是妻犯"七出"之条，而是自己想巴结权贵，作司徒袁隗的女婿，便无故休妻。其妻虽被休，但却利用宗法家族亲情，在宗族宾客二百余人面前，揭露黄允的丑行，然后自己昂然离去，也使黄允从此在当时社会为人所不齿，断绝了他的高攀之路。从此事例也可知，当时的出妻七条是一种封建制社会的道德标准，它并非丈夫个人的任意行为，受当时宗法家族制和社会伦理观的制约。

又据《太平御览》引孔子家语，说明七出原则也还受三不去原则的制约。

《家语》曰："妇有七出三不去。七出者，不顺父母、无子、淫僻、嫉妒、恶疾、多口舌、窃盗。不顺父母者，为其逆德也；无子者，为其绝世也；淫僻者，为其乱族也；疾妒者，为其乱家也；恶疾者，为其不可供粢盛也；多口舌者，为其离亲也；窃盗者，为其反义也。三不去者，谓有所取无所归也；与其经三年之丧也；先贫贱，后富贵也。凡此皆圣人所以慎男女之际，重婚姻之始也。"①

《孔子家语》对"七出"的条目规定虽与《礼记》在顺序上略有先后差异，但内容是一致的，且经剖析，最后用点睛之笔指出"此皆圣人所以慎男女之际，重婚姻之始也"，说明"七出"的规定，完全是儒家家庭伦理道德观的制度化，而且为了防止丈夫一方利用片意休妻权为个人谋私，所以"七出"是与"三不去"作为一对相辅相成原则而并行的。综其总出发点是在家庭关系中维护儒家孝道、和谐、亲亲伦理观的。所以，前引黄允休妻实例，黄允妻符合"三不去"条，本不应离开黄家，但黄允休妻纯粹为一己私利，想要爬入官门，其行为也为儒家道德观所不齿，因而，其妻走时是"言毕，登车而去"，一种昂扬姿态，而黄允本人则"以此废于

---

① 《太平御览·卷五二一·宗亲部·出妇》，中华书局影印本1960年版，1998年第6次印刷，第2369页。

时",为当时的社会道德观不容,也绝了他仕途之路。

三、汉代的继承法

汉代的继承分为身份继承与财产继承。

(一)身份继承

汉代是中国封建制的早期阶段,而封建社会本身就是身份地位等级制的社会。人以身份等级的不同,在社会上其地位不同,享受的权利与待遇亦不同。本章第一节已就此有详述。按《汉书·食货志》的记载,汉代人的身份首先以其所从事的职业而分为士、农、工、商四种自由身份者,而这四种人中,士、农两阶层从公权利上看是全权公民,他们有任公职权、参军权,从私权利上看,也享有按爵等占有土地权等。而工、商两等人,则公权利与私权利均受限制,在法律上;他们家庭出身的子弟在参军、任官职、受田上均有限制。前两等居民家庭出身的后代被称为"良家子",而后两等家庭出身的被列入另册,为"非良家子"。汉代人如淳为《史记·李将军列传》"广以良家子从军击胡"一句作注时,解释"良家子"为"非医、巫、商贾、百工也"。① 说明工、商两等人在政治地位上非全权公民,连参军权也不拥有。而士一级的又可再分为二十等爵,这在《汉书·百官公卿表上》有详细记载。依爵位享受的公、私权利又有不同。汉代的爵位后来又实行纳粟封爵制,即以向国家缴纳多余赋税而取得不同等级的封爵。这些身份是可以世袭的。而王室贵族因分封制其身份也是世袭的。因之,在继承中,从政治地位看,首先是身份继承。身份继承中,对天子位、诸侯位的继承是采取嫡长子继承制,这是沿袭了从西周时已固定下来的家国管理原则。所以,立嫡是继承法中最重要的一点。

---

① 《史记·李将军列传》(第九册),中华书局 1959 年版,第 2867 页注③。

1. 立嫡、立嗣。

试以西汉诸帝为例,刘邦于公元前206年从汉王位即皇帝位,接着就要立太子。"汉王即皇帝位于氾水之阳。尊王后曰皇后,太子曰皇太子。"①惠帝是吕后所生独子,立嫡是毫无争议的。但当惠帝死后无子,吕党除后,只能由大臣共立刘邦中子文帝。"大臣相与阴谋,以为少帝及三弟为王者皆非孝惠子,复共诛之,尊立文帝。"②文帝初立,有司就极力劝其早立太子。"有司请蚤建太子,所以尊宗庙也。"文帝虽曾以让贤谦让,但立嫡已早成制度,所以有司坚决要求他立嫡长子。"有司固请曰:'古者殷周有国,治安皆且千岁……立嗣必子,所从来远矣。……子启最长,敦厚慈仁,请建以为太子。'上乃许之。"③此后诸皇帝在立太子问题上虽有各种宫廷斗争,但必须立皇帝亲生儿子却是不动摇的原则。至昭帝死后无子,霍光奏请立宣帝,仍坚持礼的亲亲尊尊原则,其奏章曰:"礼,人道亲亲故尊祖,尊祖故敬宗。大宗毋嗣,择支子孙贤者为嗣。孝武皇帝曾孙病已,有诏掖庭养视,至今年十八,师受诗、论语、孝经,操行节俭,慈仁爱人,可以嗣孝昭皇帝后,奉承祖宗,子万姓。""奏可。"④从此奏辞中可见,汉代继承了从殷周以来的立嫡制,并加以汉儒中的尊尊、亲亲观。立继承人的原则是立嫡,而大宗若无嫡可立,就择支子孙贤者为嗣。所以成帝以后的哀帝、平帝都是在大宗毋嗣后,择支子孙为嗣的。这种继承原则,从皇帝而后诸侯王,最后在民间也形成这种继承原则。

这样,我们知道,汉代仍沿袭殷周以来的嫡长子继承制。具体说,第一,天子有嫡长子,自然立嫡长子为继承人,如惠帝、景帝、元帝、成帝

---

① 《汉书·高帝纪》,中华书局1999年版,第39页。
② 《汉书·高后纪》,中华书局1999年版,第75页。
③ 《汉书·文帝纪》,中华书局1999年版,第81页。
④ 《汉书·宣帝纪》,中华书局1999年版,第167页。

皆是;第二,天子无嫡长子或嫡长子被废,则立天子的其余子为继承人,此为"立嫡",如文帝、武帝、昭帝皆是;第三,天子无嫡子,这时要从大宗的支系中血缘近而优秀者立嗣,如哀帝、平帝皆是。这种继承的总指导思想是遵循尊尊、亲亲原则。

2. 保证尊尊、亲亲原则的法制措施。

为了保证尊尊、亲亲原则,立嫡、立嗣以后,要保证大宗继承人的绝对至尊地位,有一系列法律制度为之作屏障。如汉律中的"酎金"违例罪,就是针对封国王侯在皇帝每年八月宗庙大祭时献的助祭黄金违律的惩治罪。皇帝是大宗嗣子,在宗法关系中,大宗祭祖是大宗嗣子的祭祀特权,以之巩固其大宗的地位。其余诸侯王为大宗庶子或自己小宗的嗣子,因而在大宗嗣子祭祖时,他们对大宗而言,只能处于助祭地位。献酎金违律,表示他们对宗庙祭祀权的不恭,因之会被撤去封国的。汉律有规定:"皇帝临受(诸侯)献金,金少不如斤两,色恶,王削县,侯免国。"[①]因此,汉武帝元鼎五年九月,"列侯坐献黄金酎祭宗庙不如法夺爵者百六人"。再如,诸侯们会因谋反、出国界、杀人、乱、首匿等各种罪被处以重至弃市、下狱、轻至免国、判刑等失去自己的地位、封国等。查《汉书·王子侯表》,可以看到诸侯因反叛被诛杀的有管共侯、氐丘共侯、营平侯三人,因出国界、弃印绶出国被判刑或免国的有杨丘共侯、祝兹侯等二人,因杀人而自杀或被弃市的有兹侯、宜成康侯、富侯、路陵侯、原洛侯、甘井侯 6 人;有犯首匿等罪包藏犯罪人的,如毕梁侯、安郭于侯、平侯等,还有因淫乱、上书妖言、上书谩等被免去封国。最多的是元鼎五年一次因坐酎金免去封国 106 人。总之是用各种法律制度保证了嫡子、嗣子们的继承权,也保证了尊尊、亲亲的等级地位。嫡子、嗣子的继承人的不合法继承也是一经发现,封国就会被免去。如元凤三年

---

① 《汉书·武帝纪》,如淳注,引汉仪注,中华书局 1999 年版,第 133 页。

益都敬侯的封位应由原侯广的儿子继承,但由侯嘉嗣,因为嘉非广的儿子,被发现后此侯国即免国[①]。

(二)财产继承

按《礼记·内则》规定,汉代的财产制,仍为家族共有制,财产的管理权自然属于继承人。然而,这个继承权是属男性子嗣的,但在汉代司法实践中,亦有无男性继承人时,由女性继承的个例。

1. 男、女继承权。

《太平御览·卷八三六·资产部一六·钱下·赀财》引《风俗通》曰:"陈留有富老,年九十,无男。娶田家女为妻,一交即气绝。后生得男。其女曰:'我父死时年尊,何一夕便有子?'争财数年不决。丞相邴吉出,上殿决狱,云:老翁儿无影亦复畏寒。于时八月,取同岁小儿,俱解衣裸之。老翁儿独呼寒,复令并行日中,无影,因以财与田。"这个案例说明,当时法律对私有财产继承权有明确规定,依案例看,财产继承权应由男性继承人继承。但当无男性嗣子继承人时,女性后裔也可成为继承人,故而该案例中有老翁女与子数年财产继承权之争。最后案件直上诉丞相处(即民事案件的最高诉讼审级),才得以解决。

2. 遗嘱继承。

然而,另一则案例,则说明家族财产的继承权也可以以遗嘱取得。在遗嘱中,立遗嘱人也可以在有男性子嗣的情况下,将财产完全遗留给女儿。《太平御览》在同卷中又引《风俗通》的另一案例:"又曰,沛中有富豪,家赀三千万。小妇子是男,又早失母。其大妇女甚不贤。公病困,恐死后必当争财。男儿判不全得。因呼族人为遗令。云悉以财属女,但以一剑与男,年十五以付之。儿后大,姊不肯与剑,男乃诣官诉之。司空何武曰:'剑所以断决也。限年十五,有智力足也。女及壻温

---

① 《汉书·王子侯表》(上),中华书局1999年版,第329页。

饱十五年,已幸矣!'议者皆服,谓武原情度事,得其理。"①这个案例说明两个问题:第一,遗嘱继承也是汉代财产继承的方式之一。汉代的遗嘱要求立遗嘱人当族人面写出,为书面遗嘱,称为"遗令"。遗嘱可按立遗嘱人个人意愿处分财产。第二,汉代的法定继承中,女子可能也有一定继承权。因为案例中写老人之所以立遗嘱,是恐怕自己死后儿女争财,更怕司法诉讼中"男儿判不全得"。说明依法定继承原则,男儿不一定能全部继承家产。第三,汉代司法裁决中,司法官仍遵从嫡子全面继承原则,故而司法官何武在判决中将全部家财判给十五岁的男孩,并认为女儿、女婿享受了十五年的家产管理权已幸矣。而司法官的判决符合当时人的继承观,故而议者对这个公开判决都认为"原情、度事、得其理"。符合汉代"情、事、理"三合的儒家司法观。

根据《张家山汉墓竹简》,二年律令中已有关于遗嘱处分财产有法律效力的规定:

> 民欲先令相分田宅、奴婢、财物,乡部啬夫身听其令,皆参辨券书之,辄上如户籍。有争者,以券书从事;毋券书,勿听。所分田宅,不为户,得有之,至八月书户,留难先令,勿为券书。罚金一两。②

这部分简文直译出来:老百姓想要预先以遗嘱处分其田宅、奴婢财物,乡啬夫亲自参加其预立遗嘱的过程,遗嘱均用三辨券书书写,并按遗嘱内容登录入户籍。以后家产有纷争的,一律按遗嘱办理。未写出书面遗嘱的,有财产纷争,司法机关不受理。遗嘱处分田宅却未另立户籍,也是法律允许的。直至每年八月,国家登察户籍,有关登察人员,对遗嘱有留难,不给予登记的,依法要处以罚金一两。

---

① 《太平御览·卷八三六·资产部一六·钱下·赀财》(第四册),中华书局 1960 年版,1998 年第 6 次印刷,3736—3737 页。
② 《张家山汉墓竹简》,"户律"三三四—三上六简,文物出版社 2006 年版,第 54 页。

就此律文看，国家法律保护遗嘱继承权，立遗嘱人甚至在活着时可以预立遗嘱，称为"先令"。先令与遗嘱一样有效，并可依先令预分家产。一般分家产后即另立户籍。国家每年有户籍登录制度的检查。但是依该法令看，遗嘱可处分田宅但不分户籍的做法也为法律允许。法律甚至对地方户籍普查人员不按遗嘱处分财产的行为予以制裁。遗嘱的确立要有法定形式，即参辨券书，因为它涉及土地所有权的转移，一定要求有固定合法形式，并且预立遗嘱时，还要官府法定管理土地田产所有权的乡啬夫亲临现场见证。这是为了保证遗嘱的法定效力，同时也显示其严肃性。该段律文下之注释"先令"，直译为遗嘱，并引证《汉书·景十三王传》："病先令，令能为乐奴婢从死"，其下师古注曰："先令者，预为遗令也。"①说明"先令"就是"遗令"，在汉代具有法律效力的。《汉书》上说的是景帝的一个儿子叫彭祖的被封为赵敬肃王，他的小儿子刘偃在武帝时又被封为顷王，后来顷王去世后，由其子刘元继承王位。后来，在汉宣帝五凤二年（公元前56年），刘元又去世，在讨论该王位继承问题时，有司上奏刘元在王位时，为人残忍，曾亲手杀死奴婢，儿子也任意杀死参拜者，该罪名为地方刺史举奏过。刘元去世前，在病中已立有"先令"，让能够从事音乐演奏的奴婢在他死之后殉葬，而中国此时早已废除了活人殉葬制，但他竟预立遗嘱令乐奴殉葬，因此遗嘱，他死后被迫自杀而殉葬的有十六人，属于暴虐不道的行为。《春秋》的精神是任意诛杀人的暴君不应再立其子为君。所以，顷王的封国被取消。这一段记事让我们知道汉代实行"先令"制，即遗嘱制。

解放以后，上世纪80年代江苏扬州市仪征县胥浦乡101号西汉墓出土了一批简牍，其中有16枚简文称为《先令券书》，是我国至今发现的最早一份遗嘱实物。该《先令券书》是墓主朱凌的临终遗嘱，立于西

---

① 《汉书·景十三王传》，中华书局1999年版，第1847页。

汉平帝元始五年(公元5年)十月初十日。这一份遗嘱是有关田产继承的遗嘱。朱凌一家七口人,其母在遗嘱中称为"妪",原嫁丈夫叫朱孙,妪与之生有二子一女。二子为子真、子方,一女为仙君。朱凌即子真。妪后来改嫁给江苏吴县衰近君,生有一子叫公文;此后再次改嫁给曲阿病长宾,生有女儿弱君。妪虽两次改嫁,但始终未离朱氏家门。

朱凌临终时请来县、乡三老,都乡有秩、左、里师及近邻亲戚,立了遗嘱,写下《先令券书》。该《先令券书》的内容:先由朱凌介绍了家庭成员,其后其母妪陈述了家产转移情况,最后决定有一部分田产由公文继承。

原来,据"妪言:公文年十五去家自出为姓,遂居外,未尝持一钱来归"。因此,此后在妪主持下分割了家产,子真、子方各得一分;弱君分得稻田一处、桑田两处;仙君分得陂田一处;公文分文未得。朱凌临终时,已是家庭主持人,立下《先令券书》,要从弱君、仙君手中收回田产,转移给公文。这份《先令券书》是由官方负责民事纠纷处理的县、乡三老,都乡有秩、左、里师参加而制订,并有近邻亲戚参与作证的。第一,它告诉我们汉代"先令"制作的法律程序;第二,告知我们汉代法律田产主要由男性继承人继承,女性,尤其是已婚女性可继承动产,而对不动产的继承则要求要比男性严格得多。此《先令券书》之所以能当着母亲妪的面改变母亲妪对此前田产的分割也在于此。汉承秦制,根据秦简《法律答问》:"'夫有罪,妻先告,不收。'妻媵臣妾,衣器当收不当?不当收。""妻有罪以收,妻媵臣妾,衣器当收,且畀夫?畀夫。"[①]从中可以看出,女子出嫁陪嫁仅有媵臣妾和衣服器物,不包括田产,妪在处分家产时,将一部分田产分给两位已出嫁的女儿,在当时不合法。第三,汉代男性继承田产,是符合国家利益的。汉代男子,尤其是青壮年男子,

---

① 《睡虎地秦墓竹简》,第224页。

他们承担的主要社会义务就是田间劳作、力役和军役。他们"二十而冠,三十而娶,可以从戎事,五十已上曰艾老,杖于家,不从力役"。① 故而,朱凌要立先令将田产的一部分从两个已婚姐妹手中取回转给同母异父弟公文时邀请的全是官方主管田地税收的官员参加,说明汉代男性继承田产是符合国家利益的。第四,汉代到西汉后期,赘婿及其子的地位有所提高。妪的第一任丈夫朱孙死后,又曾两次改嫁,但所嫁丈夫都是赘婿,即民间俗称上门女婿。赘婿在秦汉时法律地位很低,类比奴婢。赘婿在秦代是不准占有田产的。秦简有"赘婿后父,勿令为户,勿鼠(予)田宇,三(世)之后,欲士(仕)士(仕)之,乃(仍)署其籍曰:故某虑赘婿某叟之乃孙"。② 赘婿不得自立门户,三代之后才可入仕。汉承秦制,西汉前期赘婿地位仍很低,汉武帝征西域时,仍有"发天下七科适"的记载,这七科中之第三类就是赘婿。③ 但是,汉律中赘婿是家庭成员,家务主持人不得任意逐其出家门。《二年律令·户律》也有规定:

  民大父母、父母、子、孙、同产、同产子,欲相分予奴婢、马、牛、羊、它财物者,皆许之,辄为定籍。孙为户,与大父母居,养之不善,令孙且外居,令大父母居其室,食其田,使其奴婢,勿贸卖。孙死,其母而代为户。令毋敢逐(逐)夫父母及入赘,及道外以其子财。④

说明汉代赘婿地位已较秦有提高。而江苏扬州市仪征县青蒲乡 101 西汉墓出土的《先令券书》则证明,至西汉末年,赘婿之子已可以"自出为姓",恢复赘婿姓氏,另立户籍,还可从其父原入赘之家分得一份田产,这说明赘婿的劳动价值已被认可,其地位也较前大大提高,其

---

① 《盐铁论·朱通篇》。
② 《睡虎地秦墓竹简》,第 292—294 页。
③ 《正义》引张晏注:"吏有罪一,亡命二,赘婿三,贾人四,故有市籍五,父母有市籍六,大父母有市籍七,凡七科,武帝天汉四年,发天下七科谪出朔方也。"
④ 《张家山汉墓竹简》,第三三七—三三九简,文物出版社 2006 年版,第 55 页。

所生儿子的田产继承权为当时社会所认可。①

第五节　汉代的民事诉讼制度

一、司法机构

　　汉代的民事诉讼及其司法机构,史籍没有专条记载。解放后,一批批汉简判例的出土,使我们对之能够有初步了解。保存最完整的民事司法判例有居延出土的《侯粟君所责寇恩事》和《张宗责赵宣马钱案》。1971年12月甘肃甘谷县渭阳公社刘家坪上汉墓出土的《宗正府卿刘柜奏书》保存了不少宗室与官府间的民事争讼案例。此外《太平御览》所引《风俗通》记载了西汉两件遗产纠纷案。二十世纪80年代江苏扬州市仪征县胥浦乡101号西汉墓出土的《先令券书》和2001年出版的《敦煌悬泉汉简释粹》(上海古籍出版社出版)也进一步佐证了汉代的一些民事司法制度。笔者再印证于史籍,故归纳总结出此节的内容。

　　汉代民事司法机构与刑事司法机构存在区别但又一致性。区别在于,最高一级民事司法机构在中央由丞相审理,这不同于刑事案件最高级司法机构在中央归属廷尉,御史大夫有时有一定参与权。一致性在于,在地方一级,均由地方行政长官审理,由高向下依次为太守、郡都尉、县令。县令之下,有县丞、狱掾、令史和都乡啬夫。宗室皇族民事案分别由宗正府卿、太守、刺史审理。

　　(1)丞相。有时又称相国。《汉书·百官公卿表》记载其职责:"相国、丞相,皆秦官,金印紫绶,掌丞天子助理万机。秦有左右,高帝即位,置一丞相,十一年更名相国,绿绶。孝惠、高后置左右丞相,文帝二年复

---

①　参看杨剑虹:"从《先令券书》看汉代有关遗产继承问题",《武汉大学学报(社科版)》1988年第3期,第99—102页。

置一丞相。有两长史,秩千石。哀帝元寿二年更名大司徒。武帝元狩五年初置司直,秩比二千石,掌佐丞相举不法。"①我们因此可知,丞相在汉代是天子之下的最高行政长官,主要设置一位丞相,汉武帝以后,丞相的助手又设司直一名,是助其执掌司法职能的。哀帝以后,丞相更名为大司徒,故东汉以后,丞相称大司徒。因为丞相是最高行政长官,所以他职权下,涉及民事案件如土地财产纠纷有审理权,这点从西周以后继承下来。西周时,民事案件尤其涉及土田纠纷的最高审理权可归司徒。至于是否是民事案件的最高审级,现在还无更多资料可说明。因为民事案件不涉及生命权,只涉及财产权,故而一般在下一审级即或解决,不一定有直至中央一级的上诉权。

《太平御览》引《风俗通》讲宣帝时丞相丙吉审理一桩遗产纠纷案事。该案非上诉案,而是发生在陈留地方的案件。陈留西汉武帝时置为郡,地方在今河南开封东南。丙吉任丞相时,巡行至此而参与审理了此疑案。因为原文写"争财数年不决,丞相丙吉出,上殿决狱"。正因为是疑案,是财产纷争案,故属于丞相职权内,解决一个疑案问题,可以对以后同类案例立一个范例。汉代的司法原则中,其法律形式以律、令、科、比四种为主。比,又称决事比,与近代类推相似,在出现法律无明文规定的案件时,须比照最接近的律、令条文,或比照同类典型判例,进行科学的或符合逻辑的推理,最后作出判决。而最高审级的"比"又会给下级审理同类案件开一个新的法律适用途径。《汉书·刑法志》载:汉高祖七年曾下诏:"廷尉所不能决谨具所奏,傅所当比律令以闻。"②刑事案件能以"比"的方式审理,民事则更不消说起,所以针对丞相审理管辖权中,丞相在审理疑案时,也可以以"比"的方式审案。因此,作为丞

---

① 《汉书·百官公卿表》(上),中华书局1999年版,第612页。
② 《汉书·刑法志》,中华书局1999年版,第936页。

相的丙吉在巡行地方事务中,遇有数年不决的疑案他必须审理。《汉书·丙吉传》记载,丙吉本为司法小吏出身,又学儒家,故居相位后,并不滥用司法审理之权。他担任丞相后,也经常要外出了解民情。有一次在京城附近出行遇到清道时有群斗行为,甚至造成死伤横道,也不调查追问,而遇到有人赶牛,牛喘吐舌,他却驻马询问,他的下级官员因此感到奇怪。他的回答是:"民斗相杀伤,长安令、京兆尹职所当禁备逐备,岁竟丞相课其殿最,奏行赏罚而已。宰相不亲小事,非所当于道路问也。方春少阳用事,未可大势,恐牛近行,用暑故喘,此时气失节,恐有所伤害也。三公典调和阴阳,职(所)当忧,是以问之。"①可见,丞相和地方官司法职权是有分的,在地方上发生的"民斗相杀伤",即使发生在丞相眼前,因为属地方官职权管辖,丞相并不管,只是在年终官员考核时依法考核。而非大热天,牛喘吐舌,说明气候有异常,将会伤害粮食生产等,这是丞相应管辖的大事,所以他会立即驻马询问,认真关注。依此而想,他作为丞相,出巡陈留遇到因遗产纠纷,数年不决的疑案,便自然要"上殿决狱"了。

另外,汉代的御史大夫,有时也参与民事案件的审理。《风俗通》记载成帝时司空何武断一遗产纠纷案。其实此时正是汉朝将御史大夫改称为司空的时间。《通典》记载:"司空古官……周礼司空为冬官,掌邦事……凡国有大造、大疑、谏诤与太尉同。秦无司空置御史大夫。汉初因之,至成帝绥和元年始更名御史大夫曰大司空……比丞相。哀帝建平二年复为御史大夫,元寿二年复为大司空。"②说明汉代除丞相外,中央司空、御史大夫地位等同丞相的也有一定的民事案件审理权。

(2)太守。地方郡一级最高行政长官,原称郡守,景帝以后改称太

---

① 《汉书·魏相丙吉传》,中华书局 1999 年版,第 2354 页。
② 王云五主编,[唐]杜佑撰:《万有文库第二集·通典》,商务印书馆 1935 年版,第 115 页下。

守。既是地方最高行政长官,也就掌握一郡中最高司法大权。杜佑在《通典·郡太守》中记载:"郡守,秦官。……汉景帝中元二年更名郡守为太守。凡在郡国,皆掌治民、进贤、劝功、决讼、检奸,常以春行所主县,秋冬遣无害吏,按讯诸囚,平其罪法。"①凡民间财产争讼案,太守只审理上诉案;难案、疑案及宗室皇族的赋役田土案,太守直接审理。

(3)郡都尉。汉代边郡地区设都尉为郡守之佐。都尉本是管理地方治安的武职,但自建武六年(公元30年)之后,都尉也参与民事诉讼的审理。《续汉书·百官志五》:"建武六年,省诸郡都尉,并职太守……惟边郡往往置都尉及属国都尉,稍有分县治民比郡。"

(4)刺史。地方一级监察官员,地位高于太守,汉武帝时设置。《通典》记载:"武帝元封……五年,乃置部刺史。掌奉诏六条察州。……成帝绥和元年……乃更为州牧……哀帝建平二年复为刺史,元寿二年复为州牧。后汉光武帝建武十八年复为刺史,外十二州,各一人其一州,属司隶校尉。汉刺史乘传周行郡国,无适所治。……旧常以八月巡行所部,錄囚徒,考殿最。"②刺史职责为纠察地方官吏,因此,凡涉及官吏的民事纠纷,刺史有权参与审理。如甘谷地方出土的汉简所载太守受理宗室财产案时,刺史参与其案审理,并负责案情的验问。

(5)县令。县令(长)为一县的主管官员,握有一县的军政司法大权,也是地方县一级民事诉讼的实际主持人和判决执行人。汉简判例,无一不是在县令(长)主持之下审理、判决和执行的。

①县丞。县令(长)之下,协助其主管民事诉讼。

②狱掾、令史。县令、丞之下具体承办诉讼案件的属吏。《侯粟君

---

① 王云五主编,[唐]杜佑撰:《万有文库第二集·通典》,商务印书馆1935年版,第187页下。

② 王云五主编,[唐]杜佑撰:《万有文库第二集·通典》,商务印书馆1935年版,第183页下。

所责寇恩事》的判决书最后有"掾党、守令名赏"一句,掾即狱掾,党和赏是人名。守,官吏试用期的称谓。判决书有此二人署名,说明他们与承办案件有关。狱掾又叫狱吏,可能是当时承办案件的审判长。令史是书记员。

③都乡啬夫。《汉书·百官卿表》:"乡有三老、有秩、啬夫、游缴……啬夫职听讼、收赋税。"①说明乡啬夫是乡一级管理机构中民、刑事诉讼的主管人。其职责,据《侯粟君所责寇恩事》看,主要是按县廷指示传唤被告、验问、核实案情,并提出初步处理意见。民事调解主要由其承担。另外,据《二年律令·户律》看,在百姓立遗嘱处分田产时,他要参与遗嘱的制定,并将之登录入户籍,因为乡啬夫还有收赋税之责,故百姓处分田产,他有职责必得参与。②

(6)宗正府卿。宗正府,汉中央机构九卿之一,负责管理皇室事务。凡宗室皇亲民事财产案,一般由太守裁决,太守裁决后,宗室皇亲不服者,可上诉于宗正府,由宗正府重审再判。

汉代审级,县为第一级,郡为第二级,民、刑诉讼皆同。郡之上,民事归部(州)刺史,刑事则归廷尉。当然刑事案的重大疑案最后要奏报皇帝作裁决。总之,汉代实行的是三级审级制,乡啬夫只是调解争讼,或为初审作准备工作,不具有初审性质。丞相、司空等巡行地方,参与或主持民事案的审理也算不上一级诉讼。

二、诉讼程序和审判制度

(一)告诉

汉代民事争纷,当事人必须直接向官府提起诉讼,否则,不予立案,

---

① 《汉书·百官公卿表》(上),中华书局1999年版,第624页。
② 见《张家山汉墓竹简》,"户律"三三四—三三六简,文物出版社2006年版,第54页。

不予审理。汉代把原告提起诉讼称为"自言"或"自诉"。被侵权的当事人亲自到官府自诉或由亲人代为诉讼。《汉书·外戚传上》记载宣帝之母名翁须的故事。翁须是王迺始与王媪夫妇的女儿,八九岁时寄居在刘仲卿家,仲卿教其学歌舞。翁须长大,刘仲卿行欺诈,将之卖与他人。王媪追去,与女儿翁须相见,与之"相对涕泣,谓曰:'我欲为汝自言。'翁须曰:'母置之,何家不可以居?自言无益也'"。"为汝自言"师古注曰:"言自讼理,不肯行。"①其实就是指母亲王媪要代女儿自诉。《风俗通》记司空何武断案事,原告是一名十五岁的男孩,因其姊不按遗嘱给他剑,"男乃诣官诉之"。这就是当事人的自诉。

西城汉简记载了许多因债务纠纷,当事人自诉的案件。其中都使用了"自言"一词。

三　燧长徐宗□自言霸胡亭长宁就舍钱二千三百三十□,责不可得。《甲乙编》3·4

刀燧长徐宗□□自言责故三泉燧长石延寿荴钱,少二百八十,敦责不可得。《甲乙编》3·6

尉史临白:故第五燧卒司马谊□自言除沙殄北,未得去年九月家属食。谊言部以移籍廪令史田忠,不闻与谊长。《甲编》(五○二)

这是一个士兵因参战未领得家属廪食,后该士兵向主管发放家属廪食的官员报告以后,仍未得补发,不得已,在事拖一年后,向主管的县都尉提起诉讼,县都尉依次向上级汇报的一份自诉司法文书。汉代边郡地区因战事频发,常常有一些县是由都尉治理。故而此简有"尉史临白"句,就是主管的县尉下属的文职官员"史",名叫"临"的,再将此自诉案向上级报告的意思。

---

① 《汉书·外戚传》(上),中华书局1999年版,第2916页。

甲渠士吏孙根□自言去岁官调根为卒,责故甲渠施刑宋后,负驷望卒徐乐钱五百,后至卒。《甲编》(九一〇)

望角燧卒康辅,十石以买练一匹,至十月中不试,□母房练丈□尺□𠃌□自言责甲渠令史张子恩钱三百。《甲编》(一〇六五A)

元延三年四月丙戌朔戊餅庭候史□敢言之:□□珍北书曰,□□隧卒子章□自言责第三十八隧长□□,官袍一领,直千四百五十□问。《甲编》(附二二)

汉代诉讼,不仅要"自言",还须要写出诉状。诉状是司法机关能否立案的重要依据。"侯粟君所责寇恩事"一案中所提到的"廷移甲渠候书",是指县廷转来的甲渠候粟君对寇恩的诉状。诉状中,粟君提出三条起诉寇恩负债不还的理由:第一,寇恩运载粟君的五千条鱼到觻得去出卖,粟君以一头牛、二十七石谷价雇佣寇恩从事这趟运输兼售卖的活动。而鱼出售以后,寇恩没按约定交回售价四十万钱,只交回三十二万钱,尚欠八万不还;第二,寇恩临行前又借牛一头,结果牛被出卖,又不偿牛钱;第三,寇恩还不愿归还所欠二十石谷。正因为粟君提出三条寇恩负债理由,居延县受理了此案。

(二)传讯验问

汉代的民事诉讼与刑事诉讼不同。刑事诉讼,当起诉之后,司法机关要拘捕被告,而民事诉讼不同,当原告起诉后,司法机构并不先拘捕被告,而是采取传讯的方法,验问案情。传讯验问工作均由被告所在地的基层司法官吏都乡啬夫或侯官下属史负责,之后,再将验问结果上报县、侯官。侯官是军事长官的称谓。《居延汉简》是我国汉代张掖郡下属的居延、肩水两个属都尉管辖的边疆地区发掘的汉代各种文书资料而这两个都尉辖区又按军事编制下设侯官治所处理其辖下的行政军事以及其他事务。如,居延都尉下的西部防线甲渠塞侯官遗址,其中许多汉简内容就是上报侯官的。①

　　元延元年十月甲午朔戊午,橐佗守侯护,移肩水侯官吏自言责,啬夫燮晏如牒,书到,验问、收责、报,如律令。《甲乙编》506·9A

　　更始二年四月乙亥朔辛丑甲渠鄣守侯塞尉二人移□池律曰□□□囗□□□史验问、收责、报不服、移自证爰书如律令。《居延新简上·甲渠侯官·破城子坞外(1—82)》三九。

"侯粟君所责寇恩事"一案,原告粟君向居延县廷起诉后,居延县将此案写成爰书,并附以原告诉状,转到被告寇恩所在的乡啬夫那里,由其传讯寇恩并进行验问。简册"都乡啬夫宫以廷所移甲渠候书召恩诣乡……乃爰书验问"即此意。乡啬夫验问之后,要将验问经过、结果写出报告,称为"爰书",回呈居延县廷。回呈爰书不仅要陈述验问经过,还要对案情如实详尽报告,并对案件的处理发表自己的意见。简册的回呈爰书是这样写的:

　　建武三年十二月癸丑朔乙卯,都乡啬夫宫以廷所移甲渠侯书召恩诣乡。先以"证财物故不以实,赃五百以上,辞已定,满三日而不更言请者,以辞所出入,罪反罪"之律辩告,乃爰书验问。恩辞曰:"颍川昆阳市南里,年六十六岁,姓寇氏。去年十二月中,甲渠令史华商、尉史周育当为侯粟君载鱼之觻得卖。商、育不能行。商即出牛一头:黄、特、齿八岁,平价值六十石,与它谷十五石,为谷七十五石;育出牛一头:黑、特、齿五岁,平价值六十石,与它谷四十石,凡为谷百石,皆予粟君,以当载鱼僦值。时,粟君借恩为僦,载鱼五千头到觻得,价值:牛一头、谷二十七石,约为粟君卖鱼沽出时行钱四十万。时,粟君以所得商牛,黄、特、齿八岁,以谷二十七石

---

① 可参见前引《居延新简上——甲渠侯官》,"前言",中华书局1994年版,第1页。

予恩雇僦值。后二、三日当发。"粟君谓恩曰:"黄特为瘦,所得育牛黑特虽小,肥,价值俱等耳,择可用者持行。"恩即取黑牛去,留黄牛,非从粟君借牸牛。恩到觻得卖鱼尽,钱少,因卖黑牛,并以钱三十二万付粟君妻业,少八万。恩以大车半侧轴一,值万钱;羊韦一枚为橐,值三千;大笥一合,值千;一石去卢一,值六百;索二枚,值千;皆置业车上,与业俱来还,到第三置。恩籴大麦二石付业,值六千;又到北部,为业买肉十斤,值谷一石,石三千,凡并为钱三万四千六百,皆在粟君所。恩以负粟君钱,故不从取器物。又恩子男钦以去年十二月二十日为粟君捕鱼,尽今(年)正月、闰月、二月,积作三月十日,不得价值。时,市庸平价大男日二斗,为谷二十石。恩居觻得付业钱时,市谷决石四千。以钦作价谷十三石八斗五升,值觻得钱五万五千四,凡为钱八万,用偿所付钱毕。恩当得钦作价余谷六石一斗五升付。恩从觻得自食为业将车到居延,〔积〕行道廿余日,不计价值。时,商、育皆平牛值六十石与粟君,粟君因以其价予恩,已决。恩不当予粟君牛,不相当谷廿石。皆证也,如爰书。①

如此详尽的回报爰书在汉简中尚属首次发现。爰书由两部分组成:第一部分,讲述验问理由:"以廷所移甲渠侯书召恩诣乡。"同时,在验问开始时,乡啬夫官还向被告寇恩交代了汉律关于当事人提供证辞不实所要承担的法律责任的有关律文。第二部分是验问内容,即被告寇恩陈述的供辞。供辞主要说明了两个问题,一是所谓的借牛不还,二是欠债八万。寇恩供辞说,粟君雇佣寇恩时,以牛、谷二十七万为僦值。所以,无所谓借牛和赔偿问题。而关于欠债八万之事,寇恩并未否认。但其后,寇恩以自己各色物品折价二万四千六百,付粟君,又以自己儿子钦为粟君捕鱼应得佣金五万五千四百,两笔共计八万已清偿所欠八

---

① 甘肃居延考古队简册整理小组:"'建武三年侯粟君所责寇恩事'释文",《文物》1978年第1期。

万钱。所以爰书最后说:"恩不当予粟君牛,不相当谷廿石",寇恩并不存在欠粟君债务问题。爰书中寇恩供辞的结语也是乡啬夫宫的验问结论。

当县廷接到乡啬夫的验问爰书后,及时将之转达给原告粟君,粟君不服,又上诉到太守处,太守指令居延县廷"更详验问"。居延县廷指示乡啬夫宫再次对寇恩传讯验问。乡啬夫宫第二次验问后,再次向县廷写出第二份验问爰书,重申第一次验问事实属实。三天以后,乡啬夫宫根据县廷指示,将两份验问结果写成一份综合报告,呈送县廷,作为县廷判决的依据。

(三) 判决

经过两次验问之后,居延县廷作出如下判决:原告粟君因控告不实,"须以政不直者法亟报"。不直,就是故意出入人罪或枉告诬告。原告粟君,任甲渠侯官,是一个相当县级官员的军事长官,却诬告寇恩,因此居延县廷对其判决为"须以政不直者法亟报",是按行政官员犯罪来报上级惩治。此案发生于东汉建武三年(公元 27 年),是东汉刘秀初即位之时。这是一个新王朝建立、吸收前朝覆灭的教训、一般属吏治还清明的时代,所以在当时等级森严的时代,居延县廷能秉公执法,也说明了东汉初期的吏治还是能依法办事的。

(四) 执行

从对粟君的判决"须以政不直者法亟报"看,县廷判决后,还须上报郡太守批准执行。此案虽系民事案件,但因原告系为政者,是一方行政长官,犯有故意诬告人罪,故要再呈报上一级太守批准执行。判决的执行一般是由司法机关强制执行的。例如:

> 第廿三候长赵备,责居延阳里常池马钱九千九百,移居延收责,重一马一封。十一月壬申令史同奉封。《甲编》二四五

这是《居延汉简》(甲编)中的一条简文,是一封官府文书。居延地

方的一个侯长赵备,欠居延阳里居民常池的马钱九千九百。该常池起诉后,案件判决由居延县廷代为强制收付债款。故十一月壬申日,县廷令史叫"同"的奉上级批的专文来收债。

三、上诉制度

汉代,民事案件的判决权基本都在县廷一级,但民事案件判决后,当事人不服也会提起上诉,一般上诉审级会在太守和都尉。大多数上诉案太守和都尉会负责重审,再判,有时也会发回下级让再重新验问,重写爰书,拿出审理意见,再判。这时上诉审已类似复审。例如《侯粟君责寇恩事》此案便是粟君在县廷败诉后不服判决,又"奏记府",即上诉到太守府。但太守却依法责令县廷"更详验问"了。这实际是复审。另外《张宗责赵宣马钱案》,这一案件由张宗起诉,初判赵宣败诉,赵宣不服,上诉于肩水都尉,肩水都尉重审,再判赵宣败诉,并派子渊到赵宣所在部去强制执行。简文"子渊从故甲渠侯官杨君取直三年二月尽六",就是说司法机关派官吏子渊到被告赵宣所在的甲渠侯官处,直接从其侯官杨君处扣除了赵宣二月至六月的俸钱以清偿债务。

但是,遇到疑案、难案,太守和都尉也亲自审理。甘谷出土的东汉桓帝时《宗正府卿刘柜奏书》涉及不少民事案,现择引一例说明之:

乙酉示章诏书:宗室蕃诸侯:"五属内,居国界,有罪请;五属外,便以法令治;流客虽有五属内,不得行复除。"宗室刘槐、刘直,自讼为乡县所侵,不行复除。植到官,劝农桑。槐、直等骆驿愬(诉讼)。当如永和六年庚午诏书,谒当补正(征)。

此简文大意:开首引证桓帝诏书:宗室皇族,在五服之内,居住于封国界内有属籍的,犯法,享有"先请"特权;五服以外的,按正常法律论处;脱失属籍,不住在封国内的"流客",不仅不能享受"有罪先请"特权,而且连更赋也不能豁免("复除",就是免除更赋)。宗室刘槐、刘直自诉于蜀郡太守,控告乡、县官吏侵犯他们的权益,不对他们免除赋役。太守植受理此案,依照顺帝永和六年(公元 141 年)的诏书,很有礼貌地判决刘槐等人败诉,依法应当补征他们的租谷赋税。宗室皇族控告乡、县官吏,依法要由太守一级审理。此案初判为蜀郡太守植。刘槐等倚仗自己宗室地位不服判决,又上诉于宗正府,故简文收录于《宗正府卿刘柜奏书》中。

刺史、丞相、司空、宗正府卿,这些是更上一级上诉审级。刺史之职是汉武帝元封五年(公元前 106 年)后专设的监察官员,派往全国十三个监察区,专以"六条"问事,即专门监察宗室、豪强、高官侵夺民产,实行贿赂与地方官勾结等行为。丞相、司空是中央一级最高行政长官,在巡行各地时有权审理民事疑难案。宗正府卿是宗正府最高官员,有权作为涉及宗室皇族与地方或普通民众民事案的上诉审级。

四、调解制度

汉代颇为重视民事调解。这一方面源于中国自古的和谐观;另一方面源于中国的血缘家族观。汉代社会是不提倡分家的,而一个居民居住点常是一个血缘家族的衍生,故乡党邻里间是长期共居。儒家礼义观要求尽量强调尊让,反对争斗的。《礼记·乡饮酒之义》:"君子尊让则不争,絜敬则不慢,不慢不争,则远于斗辨矣!不斗辨则无暴乱之祸矣!斯君子所以免于人祸也,故圣人制人以道。"[①]因此汉代在民事纠纷上承接西周观点,重视民事调解制度。

(一)调解员

调解员即是乡啬夫。乡啬夫的职责是"职听讼"。所谓"职听讼",就是对民事案件的验问、调解,以期达到尽可能的息讼目的。《侯粟君

---

① 《十三经注疏·礼记正义·乡饮酒之义》(下),中华书局 1980 年版,第 1682 页。

所责寇恩事》判例中,县廷将乡啬夫宫的第一份验问爰书全文转达给原告粟君,县廷不做判决而征求粟君对爰书的意见,这一做法实际上就是在双方当事人间进行调解。汉简中有关民事司法调解的简文是比较多的。

(二)调解程序

首先,由受理诉讼的司法机关依原告诉状写成爰书,并将爰书发往被告所在地的县廷、戍所侯官,请求调查验问。如:

卅井移,驩喜隧卒郑柳等责木中隧长董忠等钱,谓侯长建国等。一事二封,三月,辛丑,令史□封。《甲编》(一一八七)

阳朔元年五月丁未朔丙辰殄北守侯塞尉广移甲渠侯官书曰:第廿五隧⎦责殄北右隧长王子恩官袍一领,直千五百,餅庭隧卒赵回,责殄北备寇⎦□□□╱尉史宣博《甲编》(九〇二A,九〇二B)

第一简是卅井侯官发给甲渠侯官的,说明甲渠侯官下属基层士卒有欠卅井侯官下属债务的,甲渠侯官再下发下属,让其负责验问。第二简是殄北守侯发给甲渠侯官的司法文书,说明甲渠侯官下属欠殄北守侯的两件债务纠纷,因为是残简,简文未完。

其次,接到原告方爰书的被告方在验问之后,写出回报爰书,以求和解。前引寇恩案即回报爰书。有的回报爰书结尾有"收责,报"字样,说明经过验问,被告交清了债款,已清偿债务,此案已因调解息讼,故回报原告方,了结此案。如:

武贤隧长陈安国十月奉钱六百、四百、二百⎦⎦自言责士吏孙猛脂钱百廿谨验问士吏孙猛,辞服负,已收得猛钱百廿。《居延新简·上》破城子探方五十二·五二·二一

⎦□属甲渠侯官,诏书"卒行道辟"姚吏私赁卖衣财物,勿为。

收责。《居延新简·上》破城子探方五十二·五二·五五

这两篇爰书,都是回报爰书,而且回报此债务关系已经调解息讼。第一简是将原告爰书与经验问后的被告辞服爰书并写在一简上的。先是武贤隧长陈安国自言责,甲渠侯官的士吏孙猛欠其钱百廿。之后,是甲渠侯官处经验问,被告孙猛已承认欠债,并且甲渠侯官处已收得欠债,故上报。此案已结。第二简是甲渠侯官上报上司,根据诏书,士卒在行道中不能私自买卖。其士卒姚吏私自贳买(赊欠)衣物,此行为为不合法。甲渠侯官已"收责"。即已将其赊买物收取。

司法调解的方式比较灵活。债务调解的目的就是讨还债务,或解除不合法的债务关系。常见的调解方式是司法机关直接向债务人催债,或强令债务清偿,或不合法的债务关系为之解除,以之调解息讼。上引两例,前一例为甲渠侯官以军事兼行政长官身份,在验问清债务关系后,立即令债务人孙猛清偿了债务。后一例为甲渠侯官以诏书判定士卒在行道中的赊买行为为不合法,已"收责"。即取消了这次赊买行动。

调解过程形成官府代为债权人催债的活动,其后果有两种:
其一,经催债,债务清偿,纠纷解决了。如:

　　□□官在第四侯长徐卿:鄣卒周利自言当责第七燧长季由□□□百;记到持由三月奉钱诣官,会月三日。有□□□
《甲乙编》285·12

这是侯官向下行文,指令侯长将债务人第七燧长季由的三个月奉钱送到官府。如债务人无异议,债务即清偿了。
其二,官府虽催债多次,债务仍不得清偿。故再次行文上报。如:

　　元延三年四月丙戌,䉷庭侯吏□敢言之,府移殄北书曰:□□隧卒子章自言责第卅八隧长□获,官袍一领直千四百五十。验问,收丿获服负,居官毋它财物。侯官令殄北。《甲乙编》附22·31

这是债务人□获承认自己的债务,但无财力清偿。简文中"府移矜北书",说明是都尉府发下的讨债文书,但现在无法执行。

另外,催债不得,还有债务人不承认债务的。如:

□责不可得,证所言。不服负,爰书自证。步光见为俱南燧长,不为执胡燧长。《甲乙编》157·12

这是债务人对债权人请求不服的回文。其中"不服负,爰书自证",包括两方面的爰书自证。从债务人方面,他可提出债务已消灭的证据,而从债权人方面,他要再提出确存债务的证据。

基层官吏验问、收责的程序是:收责以后,向县、侯官写出回报书,在县、侯官接到这种基层官员验问、收责的回报书后,再向债权人所在的县、侯官府写出复文。因此,复文中一定有"收责、报"。这样的文书程式,最后落款处会有时间、县令史的签名。令史是县、侯官府负责处理公文的官吏。汉简中可以看到这种验问、收责的程序。如:

收责,报。会月十日。谨以府书验问:子都,名亲辞,故居延令史。乔子功。《甲乙编》3·2

第廿三侯长赵备,责居延阳里常池马钱九千五百,移居延,收责,报。一事一封,十一月壬申令史同奏封。《甲乙编》35·4

第一简是一份基层官员在验问、收责后向居延县令史写的回报书,并说明此验问、收责是根据太守府移过来的文书而去做的。第二简是居延县令史向原告所在县发出的回报书,说明被移文到居延的此案已经验问、收责,案已结,现转呈文,所以最后落款的是居延县的令史。

也还有验问后,被告不服,提出自证爰书的。那么,被告所在县、侯官,便将之再写成回报文书,转交原告处。这样情况的,下一步恐怕就是要上诉了。如:

徒王禁责诚北侯长东门辅钱不服,移自证爰书。会月十日。一事一封。四月亥尉史同奏封。《甲乙编》259·1

汉代的民事调解是与验问同步进行的,因此,调解的时间只能限定在验问开始之后到判决之前。而负责这种调解工作的就是进行验问的基层司法人员。如调解后,债务已清偿,只要"收责、报",一件民事案件便解决了,不再经司法机关判决。故写有"收责、报"的上报文书,如原被告方均同意,此民事案件已了结,它与判决同样具有法律效力。

五、爰书、传爰书制度

在汉代,涉及诉讼制度的,常会提到两个重要的司法名词"爰书、传爰书"。最早见于记载的是司马迁《史记·酷吏列传张汤》。司马迁记张汤幼时在家守舍,父亲归来,肉被盗,怒笞张汤。后来张汤掘鼠洞,发现盗肉贼为鼠,于是"劾鼠掠治,传爰书,讯鞫论报,……其父见之,视其文辞如老狱吏,大惊,遂使书狱"。①其下有数家解释:"[集解]苏林曰:'谓传囚也。爰,易也。以此书易其辞处。'张晏曰:'传,考证验也。爰书,自证不如此言……'[索隐]韦昭云:'爰,换也。古者重刑,嫌有爱恶,故移换狱书,使他官考实之,故曰"传爰书"也。"②

读过《居延汉简》的实际"爰书",我们便明白了,汉代调查案件的司法官员,要笔录被告的供词,叫做"验问","验问"记录就称之为"爰书"。"爰书"写成,要上报官府。在刑事案件中,怕审判不公,要将"爰书"在同审级的其他非主审官中传阅,征询意见,以求最后审判判决的公正,称为"传爰书"。在民事案件中,原告方的告诉要写成书面简册,原告方的审理官员,将立案后的原告诉辞要再传送到被告所管辖区。被告方管辖区官员依法定程序,派基层官员去"验问"、"收责",都写成文书,也称被告的"爰书"。在双方文书往来中,也就是"爰书"的往返传送中,最

---

① 《史记·酷吏列传·张汤》,中华书局 1959 年版,第 2383 页。
② 《史记·酷吏列传·张汤》,中华书局 1959 年版,第 2383 页其下注释②。

后结案。传送爰书称为"传爰书"。"爰书"与"传爰书"制度,使得案件的审理公平化。所以,以汉简资料看,"爰书"与"传爰书"制度在汉代的刑事诉讼与民事诉讼中均存在。简言之,"爰书"就是审理案件的公文记录。"传爰书",就是将审案记录交同级非审理官员看,最后求得判决的公正。民事案件中的"传爰书",就是将原告方的起诉书传到被告方;被告方司法机关验问、收责后,将被告方的"爰书"再传送给原告方,最后达到双方意见一致并结案。

"爰书"制度,使汉代的司法审判有详细公文记录,并使司法审判过程程式化。"爰书"成为立案、审理、判决的最主要证据。"传爰书"制度,使民事案中的调解制度、审判公平都公开化,所以,是汉代民事审判中的精华。没有这些"爰书"和"传爰书",我们很难在两千年后的今天这样清楚地了解汉代的民事诉讼法律制度。

第二章 汉代的经济法律制度

第一节 汉代的农业经济立法

汉初吸收了秦亡的教训。秦因近十五年的暴政盘剥,不顾时令的征战,穷兵黩武,加之以税赋过重,"收泰半之赋,发闾左之戍。……竭天下之资财以奉其政,犹未足以澹其欲也。海内愁怨,遂用溃畔"。① 也就是说征收人民收入的 2/3 为税赋,还要征发所有居住于闾左的平民戍边打仗,终于导致了秦的灭亡。当汉王朝初建时,国民经济真正到濒临崩溃的边缘,"民失作业,而大饥馑。凡米石五千,人相食,死者过半。高祖乃令民得卖子,就食蜀汉"。② 一个开国的皇帝,面对国人"人相食,死者过半"的惨景,不得不下令"令民得卖子",这是怎样不可思议的血淋淋的惨景。因此,西汉统治者从血的惨象中认识要生民、息民,维持王朝的统治,必须得从发展农业经济入手,停止战争,勿误农时,并且有效地保护农耕生产的生态环境,顺应大自然的发展规律。所以,休养生息、发展农业经济、保护农业生态是汉代农业经济立法的主导思想。而这些发展农业经济的立法,汉代统治者不仅通过其律、令而且常常以历代最高统治者不断颁布的诏令补充之。

---

① 《汉书·食货志》(上),中华书局 1999 年版,第 949 页。
② 《汉书·食货志》(下),中华书局 1999 年版,第 950 页。

关于农业经济的立法,首先要符合时令,因为中国自古已能分开四季、十二个月。农耕生产是与四季十二月节气有关的。汉代人整理的《礼记》一书中有一篇称为"月令",就是国家要行的有关四季、十二个月的政令,这种政令,都是有关农业经济的立法。孔颖达为《礼记》作疏时说:"名曰月令者,以其记十二月政之所行也。"[1]而幸运的是,1990—1992年,甘肃省文物考古研究所连续三年对汉代敦煌郡效谷县悬泉置——汉代西北边境一个要塞的遗址发掘中不仅出土了两万多枚简牍、十份帛书、十张纸文书,而且出土了一幅汉代泥墙题记等大量两汉文书,可供今人研究汉代历史、邮驿交通、政治法律、与西域关系等,更可喜的是,其中那幅泥墙题记几乎让我们完整地得知,汉代以诏令形式,按月令气候所规定的农业经济立法。[2]

一、《四时月令》诏令前言

泥墙题记西汉元始五年《四时月令诏条》二七二号

《使者和中所督察诏书四时月令五十条》

大(太)皇大(太)后诏曰:往者阴阳不调,风雨不时,降(隋)农自安,不董作[劳],是以数被菑害,恻然伤之。惟□帝明王,靡不躬天之磨(历)数,信执厥中,钦顺阴阳,敬授民时,□劝耕种,以丰年□,盖重百姓之命也。故建羲和,立四子,……时以成岁,致意……其宜□岁分行所部各郡。

诏条

元始五年五月甲子朔丁丑,和中普使下部郡太守,承书从事下

---

[1] 《十三经注疏·礼记正义·月令》,中华书局1980年版,第1352页。
[2] 胡平生、张德芳编撰:《敦煌悬泉汉简释粹》,上海古籍出版社2001年版,第192—199页。

当用者,如诏书,书到言。从事史况。①

这是西汉元始五年(公元前 5 年)太皇太后的诏书。西汉元始五年,即汉平帝五年。为什么会有太皇太后的诏书?因为这个太皇太后就是汉元帝的皇后、汉成帝的母亲。西汉后期自成帝开始,皇帝皆无子嗣继位,其后的哀帝、平帝、孺子刘婴三位继位者都是由汉元帝的皇后与她所倚重的娘家侄子王莽拥立。所以《汉书》评价时说:"及王莽之兴,由孝元后历汉四世为天下母,飨国六十余载,群弟世权,更持国柄,五将十侯,卒成新都。"所以,这个掌握着拥立皇帝大权的王皇后,此时可以太皇太后的身份直接颁发诏令。而汉平帝即位时年仅九岁,即位后的五年间,国家也不断有自然灾害。如史书记载:元始二年"郡国大旱,蝗,青州尤甚,民流亡。"②元始四年"冬,大风吹长安城东门屋瓦且尽"③,元始"五年春正月,袷祭明堂"④即又是五年一次大祭汉朝历位先帝的时间,在这样的情况下,信奉阴阳学说的太皇太后认为历年的自然灾害是一种对大自然的不恭顺,因此发布诏书,告知地方郡太守及其属下,要顺应自然,遵守农时。

其诏书的这部分前言大意是说:过去我们国家阴阳不调和,风雨不按时来临,使得懒惰的农民不勤于劳作,以致屡次发生灾害,太皇太后心中十分伤感。所有英明的帝王,无不亲自执行历法,诚信地执行中庸之道,顺应阴阳自然规律,尊敬地让民众按照时节,努力耕种,以求丰年。这都是敬重自然,敬重人民的生命啊!所以国家依古法设立羲和、四子的职务,使他们掌管天文历法,尊重时节,才能保证岁收。因此,这道诏令要分层颁布于郡太守、其下属,所有执掌国家政务的各级官员,

---

① 《汉书·元后传》,中华书局 1999 年版,第 2966 页。
② 《汉书·平帝纪》,中华书局 1999 年版,第 247 页。
③ 《汉书·平帝纪》,中华书局 1999 年版,第 250 页。
④ 《汉书·平帝纪》,中华书局 1999 年版,第 250 页。

均要按诏书治理农事。

二、《四时月令》诏令五十条的内容

孟春①月令十一条：

- 敬授民时，曰：扬谷，咸趋南亩。
- 禁止伐木。·谓大小之木皆不得伐也，尽八月。草木零落，乃得伐其当伐者。
- 毋擿剿（巢）。·谓剿空实皆不得擿也。空剿（巢）尽夏，实者四时常禁。
- 毋杀□虫。·谓幼少之虫，不为人害者也，尽九[月]。
- 毋杀孡。·谓禽兽、六畜怀任（妊）有胎者也，尽十二月常禁。
- 毋夭蜚鸟。·谓夭蜚鸟不得使长大也，尽十二月常禁。
- 毋麑。·谓四足……及畜幼少未安者也，尽九月。
- 毋卵。·谓蜚鸟及鸡□卵之属也，尽九月。
- 毋聚大众。·谓聚民缮治也，尤急事若(?)追索□捕盗贼之属也，□下……追捕盗贼，尽夏。其城郭宫室坏败尤甚者，得缮补□。
- 毋筑城郭。·谓毋筑起城郭也，……三月得筑，从四月尽七月不得筑城郭。
- 瘞骼貍（埋）骴。·骼谓鸟兽之□也，其有肉者为骴，尽夏。

将这十一条法令译出：

---

① 中国古代将一年分为春、夏、秋、冬四季，每季三个月，依次称为孟春、仲春、季春；孟夏、仲夏、季夏；孟秋、仲秋、季秋；孟冬、仲冬、季冬。可见《礼记·月令》。

1."敬授民时,曰:扬谷,咸趋南亩"。尊重自然,教导农民遵守农时法规。告诉他们,孟春是开始播种谷子的时间,大家都到农田去耕作。①

2."禁止伐木"。这是指不论小树、大树均不能砍伐,一直到八月末为止。那时草木都凋零了,树木已不是生长的季节,才能砍伐那些可以砍伐的大树。

3."毋摘②剿(巢)"。就是指不论鸟巢是空或实的,都不能去摘下,如是空巢,到夏季结束后可摘,如是实巢,则四季都禁止。

4."毋杀□虫"。这是指幼小的虫,不会构成对人或农作物危害的,不要杀死。此禁令到九月末为止。

5."毋杀孡"③。这是指禽兽、六畜怀孕有胎畜的,禁止对之杀害。此禁令为一年十二月中常规性的禁令。

6."毋夭蜚④鸟"。这是因为夭折飞鸟使之不能长大,破坏生态平衡,因之,一年十二个月中均常规性禁止杀害鸟类。

7."毋麛"⑤。这是指所有四足类动物以及家畜幼时不许猎杀,禁令止于九月底。因为那时以后,野生动物已成长为大动物,故不在禁捕杀之列。

8."毋卵"。这是指飞鸟以及鸡等家禽之卵不得任意拿走,禁令止于九月底。因为到那时,禽类已从卵孵化而成飞禽。

9."毋聚大众"。这是指此月禁止官府动用民力,即将民众聚集起来从事修缮城郭等大的工程,或追捕盗贼等维护治安的事务。因为此

---

① 扬谷:扬是簸扬,即指播种谷物。南亩,泛指农田。源出于《诗经·豳风·七月》:"馌彼南亩"。
② "摘",古字,通"摘"。"剿",通"巢"。
③ "孡",即"胎"。
④ "蜚",通"飞"。
⑤ "麛",幼鹿,此处引申为所有动物的幼畜。

月正是春播农事忙的季节。若是紧急危害地方治安的,如追捕盗贼一类的事务,可以在夏末农闲以后进行。若是城郭或官衙破败十分严重,不得不修葺者,可以对之修补。

10."毋筑城郭"。这是指本月因春忙不得修建城郭,三月份农事稍闲可以修筑城郭,四月到七月底又为农忙时分,不得修筑城郭。

11."瘗骼貍(埋)骴"①。骼是指鸟兽一类的枯骨,而如死去的鸟兽身上还保存有肉的,称为骴。本月因为已到春季,气候转暖,对于冬季死亡的鸟类的尸骨要掩埋,此令一直实行到夏末,防止死尸污染空气,造成瘟疫流行。

仲春月令五条:

- 存诸孤。• 谓幼□□……
- 日夜分,雷乃发声,始电,执(蛰)虫咸动,开[户]始□。[先雷]三日,奋铎以令兆民曰:雷□怀任(妊),尽其日。
  - 谓雷当以春□之日发声,先三日奋铎以令兆民,养[雷]且发声。□不戒其容止者,生子□□,必有凶[裁]。
- 毋作大事,以防农事。
  - 谓兴兵正(征)伐,以防(妨)农民者也,尽夏。
- 毋□水泽,□陂池、□□。
  - 四方乃得以取鱼,尽十一月常禁。
- 毋焚山林。• 谓烧山林田猎,伤害禽兽□虫草木……[正]月尽……

将此五条仲春法令译出:

---

① 瘗骼貍骴:"瘗",本意为皮肤病,此处与"貍"通。"貍",通假为"埋"。此句意为埋葬死兽的尸体。

1. "存诸孤"。这是指仲春之月,田地里苗、菜、粮幼芽已生长出来了,一片生气,是老天要养幼少,使人们能生存下去。《礼记·月令》写"是月也,安萌芽,养幼少,存诸孤"。

2. "日夜分,雷乃发声,始电,执(蛰)虫咸动,开[户]始□。[先雷]三日,奋铎以令兆民曰:雷□怀任(妊),尽其日"。这条的意思说这个月,日夜已经分开,昼夜几乎一样长短,雷电也开始交作,严冬时蛰伏于地下的各种虫类也均活动起来,走出洞穴。在春雷发作前三日主管气象预报的官员就要下令巡查,乡里的小吏敲击木铎向人们宣告,春雷将至。尤其是妇女们要穿着整齐,尊敬地等待雷电,以表示敬重天威。如不遵守这些教令,不注重自己仪表的,生下的孩子的性格一定不具备父母的优点,而且其父母也一定有灾难。

3. "毋作大事,以防农事"。这是指这月正是春天农事活动的季节,国家和地方均不要兴兵征伐,因为这些行为都妨害农业活动。这个禁令要截至到夏末以后。

4. "毋□水泽,□陂地①,□□"。因为这个月可以开始捕鱼了,所以不要使水泽干涸,用竭,也不要使池沼干涸。此禁令一直到十一月底,这是常规禁令。

5. "毋焚山林"。这是指禁止烧山林。田猎物,伤害禽兽草木。因为春天风高,容易引起火灾。此禁令截至到正月底。

季春月令四条:

- 脩利隄防。 ·谓脩[筑隄防],利其水道也,从正月尽夏。
- 道达沟渎。 ·谓□浚雍(壅)塞,开通水通也,从正月尽夏。
- 开通道路,毋有[障塞]。

---

① "毋□水泽,□陂池",查《礼记·月令·仲春之月》应为"毋竭川泽,毋漉陂池"。"竭",尽完、干涸。"毋竭水泽",指不要使川泽干涸、枯竭。"漉"(lù),使干涸,"陂"(bēi)池",即池沼。"毋漉陂池",指不要使池沼干涸。

> ·谓开通街巷,以□□便民,□□□从正月尽四月。
>
> ·毋弹射蜚(飞)鸟,及张罗、为它巧以捕取之。
>
> > ·谓□鸟也……

将此四条季春月令译出:

1. "修利堤防"。这是因为这个月是春雨比较多的时间,要修筑河海的堤坝,使水流顺河海而流通。从正月到夏末,都是要修筑堤防的。

2. "道达沟渎"。这是指要浚通大小水沟。古代沟上还铺有道路,故要将大小水沟都浚通,防止水潦,使水道开通。从正月到夏末,是多雨的时节,故均要浚通沟渎。

3. "开通道路,毋有[障塞]"。这是指将街巷的道路都开通,以使便民。从正月到四月末,均要开通街巷道路,防止阻塞。

4. "毋弹射蜚(飞)鸟,及张罗、为它巧以捕取之"。这是指不要用弹弓射杀飞鸟或设置网罗捕捉幼鸟,因为此时幼鸟刚孵化出不久,杀伤幼鸟违背天时,也破坏自然生态。

孟夏月令六条:

> ·羲和臣秀、羲中(仲)臣充等对曰:尽力奉行。
>
> ·继长增高,毋有坏隳(堕)。
>
> > ·谓垣蘠(墙)□……气也……
>
> ·毋起土功。 ·谓掘地[(深三)尺以上者也,尽五[月][注:"深三尺"句从五八行移来。]
>
> ·毋发大众。 ·谓聚□[□非尤急事……为务非缮……之属也]…[注:"非尤急事"从五九行移来;"为务非缮"从七〇行移来;"之属也……"从六九行移来。]伐(?)……
>
> ·毋攻伐□□。

•谓□……

•殴(驱)兽[毋]害五谷。

•谓□……

•毋大田猎。•尽八(?)月。

将六条孟夏月令译出：

1."继长增高,毋有坏隋(堕)"。这个月是立夏,立夏之后,草木生长繁盛,因此不要修墙弄苑,因为这样做逆时气。

2."毋起土功"。不要在田地里挖掘大的土功,如掘地深三尺以上。这个禁令截至到五月底。

3."毋发大众"。指不要聚集民众从事不紧急的服役,如修缮等事务,因为这样做妨害养蚕桑、从事农耕。

4."毋攻伐□□"。不要进行征战。

5."殴(驱)兽[毋]害五谷"。驱赶兽类,要注意防止它们侵害五谷,因为正是田里庄稼生长的季节。

6."毋大田猎"。皇室、诸侯们在自己的宫苑内不要进行狩猎活动。(因为几百里的宫苑内的狩猎会妨害农田的生长),此禁令一直截至到八月结束。

仲夏月令五条：

•毋□[蓝]以染。

•谓□……

•毋烧灰□。谓□……

•门间毋□。……

•关市毋索。•尽八[月]。……

•毋用火南方。•尽……

将五条仲夏月令译出：

1."毋□[蓝]以染"。这是因为此月已是小暑节气,种植于田地里要作染料的蓝草,正是生长的气节,蓝草初生必须在一起丛生,此月蓝草已长大可以分移栽培,但还未生长成熟故不能作染料。

2. "毋烧灰□"。因为正是草木生长的旺盛时期,如烧灰就伤火之气,只有当火气灭时才能烧灰。

3. "门闾毋□"。就是门闾勿闭。汉代的门指城门;闾指闾门。二十五家为一闾,居住点有闾门。此月因天气已热,故城门在夜晚时都不需要关闭。

4. "关市毋索"。关市是从事商业贸易和停放商品的地方。汉代的关市开市,即允许商贸活动开始的时间是农历八月结束以后,因为那时主要农事活动已结束,在关市、开市时才向商贸者征商业税。此时尚未到八月末,但是远道而来的商旅们或早已将货物运输至关市,而为避免征税,可能将货物藏匿起来。而主管关市的官员不要去搜索他们的货物,因为直到八月末正式的商贸活动尚未开始。

5. "毋用火南方"。此月阳气已很盛,在南方用火的话,火势可能因风酿成火灾,故禁止用火。

季夏月令一条:

[土功]。

将一条季夏月令译出:

此条缺字,但对照《礼记·月令》,应为"不可以兴土功"或"毋兴土功"。"土功",指对土地的深挖,见孟夏月令第二条。因为这个月是树木生长方盛之时,大兴土功深挖地会影响树木、农作物的生长。

孟秋月令三条:

• [命]百官,始收敛。

　　　　• 谓县官……

• [完隄]防,谨雍(壅)[塞]……

　　　　• 谓完坚隄□……[备秋水□……[注:

　　　　　　　　修补时此行被涂掉了。]

　　　•修宫室，□垣藩（墙），补城郭。

　　　　　　•谓附陁□……

　　将三条孟秋月令译出：

　　1."[命]百官，始收敛"。孟秋是立秋的季节，此时已经是谷物收成的时候，所以就要命令百官开始督促农民从事收割、晒谷、收藏。而具体说来，就是由县官们开始督促各县、乡、里的下级官员，直接到田间地头督促农民们收割。古代农事是最重要的，何况收获季节，在西周，连天子都要出巡，更何况田官们，他们直接要到田间地头去督促收获，古代称为田畯的，就是汉代的乡啬夫们，是直接要到田间督农的。如《诗经•甫田》所载："我田既臧，农夫之庆。……以其妇子，馌彼南亩。田畯至喜，攘其左右。"

　　2."[完隄]防，谨雍（壅）[塞]"。秋收以来，各地要督促民众将堤防加固，谨慎地检查，防止河道堵塞，因为紧接着八月以后，秋季水潦可能就会来到。要提前做好防水防潦工作，就是要领导民众加固堤防，浚通河道。

　　3."修宫室，□垣藩（墙），补城郭"。这与上面一条是紧密相连的，要防止水涝灾害，便要赶快在收获之后，修葺好储存粮食的仓库，修缮好墙壁，补修好城郭。

　　仲秋月令三条：

　　　•……筑城郭，建都邑，穿窌（窖），修囷仓。

　　　　　•谓得大兴土功，□……

　　　　　•……收，务蓄采，多积聚。

　　　　　•谓[趣]收五谷，蓄积……

　　　•乃劝□麦，毋或失时，失时行□毋疑。

　　　　　•谓趣民种宿麦，毋令□（□种，主者）……[注：

"种主者"从三五行移来。]

尽十月,隋(?)㾕。

将三条仲秋月令译出:

1."筑城郭,建都邑,穿窦(窖),修囷仓"。因为此月夏粮已收成,农民到了比较农闲时。便可安排为县府等大兴土木工程,修筑城郭、都邑。同时因为天气转凉,曝晒在田间的粮食等已干燥,要收藏起来准备过冬,故要由田官驱使百姓修建窦窖、囷仓。这些都是准备储存过冬食物的。窦是方形的、窖是椭圆形的,均在地下,所以称为"穿窦窖",粮仓是立于地面上的,因之称为"修囷仓"。囷是圆形的粮仓,仓是方形的。

2."……收,务蓄采,多积聚"。这是说地方官要促使农民做过冬储存的准备,冬天可吃的、能长期存放的蔬菜,要多多积存一些。

3."乃劝□麦,毋或失时,失时行□毋疑"。为了使粮食不断绝,秋季谷物收割以后,就要劝农种麦,麦子是最重要的农产品。秋谷收获以后要储存,并立即种植次年夏初即可收获的麦子,因麦子隔年才能成熟,所以称为"宿麦",它是比谷子更重要的粮食。八月种麦是应时节的,故不要让农民误了种麦的时节,否则误了农时,一定会得罪老天,影响次年收获。

季秋月令二条:

- 命百官贵贱,无不务入,[以会]天地之藏,毋或宣出。
    - 谓百官及民□……□尽冬。
- 毋采金石银铜铁。
    - 尽冬。

将二条季秋月令出:

1."命百官贵贱,无不务入,[以会]天地之藏,毋或宣出"。这个月,天气已到寒冷的时候,所以要严令百官和老百姓们,每个人都必须纳敛物品,以顺应天地。此时也是收藏万物的,不要让物品散落于外面的时令。

2."毋采金石银铜铁"。这个月已经开始霜降,土地都冻结了,所以百工等手工业者们也要停止劳作,不要让他们再开采金、石、银、铜、铁等地下矿藏。因为此月以后天气转冷,天地都是藏物的时候,此时开采地下矿藏是逆时节而动,不符合自然规律。此禁令到冬季结束以后为止。

孟冬月令四条:

- 命百官,谨盖藏。
  - 谓百官及民□
- 附城郭。·谓附陁薄也,[从七月□][注:"从七月"从三六行移来。]
- 戒门闾,修键闭,慎管籥,固封疆,备边竟,完要[塞,谨关梁,塞][蹊径]。[注:"塞谨关梁塞"从三七行移来。]
  - 谓当(?)□门……□以顺时气……
- 毋治沟渠,决行水泉,……
  - 尽冬。

将四条孟冬月令译出:

1."命百官,谨盖藏"。这是因为孟冬之月,是立冬的节气,天气开始变冷,水开始冰冷,地逐渐要结冻,天地之间,天气与地气也不通。所以,要命令百官谨慎地管理好国家府库囷仓中的储藏物,也命令百官让民众管理好自己家的储存物。

2."附城郭"。"附"就增强的意思。加强城郭的防守。

3."戒门闾,修键闭,慎管籥,固封疆,备边竟,完要[塞,谨关梁,塞][蹊径]"。这条是要求加强城池边关的防守。加强门闾的戒备防守,修好城门的门阀、门栓。"键"是指金属的门阀,"闭"是指门栓;谨慎地管理好城门的钥匙;加强边关的防守;作好边境地区的备战;修护好边关要塞;加强关梁的防守;将通向城门要塞的其余小径都封锁。

4."毋治沟渠,决行水泉,……尽冬"。这个月不要修治沟渠,挖掘水泉。禁令直到冬末为止。

仲冬月令五条:

- 土事无作。 ·谓掘地深三尺以上者也,尽冬。
- 慎毋发盖。 ·谓毋发所盖藏之物,以顺时气也,尽冬。
- 毋发室屋。 ·谓毋发室屋,以顺时气也,尽冬。
- 毋起大众,□固而闭。

　　　　　　 ·谓聚民缮治也,尽冬。

- 涂阙廷门闾,筑囹圄。[·]……□□□……

将五条仲冬月令译出:

1."土事无作"。汉代以十月为一年之始,至仲冬之月,已为农历十一月,是天气很寒冷的时间,天短夜长。万物均应顺应自然,处于收敛的时候。土地也冻得很利害,故要不作土事,就是指掘地深三尺以上的事不要做,整个冬季都不动土,这是顺应天时,收藏地气。

2."慎毋发盖"。这也是指将埋藏于地窖中之物谨慎地保存,不要随便揭发盖藏。这也是顺应气候,此禁令直至冬末。

3."毋发室屋"。冬日人们都要像其他动物一样藏于室屋,以顺应天气,故不能随便挖开室屋,好像将天地的大房挖开一样。人们也应蛰伏在室内,直至冬末。

4."毋起大众,□固而闭"。不能将大众聚集进行修缮治理,应以固守室屋,闭门守候,这样就能守住地气。此禁令直至冬末。

5."涂阙廷门闾,筑囹圄"。仲冬可以做的事只有涂抹宫廷门闾,修筑囹圄,这是助天地的闭藏行为。

季冬月令一条:

- 告有司,□□,旁磔,[出土牛],以送寒气。

·谓天下皆以……岁终气毕以送之,皆尽其日。

将一条季冬月令译出:

"告有司,□□,旁磔,[出土牛],以送寒气"。意为,此月是年终的最后一月,春气将快来临,雁已向北要飞行,鹊类开始筑巢,蛰伏的万物都准备起动,但冬季的寒气还未散走,这个气候调节不好会有大灾难。因此向各主管机构发出告诫,冬春之交气候交接时可能会有大灾难,这些灾难可能从东、西、南、北四门进入国内。因为此月的建丑日是属牛的象属,所以命令有司机关造土牛,像祭祀瘟神一样,将寒气从四门送出,祭祀攘神。建丑日全天各主管机关及百姓都要因岁终送寒气。

三、《四时月令》诏令后记

主管气象的大臣以及最高行政长官三公们表示谨遵太后的四时月令,并将之下达:

> 羲和臣秀、和叔[臣]晏等对曰:尽力奉行。安汉公、[宰衡]、太傅、大司马[莽]昧死言,臣闻帝……[之(?)治天下也。]
> [注:"之治天下也"自八〇行移来。]
>
> □□□□□……
>
> 磨象日月□……以百工允厘□□□……
>
> [大]皇大(太)后圣德高明,□……□遭古□□……
>
> 序元气以成岁事,将趋□□□□□……今羲和中(中)叔之官初置,监御史、州牧、同士……[大]农、农部丞修□□复重。臣谨□
>
> 羲和四子所部京师、郡国、州县,至……竟行所不到者,文对……
>
> 朕□。臣昧死请。
>
> 大(太)皇大(太)后[制曰]:可。

□□安汉公、宰衡、大傅□……

五月……大司徒官,大司□……大师,承书从事下当用……到言。

五月辛巳,羲和丞通下中二千石、二千石

下郡太守、诸侯相……

从事下当用者,如诏书。[书]到言。丿兼掾悻□……

八月戊辰,敦煌长史护行大守事……护下部都尉、劝□□、隆文学史崇□□□崇□县、承书从事下当用事者□□……

[显见处,]如诏书,使者书,书[到]言。

使者和中(仲)所督察诏书四时月令五十条

此段文字大意说明:

太皇太后所颁诏书四时月令五十条下达后,主管天文气象的官员羲和、和叔(这是王莽仿古制恢复古代称谓)之职的大臣叫秀和晏的表态一定尽力奉行诏令。其后是当时主政大臣王莽向太皇太后的奏言。这时王莽身上已有许多头衔:安汉公、宰衡(宰相)、太傅、大司马等,他奏言中在歌颂太皇太后圣明后,说明因为设置的主管气象的官员,与大农、农部丞职位重叠,故奏请此诏书由主管气象的官员羲和四子直接下达到京师、郡国、州县。太后表示同意。其下就是各级官员接到四时月令诏令的时间,并表态,诏书到日,立即按诏书执行。

四、从《四时月令》看汉代农业经济管理立法的特点

《四时月令》五十条是一个几尽完善的农业经济管理立法,它显示的特点有以下五点:

第一,汉代社会非常重视农业经济管理,它反映了汉代社会"以农为本"的立法思想。

第二,汉代人们已清楚地认识到四季、十二月、二十四节气这种天

文气象知识与农业生产的重要关系。农耕生产必须要顺应四季、十二月、节气而行,而不能逆违自然规律,所以法令直接称为《四时月令》。

第三,《四时月令》以简明通俗的语言层层下达,诏告天下,含有封建国家治理民众中的"教民"思想。月令使用明确的"做什么,不可做什么"的法律语言,如"敬授民时,曰:扬谷,咸趋南亩","命百官,谨盖藏"类是必行的行为,"禁止伐木"、"毋擿剿(巢)"、"毋聚大众"是禁止实行的行为,法令非常简明易行因而也可达到令行禁止的作用。其实对照由汉代学者总结的先秦礼制中《礼记·月令》篇,会发现,在《礼记·月令》中,每月的政令内容很多,但西汉元始五年的《四时月令》诏令五十条,主要集中于农业经济管理,而且语言简明,解说也很简明,这十分有利于法令的宣传教育和执行。

第四,比《礼记·月令》新增一条,即季秋月令中的"毋采金石银铜铁"。这反映了汉代矿业经济的发展。汉代自景帝以后,实行矿藏国有化,由国家管理矿山,其开采、冶炼、制币全都由国家管理。这样做,保证了国家对金融的专一管辖权,也保证了财政大权归于集权的中央政府。《汉书·地理志》记载,全国设有工官的地区有河内郡怀县、河南郡雒阳、颍川郡阳翟、南阳郡宛县、泰山郡奉高、济南郡东平陵、广汉郡雒、蜀郡成都、泰山郡九处。而设有铁官的地区(其实不仅包括铁矿藏的管理,也包括对其他矿藏的管理)有四十六处之多。① 而矿藏都埋于地下或矿山中,开采矿藏对土壤有影响,特别是在寒冷的季节,因此季秋月令则专门增加此一条禁令。

第五,对天文气象学很重视。汉代已经认识到天文气象学对农业生产至关重要,所以该月令中专门提到主管天文、气象学的官职"羲

---

① 翦伯赞、郑天挺主编:《中国通史参考资料》(古代部分,第二册),中华书局1962年版,第202—203页。

和"、"羲叔"等。羲和等是中国上古时代,传说中的尧舜时代任命的主管天文、历法的官员。《尚书·尧典》有:"乃命羲和,钦若昊天,历象日月星辰,敬授人时。分命羲仲,宅嵎夷,曰旸谷……以殷仲春……;申命羲叔,宅南交,……以正仲夏,……;分命和仲,宅西,曰昧谷……以殷仲秋……;申命和叔,宅朔方,曰幽都……以正仲冬。"①就是说传说中尧做帝王时任命羲和主管天文历法。又分别任命了羲仲、羲叔、和仲、和叔四位做其副手主管东、南、西、北四方和春、夏、秋、冬四季的天象。汉代时由于天文历法知识的发展,曾制定了"太初历"等,后来成帝时刘向又制定"三统历",②说明汉代对天文历法知识很重视,因之王莽做宰相时,又专门按古制恢复了主管天文历象工作官员的职官,称为"羲和"和"羲和四子"。这份《四时月令》诏书颁布时,正是王莽建议太皇太后,以主管天文历法的官员羲和等名义,层层下颁诏书,通行全国。可以看出汉代对天文历法知识与农业经济发展关系的重视。特别最后季冬月令一条中指出因为季冬是春气已萌动而寒气未退时,在此季节易发生瘟疫疾病,故要有攘灾的祭祀活动。这并非迷信行为,而是当时人对因气候变化容易发生瘟疫的天文气象知识与疾病学关系的研究和认知总结。

综上所述,笔者认为汉简中所发现的《四时月令》诏书五十条不仅是一篇很完整的汉代农业经济管理立法,而且它还是体现汉代"以农为本"的立法思想,重视自然生态保护,遵循大自然的发展规律,融天文、历象知识和自然生态维护,农业经济发展于一炉的实证物。其中顺应自然规律,保护自然生态,以持续发展民生经济的思想,在两千年后的今人看来,也是有很多可以引发思考之处的。

---

① 《十三经注疏·尚书正义·尧典》(上),中华书局1980年影印本,第119页。
② 《汉书·律历志》(上),中华书局1999年版,第844—852页。

第二节 汉代的工矿管理立法

汉代初期手工业、矿业都是私人经营,景帝以后,为了使中央掌握财政和金融大权,故将矿藏所有权收归国有,矿藏的开发利用由国家掌控。

一、工官、铁官区的设立

手工业品生产区及矿产品发掘皆由国家专营,因此,在重要的手工业品产区及矿业产区,专门设置工官及铁官管理。根据《汉书·地理志》的记载,全国设置工官的地区有九处:

河内郡怀县　颍川郡阳翟　泰山郡奉高　河南郡雒阳　南阳郡宛县　济南郡东平陵　广汉郡雒　蜀郡成都　泰山郡

设有铁官的地区四十六处:

京兆郑　沛郡沛　河东皮氏　陇西郡　左冯翊夏阳　魏郡武安　河东绛　渔阳渔阳　右扶风雍　常山都乡　太原大陵　右北平夕阳　弘农郡　涿郡　河内隆虑　中山国北平　弘农宜阳　蜀郡临邛　千乘郡　成阳国莒　河南郡　犍为郡武阳　千乘千乘　鲁国鲁　颍川阳城　犍为南安　济南东平陵　广陵国　汝南西平　琅琊郡　泰山嬴　南阳宛　辽东平郭　齐郡临淄　卢江皖　胶东国郁秩　东莱东牟　山阳郡　东平国　临淮盐渎　河南郡　楚国彭城　临淮堂邑　河东安邑　东海下邳　汉中沔阳

二、防止私铸货币的立法

（一）汉初禁盗铸钱法

汉初从汉高祖到汉文帝时期,均曾允许民间私铸钱。因为造币权可以归私人，则矿山也就归私人所有，这就造成货币不统一，国有货币在市场上流通竞争不过私人货币，造成社会经济不稳定。史籍有记载：

　　汉兴……更令民铸荚钱。黄金一斤。而不轨逐利之民畜积余赢以稽市物，痛腾跃，米至石万钱，马至匹百金。……孝文五年，为钱益多而轻，乃更铸四铢钱，其文为"半两"。除盗铸钱令，使民放铸。①

正是因为铸钱可以私铸，必将引起货币不统一，国家物价飞涨，所以有识之士，如贾谊，向皇帝力谏这种放任私铸钱的行为，他说：

　　法使天下公得顾租铸铜锡为钱，敢杂以铅铁为它巧者，其罪黥。……曩禁铸钱，死罪积下；今公铸钱，黥罪积下。法若此，上何赖焉！②

贾谊的这段谏言，使我们得知，因为民间私铸钱的合法化，所以，货币的质量便无法保证。汉初的法律曾规定私人造币如被发现，为"盗铸钱"，是要处以死刑的。《吕后二年律令·钱律》有较为详细的规定：

　　钱径十分寸八以上，虽缺铄，文章颇可智（知），而非殊折及铅钱也，皆为行钱。金不青赤者，为行金。敢择不取行钱、金者，罚金四两。

　　故毁销行钱以为铜、它物者，坐臧为盗。

　　为伪金者，黥为城旦舂。

　　盗铸钱及佐者，弃市。同居不告，赎耐。正典、田典，伍人不告，罚金四两。或颇告，皆相除。尉、尉史、乡部、官啬夫、士吏、部主者弗得，罚金四两。

　　智（知）人盗铸钱，为买铜、炭，及为行其新钱，若为通之，与

---

① 《汉书·食货志》（下），中华书局1999年版，第967页。
② 《汉书·食货志》（下），中华书局1999年版，第968页。

同罪。

捕盗铸钱及佐者死罪一人,予爵一级。其欲以免除罪人者,许之。捕一人,免除死罪一人。若城旦舂、鬼薪白粲二人,隶臣妾、收人、司空三人以为庶人。其当刑未报者,勿刑。有(又)复告者一人身,毋有所与。诇告吏,吏捕得之,赏如律。

盗铸钱及佐者,智(知)人盗铸钱,为买铜、炭,及为行其新钱,若为通之,而能颇相捕,若先自告、告其與吏捕,颇得之,除捕者罪。

诸谋盗铸钱,颇有其器具未铸者,皆黥以为城旦舂。智(知)为及买铸钱具者,与同罪。①

这部分律直译出:

铜钱的直径为十分之八寸以上,即使钱有磨损,但钱上的文字仍清楚可认知,不是断碎和内含铅的钱,都是可流通使用的钱。铜即使不够纯正而泛红色者,仍是可流通之金(汉时称铜为金)。如有交易中不使用或不收此类铜钱及金者,处罚金四两的刑罚。

故意销毁流通的钱币做炼铜和其他矿物的,按其数量以盗罪论处。

制造伪金的,处以黥刑附加城旦舂的五年徒刑。

私自铸造钱币或对私造者进行帮助的,处弃市刑。同居者不告发其私造币行为的,处以可赎的耐刑。里典、同伍之人不告发者,均处以罚金四两的刑罚。如有人告发,就除免告发者的刑罚。县尉、乡部、官啬夫、士吏、部主等主管官员,即使自己未受贿,也处以罚金四两之刑罚。

知道别人盗铸钱,还为之购买铜、炭,以及为之流通使用其盗铸钱之,一律视为"通钱",与之同罪。

捕得盗铸钱及为之帮忙者应处死罪的罪犯的,予以奖赏爵位一级。

---

① 《张家山汉墓竹简》,"钱律",文物出版社 2006 年版,第 35—36 页。

此类立功者如想要以功免罪者,法律允许。捕盗铸钱一人,可免除死罪一人,或免除城旦舂、鬼薪白粲刑二人,或免除隶臣妾刑、牧人、司空刑三人罪,使之成为无罪的庶人。凡这种立功者,自己处于判刑后应执行尚未执行的情况下,免除对其刑罚。同时还可以免除告发私铸钱罪行人的自身的当年徭役。如知情者,向吏告发了私铸钱行为的,吏因而捕得私铸钱者,奖赏亦按此法律。

自己盗铸钱及对其帮助者,知道别人盗铸钱并为之购买铜、炭及行销其私钱,视为通钱行为。而在此等情况下,能够捕得该盗钱者,视为有罪先自告(可免罪),或告知于吏,而由吏捕得该盗铸钱者,可免除其罪。

凡是预谋盗铸钱,并准备了盗铸工具,但未铸者,都处以黥刑附加城旦舂的劳役刑。知其预谋行为,并为之购买铸钱工具的,与预谋者同罪。

通过这段汉律,我们明确知道虽汉初曾允许民铸荚钱,但很快,在吕后执政时期以严格的法律制止私铸钱行为。凡盗铸钱者,处以弃市死刑。但是汉文帝时,又一度允许矿藏私有,并废除了盗铸钱法令,让老百姓可以公开私铸钱,这其实使一些诸侯大臣因拥有矿藏私产,如吴王刘濞、大夫邓通,都可以"即山铸钱,富埒天子。……吴、邓钱布天下"。① 终于酿成吴、楚七国之乱的叛变行为。这个血的教训使景帝以后,矿山国有,造币权统归于国家。所以全国专设工官、铁官,管理矿山的开发和货币的造币,保证了财政与金融的稳定。

(二)铁、铜等矿藏及造币权国有后的法律变化

铁、铜等矿藏国有后的造币权最初只是归属到郡国一级。但是因为武帝时期对外大规模的征战,中央和地方耗费巨大,出现"府库并虚"

---

① 《汉书·食货志》,中华书局 1999 年版,第 970 页。

的状况,于是国家的措施之一就是"更造钱币以澹用"①,也就是币制改革。这时的币制改革先后有几项措施:

其一,造白鹿币,即"以白鹿皮方尺,缘以缋,为皮币"。也就是用白鹿皮为原料造币,白鹿皮很珍贵,原料来源不如矿藏那样丰富。以白鹿皮一方尺为币面的大小,其边缘上再绣以五彩丝线而造成皮币,面值值四十万铜钱,②在这场币制改革的讨论中因大司农颜异的不同意,曾被主管改革的御史大夫张汤创立了"腹非罪"的名称而处死。

当时之所以要改为白鹿皮币的原因不仅是因为国库空虚,还有一个原因,就是自景帝以后,矿藏国有,禁止盗铸钱,仍实行文帝之前汉初的禁"盗铸钱"法,只能国家掌握铸币权,然而此时的铸币权仅收归至郡国一级,各地为解决地方财政不支情况,地方有矿藏的县一级均可造币,所以《食货志》载:"从建元以来,用少,县官往往即多铜山而铸钱,民亦盗铸,不可胜数。钱益多而轻,物益少而贵。"③所以才不得不想出以白鹿皮造币的办法以堵塞地方与民间的私铸钱行为。

其二,造银锡白金。也就是说以银和锡混杂铸造货币,称为"白金",并将此前流行的不规范的半两钱全销毁。原先的铜钱,改为三铢钱。但是这个改革仍不见成效。因为国家虽仍实行汉初法律"盗铸诸金钱罪皆死,而吏民之犯者不可胜数"。④ 究其原因,私铸钱利润非常大,吏和民受利益的驱使,竟以犯法为赌注,私铸钱仍不能止。私铸钱者,需要铸钱的范模。当时铁矿官营,大司农只好让主管盐铁的官员孔仅和东郭咸阳下令:"敢私铸铁器……者,釱左趾,没入其器物。"⑤但是

---

① 《汉书·食货志》,中华书局1999年版,第974页。
② 《汉书·食货志》,中华书局1999年版,第974页及975页注释⑧。
③ 《汉书·食货志》,中华书局1999年版,第974页。
④ 《汉书·食货志》,中华书局1999年版,第975页。
⑤ 《汉书·食货志》,中华书局1999年版,第976页。

私铸钱之风仍不能止。史载:"自造白金五铢钱后五岁,而赦吏民之坐盗铸金钱死者数十万人。其不发觉相杀者,不可胜计。赦自出者百余万人。然不能半自出,天下大氐无虑皆铸金钱矣。犯法者众,吏不能尽诛。"①这是多么可怕的一组统计数字啊!因盗铸钱罪而被判死刑的数十万人,入狱者百余万人,然而,这仅指被赦免的"盗铸钱"罪犯,而实际的犯罪率则比这要扩大一倍以上。试想西汉时全国人口才五千多万,仅"盗铸钱罪"的罪犯达二三百万,那真是达到"天下大氐无虑皆铸金钱矣"。它几乎可以让我们联想起全民炒股票的那几年"十亿人民九亿炒了"。所以,仅是矿藏国有仍无法改变国家的财政命运。

其三,将郡国铸钱改为由中央铸钱。"郡国铸钱,民多奸铸。……于是悉禁郡国毋铸钱,专令上林三官铸。钱皆多,而令天下非三官钱不得行,诸郡国前所铸钱皆废销之,输入其铜三官。而民之铸钱益少,计其费不能相当,唯真工大奸乃盗为之。"②这才是最终解决民盗铸钱的唯一办法,即统一货币,制币权只有中央上林管辖的三官府铸,并销毁各地郡国的铸币,且将销毁之铜也均运输到三官府。即中央主管铸币权的官府。根据《汉书·百官公卿表》的记载,汉代的武帝元鼎二年设置一个官职叫"水衡都尉",主管上林苑的税收。上林苑下设五丞,其属官(即下属官员)有九位,其中上林、钟官、辩铜均与管理货币和矿藏有关。钟官,是主管铸钱的官员;辩铜,是主管分别铜的种类之官员。在禁止郡国铸钱以后,将郡国铸币销毁成铜,再将铜运输到上林的三官应当就是归于辩铜,再由钟官主管统一铸币,这样货币的含铜量、币的轻重均统一了,而全国唯一能流通于市场的是三官府的钱,这才终于解决

---

① 《汉书·食货志》,中华书局1999年版,第978页。
② 《汉书·食货志》,中华书局1999年版,第79页。

了从汉初以来的伪造货币问题。①

（三）铁官徒的生活及起义

铁、铜等矿藏收归国有，因为矿藏的开发和冶炼是有专门的技术的，因此有此专门技术者，或犯罪囚徒而被分到铁官府工作的称为铁官徒，他们在身份上属于百工之类，地位要低于一般自由民。在法律上，不属于"良家子"的身份。《史记·李将军列传》在记述李广参军时说："广以良家子从军击胡"，其下《史记索隐》的注释说"[索隐]案：如淳云'非医、巫、商贾、百工也'"，②可知，在汉代，"百工"的地位是较低的。至于其中的铁官徒们，法律对之有何具体规定，现有资料很少。《张家山汉墓竹简·金布律》有五条可作参考：

> 诸内作县官及徒隶，大男冬禀布袍表里七丈，络絮四斤，绔（袴）二丈、絮一斤；大女及使小男，冬袍五丈六尺，絮三斤，绔（袴）丈八尺、絮二斤；未使小男及使小女，冬袍二丈八尺、絮一斤半斤；未使小女，冬袍二丈、絮一斤。夏皆禀禪，各半其丈数而勿禀绔（袴）。夏以四月尽六月，冬以九月尽十一月禀之。布各八稷、七稷。以裘皮绔（袴）当袍绔（袴），可。③

译文：

那些在县府内工作的工徒和罪隶们④，十五岁以上的大男冬天给予⑤布袍表里七丈、絮四斤，袴二丈、絮二斤；十五岁以上的大女及七至十四岁的小男，冬袍给布五丈六尺，絮三斤，袴一丈八尺、絮二斤；六岁

---

① 《汉书·百官公卿表》（上），中华书局1999年版，第619页，参见"水衡都尉"及其下注②。
② 《汉书·李将军列传》，中华书局1999年版，第2867页注③。
③ 《张家山汉墓竹简》，文物出版社2006年版，第65页。
④ "徒"指工徒，"隶"指罪隶，《仪礼·既夕礼》："隶人涅厕。"郑玄注："隶人，罪人，今之徒役作者也。"
⑤ "禀"(lǐn)，给予。《汉书·文帝纪》："今闻吏禀出受鬻者。"颜师古注："禀，给也。"

以下的小男以及七至十四岁的使用小女,冬袍发布二丈八尺、絮一斤半;六岁以下未使小女,冬袍发布二丈、絮一斤。夏天均发给单衣,数量均按冬袍布数减半而不给发袴之布。夏季从四月到六月末,冬季从九月至十一月末,均发给衣服布。布按八十缕、七十缕质量发给。用皮袴抵当袍袴也可以。

官为作务……不幸流,或能产拯一人,购金二两;拯死者,购一两。不智(知)何人,貍而□之。流者可拯,同食、将吏及津啬夫、吏弗拯,罚金一两。拯亡船可用者,购金二两;不盈七丈以下,丈购五十钱;有识者,予而令自购之。①

译文:

在官府从事手工业的②,如不幸溺水,有人能救活一人,给予奖金二两;③救捞一死者,给予赏金一两。被救死者不知为何人,官府掩埋并且征求人们来辨认。溺水者可拯救一起的同伴、主管将吏和津渡管理人,地方官吏不去拯救,均处以罚金一两。有人捞得溺水之船且尚可用者,给予赏金二两;船长七丈以下,按每丈赏金五十钱计算;有人认识被捞之船为自家的可给予物主,并令他自己以上述原则给救捞船只者以赏金。

亡、毁、伤县官器财物,令以平贾(价)偿。入毁伤县官,贾(价)以减偿。④

译文:

丢失、损毁、弄坏官府器具,令(徒、隶)以该物正常价赔偿。如将毁

---

① 《张家山汉墓竹简》,"金布律",文物出版社 2006 年版,第 67 页。
② 《汉书·尹赏传》:"无市籍商贩作务。"王先谦:《汉书补注》,引周寿昌云:"作务,作业工技之流。"
③ "购":悬赏征求。《史记·项羽本纪》:"吾闻汉购我头千金。"
④ 《张家山汉墓竹简》,"金布律"四三四简,文物出版社 2006 年版,第 68 页。

坏物仍交给县府的,赔偿价钱按情况减少。

县官器敝不可缮者,卖之。诸收人皆入以为隶臣妾。①

译文:

县府的手工业器皿破坏不可使用的,官府可卖掉。凡犯罪被收入官府的,作手工业者隶臣或隶妾。

有赎买其亲者,以为庶人,勿得奴婢……②

译文:

有人对自己亲属成为官徒隶的,愿出钱赎买,允许其赎买,使该被赎者成为一般庶民,但不得将之赎出变为自家的私奴婢。

从以上相关五条法律中我们大体可对汉代的铁官徒或其他在官府内从事手工业劳作者的情况有一定了解。

第一,他们属于百工,不同于普通自由人,身份比较低下,没有人身自由权。因为他们不能任意离开自己的工作地点。我们从第五条律令看,他们可被亲属赎买,只有在赎买后才得成为庶人,获得人身自由。

第二,他们在官府劳作,官府发给他们衣食,但却未提工资,所以,他们不是自由的手工业者,他们在官府的手工业劳动是无酬金的。

第三,他们的身份又分为"徒"和"隶"两种。"徒"不是因为罪犯而被安排于手工业劳作处的,可能是处于矿山处的民。"隶"是因犯罪而被判为手工业作坊的工人,但地位应比徒低。因之,第五条中所谓亲属愿出钱赎买的应指的是"徒"而非"隶"。

第四,他们毁损了官府的劳作器皿仍要负赔偿之责,因此,他们又不同于奴婢,地位较之高。

第五,他们在遇溺水时,官府还要奖赏拯救他们之人,所以他们的

---

① 《张家山汉墓竹简》,"金布律"四三五简,文物出版社2006年版,第68页。
② 《张家山汉墓竹简》,"金布律"四三八简之第一句,文物出版社2006年版,第67页。

地位是低于庶民而高于奴隶的。

根据上述法律规定,我们知道工徒们包括铁工徒们是个特殊群体,因为集中劳动而又无薪酬待遇,并且人身自由受限,所以,汉代曾多次爆发过铁工徒起义。史载比较集中的工徒起义是自成帝以后的时期。

> (阳朔三年)六月,颍川铁官徒申屠圣等百八十人杀长吏,盗库兵,自称将军,经历九郡。遣丞相长史、御史中丞逐捕,以军兴从事,皆伏辜。①

> (永始三年)十二月,山阳铁官徒苏令等二百二十八人攻杀长吏,盗库兵,自称将军。经郡国十九,杀东郡太守、汝南都尉。遣丞相长史、御史中丞持节督趣逐捕,汝南太守严诉斩令等。②

仅以这两次明显的铁官徒起义看:第一,他们人数集中,每次均为一二百人以上;第二,他们每次均从"杀长吏"开始,这说明国家对铁官徒们待遇不好,尤其直接主管他们的长官们对之苛刻;第三,他们每次都"盗库兵",因为铁匠们是以生产冷兵器为主的,所以他们不是揭竿而起的农民,而是直接抢夺武器的起义者;第四,他们起义的势力大,影响广,对汉代政权威慑力非常大,每次均历经九郡或十九郡国,这是直接的造反,所以以"军兴从事";第五,两次起义中间才相隔七八年,第一次为公元前22年,第二次为公元前14年,这深深地动摇了西汉的统治。

---

① 《汉书·成帝纪》,中华书局1999年版,第219页。
② 《汉书·成帝纪》,中华书局1999年版,第226页。

第三节　汉代的贸易立法

一、汉代的国内市场贸易立法

（一）金布律关于市场贸易立法的规定

　　官为作务、市及受租质钱，皆为缿，封以令、丞印而入，与参辨券之，辄入钱缿中，上中辨其廷。质者勿与券。租、质、户赋、园池入钱县道官，勿敢擅用，三月壹上见金、钱数二千石官，二千石官上丞相、御史。①

译文：

官方经营手工业的，在市场上进行买卖、或收取租金、抵押费，都要将钱收入藏钱的器皿钱缿②中，在钱缿上以县令、县丞的封印封口。买卖中签订契约要以三辨契约签订，契约买方、卖方各执一辨，中辨要放入钱缿中上交县廷。如是以抵押当钱的，不给券书。所收的市场租赁费、抵押钱、产赋、园池费都上交给主管的县、道官，该县、道官也不能将此作为地方私用。每三个月，将以上收费上交郡长，郡长再将之上交丞相、御史。

（二）□市律关于市场贸易立法的规定

　　贩卖缯布，幅不盈二尺二寸者，没入之。能捕告者，以畀之。绨绪、缟繙、绲绿、朱缕、纍（䌷）、缟布、彀（縠）、荃葰，不用此律。

　　市贩匿不自占租，坐所匿租臧（赃）为盗，没入其所贩卖及贾钱

---

① 《张家山汉墓竹简》，"金布律"，文物出版社 2006 年版，第 67 页。
② 钱缿：藏钱的器皿，只可将钱放入，不能拿出，最后若要取钱，必将钱缿打碎。放入钱缿，是为了防止市场上收钱者私拿钱。"缿"，《说文》："受钱器也……古以瓦，今以竹。"《汉书·赵广汉传》注："缿，若今盛钱臧（藏）瓶，为小孔，可入而不可出。"

县官,夺之列。列长、伍人弗告,罚金各一斤。啬夫、吏主者弗得,罚金各二两。诸諀(诈)给人以取,及有贩卖贸买而諀(诈)给人,皆坐臧(赃)与盗同法,罪耐以下有(又)罨(迁)之。有能捕若诇吏,吏捕得一人,为除戍二岁;欲除他人者,许之。①

译文:

在市场上买卖帛的,其帛幅规格不足50.6厘米的,为不合法产品,没收入官。有能捕得或告发此贩卖伪劣产品的,将此没入官的伪劣品奖励给告发人或捉捕人。精细的葛布、白色的帛、带里边的色帛、红色的帛、粗麻布、绢布、绉纱、细葛布不适用此条法律。

市贩商人不自我申报自己的财产,以其所隐瞒的资产为盗贼论,没收其所贩卖物和所收价金,送入县府,取消其在市场的市列。而其列长、同伍人未告发其隐匿资产的,各处罚黄金一斤。地方的啬夫、主管官员,未收其贿赂者,各处罚金二两。在市场上搞诈欺行为而获利者及买卖中有诈欺行为者,都以所诈欺获得按盗罪论处,其罪在耐刑以下的都流放于边远地区。有能捕得或告发给吏此诈欺行为,而吏能因此捕得一个诈欺者,即可免除此告发人二年戍边的徭役;如告发人想免除其他人徭役者,也允许。

(三)钱律中关于市场上使用货币的规定

钱径十分寸八以上,虽缺铄,文章颇可智(知),而非殊折及铅钱也,皆为行钱。金不青赤者,为行金。敢择不取行钱、金者,罚金四两。②

译文:

铜钱的直径为十分之八寸以上,即使钱有磨损,但钱上的文字仍清

---

① 《张家山汉墓竹简》,"□市律",文物出版社2006年版,第44—45页。
② 《张家山汉墓竹简》,"钱律"第一九七、一九八简,文物出版社2006年版,第35页。

楚可认知,不是断碎和内含铅的钱,都是可流通使用的钱。铜即使不够纯正而泛红色者,仍是可流通之金(汉时称铜为金)。如有交易中不使用或不收此类铜钱及金者,处罚金四两。

(四)金布律关于手工业税的规定

  诸私为卤(卤)盐,煮济、汉,及有私盐井煮者,税之,县官取一,主取五。采银租之,县官给橐(橐),十三斗为一石,□石县官税□□三斤。其□也,牢橐,石三钱。租其出金,税二钱。租卖穴者,十钱税一。采铁者五税一;其鼓销以为成器,有(又)五税一。采铅者十税一。采金者租之,人日十五分铢二。民私采丹者租之,男子月六斤九两,女子四斤六两。[①]

译文:

私人造盐的,县官收一份税,造盐者得五份。采银的,县政府给其冶炉排橐,矿石十三斗为一石,一石矿石县官收税三斤,租用牢橐,一石三钱租金。产出银,收税二钱。租赁银矿洞的,十钱税一。采铁的,收五分之一的税;而其已制成铁器的,又收五分之一的税。采铅的收十分之一的税。采金的,每人每日收十五点二铢税。私采朱砂的,男子月收税金六斤九两,女子月收税金四斤六两。

(五)总结汉代的市场贸易立法内容

第一,官方关于市场经营有严格的场地、处所、收费规定,所有营业费最终要上交到县、郡、中央。

第二,有严格的产品质量法,规定了常用帛的产品质量,不合格产品国家予以没收,奖励揭发不合格产品,可将不合格产品作为奖励金归检举人,因而对不合格产品打击力度很大。

第三,禁止商人不实申报资产,因为商人要按资产向国家交资产

[①] 《张家山汉墓竹简》,"金布律",文物出版社2006年版,第68页。

税。凡不实申报者按盗罪论处,并且取消其商人市籍,与之相关联的列长、伍人、啬夫、吏主者都要承担连带担保责任。

第四,禁止在市场上搞诈欺行为,诈欺者以盗罪论处,处刑很重,就是处以耐刑即剃去胡须的耻辱刑的,仍要流放到外地。同时奖励告发诈欺行为。

第五,市场上货币的流通有专门法律规定。

第六,规定了各种矿业税以及矿产品税。

二、汉代的对外贸易法

(一)汉代的津关令及对外贸易的限制

汉代尤其是在武帝时设西域四郡:武威、张掖、酒泉、敦煌。开发西域,在南北攘却南粤、匈奴的战争中又设置交趾、朔方等郡,其疆域大大扩张了,与中国境外国家来往也频繁多了,但是,在对外贸易方面,却是采取限制性的贸易法令。大多数时间限制性法令是通过津关令来反映的。即在与外国接壤的边境地区,严防私自出入关津,而在津关令中又特别禁止黄金、铜、金器、马匹输出到域外。

现有吕后二年律令中的津关令可以明确地告知我们,汉代对外贸易的限制:

> 御史言,越塞阑关,论未有□,请阑出入塞之津关,黥为城旦春;越塞,斩左止(趾)为城旦;吏卒主者弗得,赎耐;令丞、令史罚金四两。智(知)其请(情)而出入之,及假予人符传,令以阑出入者,与同罪。非其所□为□而擅为传出入津关,以□传令阑令论,及所为传者。县邑传塞及备塞都尉、关吏、官属、军吏卒乘塞者□其□□□□□日□□牧□□塞邮、门亭行书者得以符出入。·制曰:可。①

---

① 《张家山汉墓竹简》,"津关令"四九一,文物出版社 2006 年版,第 83 页。

译文：

制诏丞相御史上奏：凡越边塞而无过关符传而私入者，即使未得过关塞，按阑出入津关令，处以黥刑并处城旦舂五年徒刑；凡已越塞而被捕获者，处以斩左趾刑并为城旦舂五年徒刑；主管边塞津关的吏卒未捕得越塞者，处以可赎的耐刑；主管的令丞、令史各处以罚金四两。知道这些过关无符传的行为而让他们出入津关，以及供给无符传者符传令他们得以阑出入津关的，与他们同罪。不是自己私放无符传者出入津关，按合法论。县邑传塞及各地主管边塞津关工作的各级人员、邮递人员等，均可以凭借符传出入津关。皇帝说：可行。

根据这条津关令，我们可知，汉代对通过边境的津关防守非常严格。凡过津关边塞的必须要持有长六寸的称为符的竹简，即过关凭证。这种符是一式两份，过关者所持的符要与守关者所持的另一半相符并可合为一才能过关，或执有过关文书称为传的，其上面书写过关人数、年龄、所带货物。这种传也是至关津口都要再留写一份，等入关时还要再勘验合符才能过关。凡是无符传而私过关津的称为阑出入塞及津关罪。即使阑出入未成者也要处以黥刑附加五年的守城劳役刑。如已混过海关的则处刑更重，为斩左趾的终生残废刑外再加五年的守城劳役刑。各级主管官员失职均要处以连带刑。各级工作人员因公务要出入津关也均要有符传。

制诏御史，其令扞（扜）关、郧关、武关、函谷关、临晋关，及诸其塞之河津，禁毋出黄金，诸奠黄金器及铜，有犯令。①

译文：

制诏御史丞相下令扞关（今四川奉节东）、郧关（今湖北郧县东北）、武关（今陕西商州东）、函谷关（今河南灵宝西南）、临晋关（今陕西大荔

---

① 《张家山汉墓竹简》，"津关令"四九二，文物出版社2006年版，第83页。

东朝邑镇东北）以及各边塞河津，不让黄金及镶嵌黄金的器物、铜出塞，有违犯禁令者……。

□、制诏御史，其令诸关，禁毋出私金器□。其以金器入者，关谨籍书，出复以阅，出之。籍器，饰及所服者不用此令。①

译文：

制诏御史，下令各关津，禁止不得让私自的金器出关。若有人携带金器入关，就要认真地登记在传上，当该人再出关时，查阅入关登记，符合，则令出关。所登记的其他器物、装饰品、服装都不用此法令。

总结这两条津关令，很明显，汉代禁止黄金及其他镶嵌金器皿出入海关，尤其禁止出关。

□、御史请诸出入津关者，诣入传□□吏，里年长物色疵瑕见外者及马职（识）物关舍人占者，津关谨阅，出入之。县官马勿职（识）物，与出同罪。·制曰：可。四九九

□、制诏相国、御史，诸不幸死，家在关外者，关发索之，不宜，其令勿索（索），具为令。相国、御史请关外人宦为吏若繇（徭）使，有事关中，囙围囗，县道若属所官谨视收敛，毋禁物，以令若丞印封椟槽，以印章告关，关完封出，勿索（索）。椟槽中有禁物，视收敛及封。五〇一

□、相国上中大夫书，请中大夫谒者、郎中、执盾、执戟家在关外者，买私马关中。有县官致上中大夫、郎中，中大夫、郎中为书告津关，来，复传，津关谨阅出入。马当复入不入，以令论。·相国御史以闻，·制曰：可。五〇五

丿议、禁民毋得私买马以出扜（扞）关、郧关、函谷关、武关及诸河塞津关。其买骑、轻车马、吏乘、置传马者，县各以所买名匹数

---

① 《张家山汉墓竹简》，"津关令"四九二第四九三简，文物出版社2006年版，第84页。

告买所内史、郡守,内史、郡守各以马所补名为久久马,为致告津关,津关谨以藉(籍)、久案阅,出。诸乘私马入而复出,若出而当复入者,出,它如律令。御史以闻,请许,及诸乘私马出,马当复入而死亡,自言在县官,县官诊及狱讯审死亡,皆津关,制曰:可。五〇八。

上述这四条律令,除五〇一简内容与前引四九二、四九三简内容有关联外,其余三简可列为一类。前述四九二、四九三简是有关禁止黄金、铜器出塞的禁令,而五〇一简内容则是前二简内容的延伸。此简内容主要规定家在关外,而人因工作关系(包括任官、任吏、服徭役等),不幸死在关内,则不得葬于关内,其遗体应殓尸于棺柩中,入殓时,由县级及其上所主管官员认真监视,棺柩中无禁止流通出关物,则由县令、县丞等以官印封棺柩,并告知关所,出关时,不再打开检验。若在棺柩中放置有禁止流通出关物……该简因残缺,以下内容不可知。但此简至少证明,出关塞时不仅有严格的符传程序,而且凡禁止流通到关塞外之物,甚至在死者的棺柩中都不得放置。

下余三简,即四九九、五〇五、五〇八简都是严格禁马匹出津关的禁令,关内的马匹无论因公、因私如必须出入津关的,必须在马身上有显明的标记,并且登录马主人,出关时以书面文书登记,过津关时加以检验。即使是县级官衙的官马,身上无标记的,一律按违禁私出马匹论罪。官员,特别是武官在关外工作需要马匹的,可在关内购马,但是马过津关时必备文书以查。马出关后,应当再入关否则全按汉令办事。一般民众在出扞关、郧关、函谷关、武关等河塞津关时都禁止私购马匹。县级官府需要买马骑、轻车马,或官吏骑乘,或购置驿站用马,其购买量,都要上报所直属的内史、郡守等,并由主管单位在马身上烙下火印为印记,并写成登记文书,过津关时要登记。凡出关又需再入关的,都要按法令办。如乘私马出关,马还应当再入关,而马在关外已死亡的,向县官自诉,由县官审验其确死亡的,再向津关以文书告知。这三条简文无疑是在强调和严格执行汉令,禁止关内马匹出关。

相国议,关外郡买计献马者,守各以匹数告买所内史、郡守,内史、郡守谨籍马职(识)物、齿、高,移其守,及为致告津关,津关案阅,津关谨以传案出入之。诈伪出马,马当复入不复入,皆以马买(价)讹过平价论,及赏捕告者。津关吏卒、吏卒乘塞智(知),弗告劾,与同罪;弗智(知),皆赎耐。•御史以闻,制曰:可。五一一

相国、御史请郎骑家在关外,骑马节(即)死,得买马关中人一匹以补。郎中为致告买所县道,县道官听,为质(致)告居县,受数而籍书马职(知)物、齿、高,上郎中。节(即)归休、繇(徭)使,郎中为传出津关,马死,死所县道官诊上。其訾(诈)贸易马及伪诊,皆以訾(诈)伪出马令论。其不得□及马老病不可用,自言郎中,郎中案视,为致告关中县道官,卖更买。制曰:可。五一五

相国上长沙丞相书言,长沙地卑湿,不宜马,置缺不备一驷;未有传马,请得买马十,给置传,以为恒。•相国、御史以闻,请许给买马。制曰:可。五一七

丞相上长信詹事书,请汤沐邑在诸侯,属长信詹事者,得买骑、轻车、吏乘、置传马关中,比关外县。•丞相、御史以闻,制曰:可。五一九

丞相上鲁御史书言,鲁侯居长安,请得买马关中。•丞相、御史以闻,制曰:可。五二○

丞相上鲁御史书,请鲁中大夫谒者得私买马关中,鲁御史为书告津关,它如令。•丞相、御史以闻,制曰:可。五二一

丞相上鲁御史书,请鲁郎中自给马骑,得买马关中,鲁御史为传,它如令。•丞相、御史以闻,制曰:可。五二二

以上七条简文都是涉及因公需要在关内购买马匹的法律文书。其

内容,这几条涉及关外各郡要购买给国家进贡的马匹,先由关外郡守将需购马匹的数额告知购买地的内史、郡守,内地的内史、郡守们要严格登记所购买马的标记、年龄、身高,并将此移交给关外郡守,并告知津关,津关地备案验证后,以书面文书备存,之后才允许所购的马匹出入津关,如其中有诈欺行为的,一律依法从处。津关地方吏卒知情不告发的也要依法处以赎耐刑。丞相、御史本人家的下属武官郎骑,如家居关外,骑马死可以从关内买马一匹以补充死马。但要上书郎中令,由郎中令通知所需买马地的县、道官员,并依法将马的标记、年龄、身高都登录入文书,上告郎中令;郎骑要归家、公休、承担徭役公出,由郎中令为之写出传书,使出津关。马匹如死亡于出差地,由当地县官确认并写出证明书。其中如有诈欺行为,一律按诈伪出马令论刑。所购买的马匹如老病不可用的,仍要自诉于郎中令,由郎中令确认后,再以公文致告关中县官,卖掉不可用之马,而重新购买可用马。另外有长沙国请求购马十匹公用的司法文书。有诸侯国汤沐邑要购买骑、轻车马、吏乘、传马的司法文书,以及鲁国鲁侯要购买马匹的文书,鲁国中大夫谒者、鲁国郎中要购买马匹的司法文书,这些都直接要上报给丞相御史大夫,并最后经皇帝批准。这一系列司法文书归入津关令,说明汉代对于通过津关要从内地购买马匹是有严格限制的。

综上所述,从汉初的津关令中我们可以得出的汉初对外贸易法有如下几特点。

其一,汉初严格控制津关。这些津关不仅包括汉代通往国外的津关,也包括各诸侯国之间、各内地郡国与关外郡国之间的通道。凡过津关必须要严格按照符传制度行使。过津关时由津关守防者再验证与登录一份留备案。当持传者再返回津关时仍要再次验查。伪造符传过津关者要以法重处,无符传越境者要被追捕处重刑。

其二,在过越津关中严禁从内地带出关外之物有两种:一是黄金,包括金制品、铜器,二是马匹。黄金是货币,铜是制币的重要原料,防止黄金、铜的外流是一个独立主权国家必须要做的,它保证国家的金融稳定。时隔两千多年以后的今天,世界上任何一个主权国家,在海关检查中,防止黄金和本国货币的大量外流以及防止他国货币流入,都是重要的检查内容。这说明在汉代,中国作为一个主权独立的国家,已经在津关令中以禁止的方式明令禁止黄金、铜的外流。而且为了防止金、铜外流,法律甚至规定,即使本人是关外人士,因工作等关系死于关内,棺枢出津时要严格检查防止其棺枢内装有违禁的贵重物品带出。

而禁止马匹出关,是另一项重要限制。马匹不仅是农耕劳动中重要的劳动生产资料,更是战争中重要的物质资源。在汉代很长的时间内,中国要处于与周边国家的战备对峙中,如,北方的匈奴、东北的朝鲜、南方的南越。所以作为战略物资的马匹更是十分稀缺的贵重物。众所周知,汉初,刘邦初即位时,连天子要找四匹同样纯色的马用来拉天子的专车都找不到,丞相上朝都要乘坐牛车,可想马匹的金贵与稀缺。因之,在吕后二年的津关令中,我们可以看到禁止关内马匹出关的详细禁令,连武官所需的马骑、高官们乘坐的轻车马、各地驿站的传驿用马,甚至诸侯国的侯们以及其各等有权利乘坐马的官员需要从关内购买马匹都有严格的法律限制,甚至要上报至丞相、御史大夫,最后由皇帝亲自批准。甚至马的死亡申报、更换都有十分严格的法律程序的规定。

其三,对津关过境的法律限制,在西汉时,只有短暂时间的放松,史载汉文帝十二年(公元前 168 年)三月曾下令"除关无用传"。① 除掉津关禁令,但到汉景帝四年春(公元前 153 年)就又"复置诸关用传出入"②了,其间废止关禁也仅仅只有十五年时间,其后的关禁从未废止

---

① 《汉书·文帝纪》,中华书局 1999 年版,第 90 页。
② 《汉书·景帝纪》,中华书局 1999 年版,第 103 页。

过,只是在某些特定的荒年,在一定条件下部分地、暂时地停止过关禁。例如汉宣帝四年(公元前70年),因灾荒,曾下令"民以车船载谷入关者毋用传"。①

其四,对禁止黄金、铜的外流禁令从未停止过,而对禁止马匹出关的禁令也从未停止过。相反,汉武帝时期因对外征战的需要,马匹不足,还曾下令,让各地专设养母马的亭,以保证马的繁衍,直到昭帝始元五年(公元前82年)才下令"罢天下亭母马及马弩关"。②

(二)汉代与西域的官贸易及在中外交流中的作用

那么,在这样严格的禁令下,汉代有无对外贸易活动?从汉简中看,武帝以后由于设立西域四郡,西域诸国的使者也不断来拜谒汉室皇帝,维持与汉朝的宗主国间的辖属关系。当西域各国的使节团来时,会带一些土特产作为拜谒的贡品,而汉朝政府在收到这些贡品时也常常以相当丰厚甚至超过原物价值的赠品回赐。如果将此类来往视为贸易关系,我认为它的政治意义大于经济意义。而这种贸易也是一种官方贸易。但就是这样的非经济目的的贸易,逐渐地促进了汉朝与中亚乃至欧洲的经济文化的交流,在数百年间便持续地发展下去,其主要的发展时代则是在东汉时期,这便形成著名的"丝绸之路"。我们可以史实来证明之。

1990—1992年,甘肃省文物考古研究所对敦煌悬泉遗址进行了考古发掘。悬泉遗址是西汉汉武帝元鼎时代设置的一个重要驿站,它的主要任务是接通汉王朝与西域诸国来往的一个交通驿站。这里发掘出两万枚汉简,已释文的经整理出的有一万七千八百余枚,是二十世纪九十年代全国十大考古发现之一。其驿站历经西汉晚期、王莽时期、东汉早期,至东汉晚期一度被废弃,魏晋时期又在原址上再作修建,设立邮

---

① 《汉书·宣帝纪》,中华书局1999年版,第172页。
② 《汉书·昭帝纪》,中华书局1999年版,第156页。

驿机构。它曾在中国对西域的驿站史上前后延续了近四百年之久。这里的一些出土汉简说明了这样的贸易关系。

《康居王使者册》：

> 康居王使者杨伯刀、副扁阗，苏䪍王使者，姑墨副沙囷，即贵人为匿等皆叩首自言，前数为王奉献橐佗入敦煌关县次赎食至酒泉昆归官，太守与杨伯刀等杂平直（值）肥瘦。今杨伯刀等复为王奉献橐佗入关，行直以次食至酒泉，酒泉太守独与吏直（值）畜，杨伯刀等不得见所献橐佗。姑墨为王献白牡橐佗一匹、牝二匹，以为黄，及杨伯刀等献橐佗皆肥，以为瘦，不如实，冤。永光五年六月癸酉朔癸酉，使主客部大夫谓侍郎，当移敦煌太守，书到验问言状。事当奏闻，毋留，如律令。七月庚申，敦煌太守弘、长史章、守部侯修仁行丞事，谓县，写移书到，具移康居苏䪍王使者杨伯刀等献橐佗食用谷数，会月廿五日，如律令。／掾登、属建、书佐政光。七月壬戌，效谷守长合宗、守丞、敦煌左尉忠谓置，写移书到，具写传马止不食谷。诏书报会月廿三日，如律令。／掾宗、啬夫辅。(883简)(110216②:877—883)[①]

这是汉代西域一个臣属于汉的国家叫康居国（地在今巴尔喀什湖和咸海之间）的，于汉元帝永光五年（公元前39年）派臣下奉献骆驼入敦煌关，与汉朝酒泉太守因对骆驼价值发生争议而引起的一桩民事诉讼案。此案涉及两国关系，案件直接引起皇帝关注，因而以诏书命令上报的一份原始诉状。

译文如下：

《康居王使者册》：

康居王的使者杨伯刀、副使者扁阗，二人是康居五小王中的苏䪍王

[①] 胡平生、张德芳编撰：《敦煌悬泉汉简释粹》，上海古籍出版社2001年版，第118—120页。

的使者,还有姑墨①国王的副使沙囷和姑墨国的贵人为匿等人都向汉皇帝叩首,并自诉:以前曾数次为康居王和姑墨王向汉朝皇帝贡献骆驼,从敦煌关进入后各地均供给我们食宿,直到酒泉郡将骆驼交归(汉室)官府,每次都是由酒泉郡太守和杨伯刀等人共同评估骆驼的价值和肥瘦。这次杨伯刀等人又为我们国王(向汉室)贡献骆驼,入关后这里供给饮食到酒泉郡。然而酒泉太守单独与其属下评估牲畜价值。杨伯刀等人不能见到所贡献的骆驼。姑墨国王贡献的是价值昂贵的一匹白色公骆驼和两匹白色母骆驼,酒泉太守却将三匹价格昂贵的白骆驼故意说成是价格低廉的黄骆驼,又将杨伯刀等所贡献的肥骆驼,故意说成是瘦骆驼,这种评估不如实,是冤枉的。汉元帝永光五年六月初一日癸酉时,主管外交事务的大鸿胪寺(相当今之外交部)派其官员主客部大夫②对侍郎说,此案应移交敦煌太守,文书到后敦煌太守应当派官员按验、追查,说明情况。此事应当上报奏闻皇帝,不能滞留,一切按法律办事。七月十八日,敦煌太守弘、长史章、守部侯修仁执行郡丞事务的,对效谷县(悬泉驿所属县)说,让效谷县写出移交文书,详细说明康居国苏䪍王使者杨伯刀等人献骆驼及食用谷数,上报指定日期为二十五日,一切按律令办。／属官登、属员建、书记员政光(签名)。七月二十日,效谷县守长合宗,守丞、敦煌郡左尉忠对悬泉置说,所写的移交文书已到,全都写驿站马到未食谷,诏书指定上报日期为二十三日,一切按法律办。／属官宗、啬夫辅(签字)。

此段原始资料,记载西域康居国、姑墨国与汉的交往。据《汉书·西域传上》记载:"西域以孝武时始通,本三十六国,其后稍分至五十

---

① 姑墨:古西域国名,地址在今新疆温宿、阿克苏一带。汉代属西域都护府和西域长史管辖。

② 使主客:专门主管外事部接待外宾的官员。《汉书·金日䃅传附金安上》:"拜为使主客",颜注引服虔曰:"官名,属鸿胪,主胡客也"。

馀,……自玉门、阳关出西域有两道。"①这里说的西域三十六国,后来分为五十余国,据司马彪《续汉书》说到哀帝、平帝时有五十五国,这是指西域都护府管辖下的国家,距离更远的,在都护府管辖权限之外的还有许多国家,他们也会时断时续与汉有使者来往关系。例如上述简文中所提到的康居国开始并不属西域都护府管辖之下。因为地处匈奴与汉王朝之间,受匈奴王郅支单于之控制,直到汉元帝建昭三年汉西域都护甘延寿等发西域诸国兵至康居,杀了郅支单于,此后才算臣属汉朝。从康居王的目的说是为了贸易,但实际对西域都护府说,是苦差事,迎来送往,中国方面除了在政治上求得"附远厚别"名声外,经济上并不得益。《汉书》中有记载:

> 康居国,……去长安万二千三百里。不属都护。……其后都护甘延寿、副校尉陈汤发戊己校尉西域诸国兵至康居,诛灭郅支单于,……是岁,元帝建昭三年也。

> 至成帝时,康居遣子侍汉,贡献,然自以绝远,独骄嫚,不肯与诸国相望。都护郭舜数上言:"……其欲贾市为好……敦煌、酒泉小郡及南道八国,给使者往来人马驴橐驼食,皆苦之。空罢耗所过,送迎骄黠绝远之国,非至计也。"汉为其新通,重致友人,终羁縻而未绝。②

这段记载正好为上引汉简作了补充说明。上引汉简记载的是汉元帝永光五年的事,这时,是汉军灭郅支单于前三年,康居国还未向汉表示完全臣属,只是为了"欲贾市为好",向汉有时贡献一些土特产礼品。此次康居使状告酒泉郡太守,是说酒泉郡太守对他们所贡献的骆驼的质量、肥瘦估价不如实。实际情况怎样,我们今天不得知,但从康居使

---

① 《汉书·西域传》(上),中华书局1999年版,第2855页。
② 《汉书·西域传》(上),中华书局1999年版,第2868—2869页。

者自己的自诉书状中也提到他们使者从敦煌效谷县悬泉置入关到酒泉郡其人畜的接待全是汉朝政府供应。当皇帝接到此诉状后,将案件交由敦煌郡调查,其中专门提到要调查入关后中国方面供应人畜食用的谷物数。可知,这种官方边贸关系确实给汉朝西域诸郡带来极大负担。唯一的作用就是汉朝政府的影响、声名传播到更远的域外。

然而,就在这种汉朝与西域的交往中,西域各国的商人为了商贸利润,常自称代表所在国君主与汉朝通商,也使中国了解了中亚、波斯直至西方的罗马。所以《汉书》也有记载:

> 自武帝始通罽宾……奉献者皆行贾贱人,欲通货市买,以献为名……今遣使者承至尊之命,送蛮夷之贾,劳吏士之众,涉危难之路,罢弊所恃以事无用……罽宾富利赏赐贾市,其数数年而壹至云。
>
> ……
>
> 安息国……去长安万一千六百里。不属都护。……商贾车船行旁国。……
>
> 大宛国……去长安万二千(二)[五]百五十里。……大宛左右以蒲陶为酒……俗嗜酒,马嗜目宿。……天子遣贰师将军李广利将兵前后十余万人伐宛,连四年。宛人斩其王毋寡首,献马三千匹,汉军乃还……汉使采蒲陶,目宿种归。天子以天马多,又外国使来众,益种蒲陶,目宿离宫馆旁,极望焉。
>
> 自宛以西至安息国……其人皆深目,多须髯。善贾市,争分铢。……其地(皆)[无]丝漆,不知铸铁器。及汉使亡卒降,教铸作它兵器。得汉黄白金,辄以为器,不用为币。[①]

---

① 《汉书·西域传》(上),中华书局1999年版,第2863—2871页。

孝武之世,图制匈奴……乃表河(曲)[西],列(西)[四]郡,开玉门,通西域……

遭值文、景玄默,养民五世,天下敦富,财力有馀,士马强盛。故能睹犀布,玳瑁则建珠崖七(部)[郡],感枸酱、竹杖则开牂柯、越巂,闻天马、蒲陶则通大宛、安息。自是之后,明珠、文甲、通犀翠羽之珍盈于后宫,蒲梢、龙文、鱼目、汗血之马充于黄门,钜象、师子、猛犬、大雀之群食于外囿。殊方异物,四面而至。于是广开上林,穿昆明池……设酒池肉林以飨四夷之客……及赂遗赠送,万里相奉,师旅之费,不可胜计。①

对汉武帝之通西域,自古以来,史家多有评价。但无可否认的是,通西域从此打开了中外、东西方间的贸易与物质文化的交流。在当时,它虽不是汉朝政府的初衷,其在经济收益上也不能显现立即的效益,但却从此开始了东西方间两千多年延续至今的长远意义上的贸易、文明的交流。

在敦煌效谷悬泉置的简文中,此类对各国使节迎来送往甚至护送汉朝公主出国和亲的大量记载正佐证了史籍的记载。

上书二封。其一封长罗侯,一乌孙公主。甘露二年二月辛未日夕受平望译(驿)骑当富,悬泉骑朱定付、万年驿骑。(Ⅱ0113③:65)一九三

甘露三年十月辛亥,丞相属王彭,护乌孙公主及将军、贵人、从者,道上传车马为驾二封轺传,□请部。御史大夫万年下谓(渭)成(城),以次为驾,当舍传舍,如律令。(Ⅴ1412③:100)一九五

甘露二年四月庚申朔丁丑,乐官(馆)令充敢言之:诏书以骑马助传马,送破羌将军、穿渠校尉、使者冯夫人。军吏远者至敦煌郡,

---

① 《汉书·西域传》(下),中华书局1999年版,第2892—2893页。

军吏晨夜行,吏御逐马前后不相及,马罢亟,或道弃,逐索未得,谨遣骑士张世等以物色逐各如牒,唯府告部、县、官、旁郡,有得此马者以与世等。敢言之。(V1311④:82)一九九

甘露二年二月庚申朔丙戌,鱼离置啬夫禹移悬泉置,遣佐光持传马十匹,为冯夫人柱,廪穤麦小卅二石七斗,又茭廿五石二钧。今写券墨移书到,受薄(簿)入,三月报,毋令缪(谬),如律令。(Ⅱ0115③96)二〇〇

使乌孙长罗侯惠遣斥侯恭,上书诣行在所。以令为驾一乘传。甘露二年二月甲戌,敦煌骑司马充行大守事,库令贺兼行丞事,谓敦煌以次为,当舍传舍,如律令。(V1311③:315)二〇一①

这是一组记载悬泉置接待汉使长罗侯常惠及乌孙公主及其使者冯夫人的简文。汉朝与乌孙国联姻,派解忧公主与之通婚,简文称乌孙公主。并派长罗侯常惠维护西域各国治安。甘露元年(前53年)乌孙内乱,汉使长罗侯调解其内乱。起初汉朝公主江都王女细君嫁乌孙国王,但语言不通,曾自作悲歌:"吾家嫁我兮天一方,远托异国兮乌孙王。穹庐为室兮旃为墙,以肉为食兮酪为浆。居常土思兮心内伤,愿为黄鹄兮归故乡。"细君公主曾先嫁昆莫王,后嫁其孙。细君公主死,汉又嫁解忧公主。生子元贵靡,乌孙后王又娶解忧公主,生子鸱靡。公主在乌孙五十多年,其所生二子皆病死,上书汉皇帝,言年老思故土,愿葬汉地。甘露三年(前51年)返回长安。年纪将近七十。后二年卒,从乌孙国带回三个孙子,留守坟墓②。这一批简文正是记载解忧公主归国之前的情形与归国时的迎接。

当然,汉的西域四郡也常迎来送往各国使臣。例如悬泉置简文中

---

① 胡平生、张德芳编撰:《敦煌悬泉汉简释粹》,上海古籍出版社2001年版,第137—142页。

② 《汉书·西域传》(下),中华书局1999年版,第2875—2880页。

就有：

> 客大月氏、大宛、疎（疏）勒、于阗、莎车、渠勒、精绝、扜弥王使者十八人、贵人□人……(10309③:97)一八九

这条简文一次就记载迎送八国使者十八人、贵人若干。所以汉代的对外贸易，应以国际交流为主。

东汉时，中国在西域的影响更远，先是和帝永元九年（公元97年）都护班超已派甘英抵条支因海水广大而未渡海，未能到罗马，但汉使已了解西边有罗马国《后汉书》称为大秦国，或犁鞬，罗马也了解有汉，也想与汉朝交通，"其王常欲通使于汉，而安息欲以汉缯彩与之交市，故遮阂不得自达。至桓帝延喜九年，大秦王安敦遣使自日南徼外献象牙、犀角、玳瑁，始乃一通焉"。① 也就是说自公元166年后，罗马国的使者主动与汉朝开始了商贸往来，这是罗马帝国安东尼王朝的时代，这时罗马国的目的真正在于丝绸贸易了。而走的商道已经是海上商道，罗马国的使者从日南而来即经印度洋到今越南地方，当时属汉朝的日南郡。因为罗马人与安息（今伊朗）、天竺（印度）"交市于海中，利有十倍"。所以一定要打通直通中国的丝绸之路。

第四节 汉代的税收立法
——西汉经济发展的法制之本

公元前206年，刘邦即位为汉皇帝，西汉王朝建立。至公元8年，西汉帝位为王莽所篡，西汉王朝结束，此二百余年是中国封建制帝国第一个经济发展的高峰期。其各种法律制度对巩固西汉政权及此后中国法律的建设均有不可忽视的影响。其中，税收制度的发展，尤其是其进

---

① 《后汉书·西域传》，中华书局1999年版，第1974页。

退有序的税收政策,即使两千年后的今天,也有值得总结之处。

一、汉初国家税收法律制度的确立

西汉王朝是在秦末农民大起义的浪潮中建立起来的。经过秦王朝十五年苛政,加之五年农民战争,公元前 206 年西汉王朝建立之时,国家经济已濒临崩溃的绝境。史载:"汉兴,接秦之坏,丈夫从军旅,老弱转粮饷,作业剧而财匮,自天子不能具钧驷,而将相或乘牛车,齐民无藏盖。"[①]或曰:"汉兴,接秦之敝,诸侯并起,民失作业,而大饥馑。凡米石五千,人相食,死者过半。"[②]也就是说,国家贫困到连天子都不能得到用四匹纯色的马拉的驷马车驾;一人之下万人之上的丞相上朝竟致乘不起马拉的车,而只能乘牛拉的车;万民百姓则贫困到家无物可收藏的地步。更有甚者,因为连年战争,人民无法耕作,天下大饥馑,以致人吃人,人口丧失一半以上,饥荒之年的粮价达到天文数字,或则一石米价五千钱,或则因富商囤积而致石米万钱。[③]

当国民经济面临绝境,举国百废待兴之际,西汉统治者的重大措施便是建立一套有序的法制体系,使国家、民众依据法律制度,走上有计划的良性循环的国民经济的轨道。这些措施中至关重要的是建立一套完整的税收制度,既保证国家府库的储蓄,防止经济崩溃;又能很好地调动社会各阶层的生产积极性,使民众安于生产,社会经济逐步恢复。

西汉的税收主要规定为三个方面,即田租、钱赋、矿业手工业与商业税。如《汉书》所载:"天下既定……上于是约法省禁,轻田租,什伍而税一,量吏禄,度官用,以赋于民。而山川园池市肆租税之入,自天子以

[①] 《史记·平准书》,中华书局简体本二十四史 1959 年版,第 1203 页。
[②] 《汉书·食货志》,中华书局简体本二十四史 1999 年版,第 950 页。
[③] 《史记·平准书》载:"米至石万钱。"《史记·平准书》,中华书局简体本二十四史 1959 年版,第 1203 页。

至封君汤沐邑,皆各为私奉养,不领于天子之经费。"①这三种主要税收制度是自汉高祖时即已规定的,我们逐一而论之。

(一)田税

田租,又可称土地税。土地税即指可耕田之税。汉承中国历史传统,论亩收税,并且征收实物税,故又称田租。征收的数量是田产的十五分之一,即"什伍而税一"。

征收实物税的原因,除了汉初因战争使"民失作业,而大饥馑。凡米石五千,人相食,死者过半",除这血淋淋的历史教训以外,还因为汉初一些明智的智囊们将国库有丰富的存粮对于维护国家政权稳定发展的重大作用向最高统治者剖析得淋漓尽致。首先有贾谊对汉文帝的劝说,他说:"筦子曰:'仓廪实而知礼节。'民不足而可治者,自古及今,未之尝闻"。他又列例说,如果国家不幸有数千里地域内的水旱自然灾害,或边境战争爆发,数十数百万战士若缺粮将会动摇国家统治的根基,因此,他疾呼:"夫积贮者,天下之大命也。"② 意思是说国家有足够的存粮才是维持统治的命根啊!后又有晁错以《论贵粟疏》打动了皇帝,作出重大的法律举措。晁错先以实例说明夏禹有九年水灾,商汤有七年旱灾,但国力未受损减的原因就在于"以畜积多而备先具也"。所以他强调作"明主",必须"务民于农桑,薄赋敛,广畜积,以实仓廪,备水旱,故民可得而有也"。③ 他建议皇帝要重农抑商,从法律观念和措施上提高农业的地位。"欲民务农,在于贵粟之道,在于使民以粟为赏罚。"老百姓向县府交多余的粟,便可以拜爵、可以除罪。他指出这样的好处对国家来说有三点:"一曰主用足,二曰民赋少,三曰劝农功。"④ 也

---

① 《汉书·食货志》,中华书局 1999 年版,第 950 页。
② 《汉书·食货志》,中华书局 1999 年版,第 952 页。
③ 《汉书·食货志》,中华书局 1999 年版,第 953 页。
④ 《汉书·食货志》,中华书局 1999 年版,第 954 页。

就是说令民入粟拜爵,一可以使国家财政收入充足,二可因国库有粮而减免农民的赋税缴纳,三可以使农民归于田地从事农耕生产。他的建议直接促使汉文帝实行相关的法制措施。所以西汉的田税一直收实物税,即缴纳农田的生产物,以达到"积贮者,天下之大命也!"国家仓廪有丰富的存粮,国家政权便可稳定了。

田税的缴纳比率是十五分之一,即"什伍而税一"。这也是从汉高祖时确定的农业实物税率,终两汉四百余年,税率基本未改。

为何汉代确定田税为十五分之一呢?这同样也是在总结此前各朝田税的基础上而得出的较轻的安民与休养生息的税收比率。

班固《汉书·食货志》中有一个大约的统计数字。认为殷商之时,行公田制,国家授田于民众,农民按口授田,一人授百亩田;士、工、商以家授田,五口为一家授田一百亩。百姓年龄二十以上至六十岁为强劳力。故在此年龄段授公田百亩,应纳田税为授田亩收成的十分之一。包括手工业、商业者,一则因为他们以家授田,二则因为工、商矿业者有技巧也应纳什一之税。这就是所谓"税谓公田什一及工商衡虞之入也"。① 颜师古为之作注时说:"税谓收其田入也。什一,谓十取其一也。工、商、衡、虞虽不垦殖,亦取其税者,工有技巧之作,商有行贩之利,衡虞取山泽之林产也。"② 但是,这种什一之税,到战国时已显示出其不足之处,农夫分百亩公田,养五口之家,以当时生产力可得粟一百五十石。除去什一税十五石,下余一百三十五石。五口人一年吃去九十石,下余四十五石。一石粟折钱三十文,共余一千三百五十文。除去衣服与杂用,五口之家一年余不足四百五十文。如遇疾病死丧,再加以给国家交赋钱,便绝对不够用了。所以,农夫处于经常性的困穷潦倒之

---

① 《汉书·食货志》,中华书局1999年版,第945页。
② 《汉书·食货志》,中华书局1999年版,第945页注⑤。

中。到秦国孝公时,土地完全私有后,国家贫富分化加剧。而秦始皇时又因战争,内兴外攻,税收到"收泰半之赋",①即取三分之二的税收,终于导致秦之灭亡,和汉初"人相食,死者过半"的惨状。所以西汉初,要使社会稳定,安国治民,必须给民以休养生息之机,于是刘邦才"约法省禁,轻田租,什五而税一"。由此可知,汉定田税为"什伍而税一",第一是继承了自商周至春秋战国的"公田观",国家分田给农民,农民自国家接受田地,故应缴田税;第二是总结了秦灭亡的历史教训。商周的"什一之税"使人民仅能勉强生活,而且"农民常困",人民无法应对自然灾害及人祸,至于秦的"泰半之赋"必然会飞速导致国家灭亡。所以在民本主义思想下,给人民一个休养生息的喘息机会,才定为"什伍而税一"。这个基本的田税法律终汉之世,未曾大变更过,所以保证了两汉四百多年稳定的政治统治,并迎来中国古代史上第一个经济发展的高潮期。

汉初在长期战乱之后,欲使百姓安定于农业生产,诸皇帝就实行了登记户籍,返还原有田宅,或以军功封爵授田宅等制度。如高祖元年即颁布诏令曰:"民前或相聚保山泽,不书名数,今天下已定,令各归其县,复故爵田宅……民以饥饿自卖为奴婢者,皆免为庶人。军吏卒会赦,其亡罪而亡爵及不满大夫者,皆赐爵为大夫。……法以有功劳行田宅。"②就是指战乱时期逃亡山泽未登记户籍者,令各自回归原有县,并由地方官员恢复其原先在秦时的爵位和田宅。因饥饿而自卖为奴婢的,也都可解放为自由民。战争中秦朝参战的军官和士兵,无罪无爵或爵位未达大夫一级的,都赐爵位为大夫一级。法律按爵位功劳授予其相应的田宅数额。张家山出土的《二年律令》,据学界分析应为吕后二

---

① 《汉书·食货志》,中华书局1999年版,第949页。
② 《汉书·高帝纪》(下),中华书局1999年版,第40页。

年即公元前 186 年颁行的法律,更详尽地记载了西汉初年颁行的按爵位授田的法律规定。

    关内侯九十五顷,大庶长九十顷,驷车庶长八十八顷,大上造八十六顷,少上造八十四顷,右更八十二顷,中更八十顷,左更七十八顷,右庶长七十六顷,左庶长七十四顷,五大夫廿五顷,公乘廿顷,公大夫九顷,官大夫七顷,大夫五顷,不更四顷,簪裹二顷,上造二顷,公士一顷半顷,公卒、士五(伍)、庶人各一顷,司寇、隐官各五十亩。①

汉承秦制,实行按军功赏爵,爵有二十等。"一级曰公士,二上造,三簪袅,四不更,五大夫,六官大夫,七公大夫,八公乘,九五大夫,十左庶长,十一右庶长,十二左更,十三中更,十四右更,十五少上造,十六大上造,十七驷车庶长,十八大庶长,十九关内侯,二十彻侯。皆秦制,以赏功劳。"②上面《二年律令》规定了从第十九等爵至第一等爵的授田额。并包括了公士以下无爵位的普通的公卒、士伍、庶人的授田额,地位低于庶民的轻劳役犯人如司寇、隐官均可授田。司寇与隐官并列,当为同一级别。而司寇,据《汉官归仪》载:"罪为司寇,司寇男备守,女为作如司寇,皆作二岁",③是指处二年劳役刑的轻犯罪者。

  这种授田及各户自有的私田都要有完整的田地簿籍、缴纳田租的簿籍登录之并严格地保存在县廷之中,以按之收田租。《二年律令》有载:

    民宅园户籍、年细籍、田比地籍、田命籍、田租籍,谨副上县廷,皆以篋若匣匱盛,緘闭,以令若丞、三三一官嗇夫印封,独别为府,封府户;節(即)有当治为者,令史、吏主者完封奏(凑)令若丞印,嗇

---

① 《张家山汉墓竹简》,文物出版社 2006 年版,第 52 页。
② 《汉书·百官公卿表》(上),中华书局 1999 年版,第 630 页及其下注①—⑮。
③ 转引自怀效锋主编:《中国法制史》,中国政法大学出版社 2002 年修订版,第 51 页。

夫发,即襮治为;三三二臧(藏)府已,辄復缄闭封臧(藏),不从律者罚金各四两。其或为诈(诈)伪,有增减也,而弗能得,赎耐。官恒先计雠,三三三□籍□不相(?)复者,毂(系)劾论之。①

这段律令简文意指:百姓的宅园、户籍、年龄籍、田地比邻次第簿籍、授田籍、缴纳田租籍,全要谨慎附上给县政府,并都用箧、匣、椟等装好、扎口并用县令、县丞、官啬夫的印章封好,另作专门文书收藏之。如有需要查对的,令县内主管文书的佐史等下级官员取出封存完好的这些簿籍,再由县令、县丞或啬夫开封取出查对。用完之后,这些簿籍又要收藏封存于县府。不按法律程序办事的,均要处罚金各四两。如有在簿籍中作伪的,增减田土登记量的,处以可赎的耐刑。而如果官府早先已计谋出售掉田宅,使所登录的籍簿与田亩数不相符合的,则对行为人拘系审判论处。从这段法律条文看,法律对于百姓的田宅簿籍、田税簿籍管理十分周密。有严格的保管、密封制度以及开启制度。田簿、田租簿的保管、存放、开启都要经过多层官员之手,保存时要加封县令、县丞或官啬夫的印封。因为县令、县丞即县长、副县长是县级主持管理事务的一、二把手;官啬夫虽是乡级官员,但主管赋税收入工作。"乡有三老、有秩、啬夫、游徼。……啬夫职听讼,收赋税。"②需要根据田簿、田租簿等处理公务时,还需经县级少吏、佐史等取出封存完好的簿籍再呈上主管官员备用。为了强调这种田簿、田租簿的保管、使用程序,法律写得仔细。其中特别规定,不按程序的要处颇重的罚金。据上引法律规定,罚金为相关责任人各处以黄斤四两。汉初定货币时,黄金为第一等贵重货币,以斤来计量。"汉兴,以为秦钱重难用,更令民铸荚钱。黄金一斤。"其下师古注曰:"复周之制,更以斤名金。"③可知汉初恢复

---

① 《张家山汉墓竹简》,"户律"三三六,文物出版社 2006 年版,第 54 页。
② 《汉书·百官公卿表》(上),中华书局 1999 年版,第 624 页。
③ 《汉书·食货志》(下),中华书局 1999 年版,第 967 页。

周朝币制,黄斤以斤来计量。一斤为十六两。而一斤黄金的价值为一万钱。"黄金重一斤,直钱万。"①那么,一两折六百二十五钱,罚金四两则折两千五百钱。两千五百钱是什么概念?以西汉地价来折算。土地上等的亩价一千多钱,如西汉名将李广之从弟李蔡位至丞相,因盗卖阳陵冢地三顷得四十余万,当下狱,自杀。②其卖地钱为每亩合一千三百余钱。③ 阳陵是汉代精华之地,而其他差的地区,地价会更低。1966年4月,四川郫县犀浦公社出土的一块东汉残碑,碑文记载田地买卖契约有"田八亩,质四千"。④ 试想,四川丰腴之地田价也才一亩五百文。那么两千五百文钱的罚金可买好田二亩,中等田四五亩了。如折成工资计算,汉代的县长、县丞年薪五百石至二百石,称为长吏⑤。崔寔《政论》:"长吏一月之禄,得粟二十斛,钱二千。"⑥那么,仅因为在执行管理田簿、田租簿的程序上有不合法律规定之处的罚金就相当于县级官员一个月的薪俸还多,惩罚的力度是很大的。至于如在管理簿籍中有作伪行为,则行为人要受刑事制裁,处于赎耐刑。耐刑是在秦律中已可见到的刑罚种类中之一种耻辱刑,也称"完"。"耐"本字作"耏",是剃光犯人鬓须,强制其服劳役的四年刑,有时亦称"完城旦舂"⑦。《汉书·高帝纪下》:"令郎中有罪耐以上,请之。"颜师古注引应劭曰:"轻罪不至于髡,完其耏鬓,故曰耏。古耏字从彡,发肤之意也。"⑧此处《二年律令》中称"赎耐"是可出资赎的耐刑。而如果在管理田簿、田租簿中已作价卖掉相关田亩的,则要完全以司法审判程序进行,行为人要被拘系,并

---

① 《汉书·食货志》(下),中华书局1999年版,第985页。
② 《汉书·李广苏建传》,中华书局1999年版,第1866页。
③ 李振宏:《居延汉简与汉代社会》,中华书局2003年10月版,第253页。
④ 李振宏:《居延汉简与汉代社会》,中华书局2003年10月版,第255页。
⑤ 《汉书·百官公卿表》,中华书局1999年版,第624页。
⑥ 《全后汉文》卷四六、四二,转引自李振宏:《居延汉简与汉代社会》,第272页。
⑦ 见程树德:《九朝律考·汉律考·刑名考完刑》,商务印书馆1934年版,第43页。
⑧ 《汉书·高帝纪》(下),中华书局1999年版,第47页。

经审判定罪量刑。从《二年律令》此条户律的记载可以看出,汉代对于田租收税在制度上规定得非常周密可行。

授田或承袭祖田、授爵得田、买卖得田,均要按照亩数向国家缴纳十五分之一的实物税。田律中规定卿以上高级官员自有私田不向国家缴纳田税,那么其余低于卿一级的官员则要缴纳田税。

卿以上所自田户田,不租,不出顷刍稾。①

汉代中央官制,设三公九卿。三公指丞相、太尉、御史大夫;九卿指奉常、郎中令、卫尉、太仆、廷尉、典客、宗正、治粟内史、少府②。这些都是中央级高级官员,只有他们拥有的私有田宅才免缴田税。其余各等人群无论以爵授田、或贫民授田或自有私田,均要缴纳田税。而所授田宅还禁止任意买卖。

受田宅,予人若卖宅,不得更受。三二一

田宅当入县官而誹(诈)代其户者,令赎城旦,没入田宅。三一九

欲以买宅,不比其宅者,勿许。三二〇

诸不为户,有田宅,附令人名,及为人名田宅者,皆令其卒戍边二岁,没入田宅县官。三二四③

以上几条都说明汉律规定所授田宅禁止任意买卖或代人占有。因为这都涉及田税的缴纳,都属县级政府管辖的权限。以上四条大意依次为:①从国家所接受的授田及住宅,赠与别人或出卖田宅,别人不得接受。②田宅应当登记入县府田簿,而非田宅所有人诈称代登记为其户的,处以赎城旦刑,田宅没入县府。③想要再增买房舍,不与自己住宅相连接者,不许买卖。④那些无户籍而拥有田宅的人,依附别人户籍

---

① 《张家山汉墓竹简》,第三一七简,文物出版社 2006 年版,第 52 页。
② 《汉书·百官公卿表》(上),中华书局 1999 年版,第 612—617 页。
③ 《张家山汉墓竹简》,第三一七简,文物出版社 2006 年版,第 52 页。

占田,或替别人占田宅者,都处以二年的戍边刑罚,其所拥有的田宅都被没收登入县府所管辖的公田内。

但是,对于担任吏一级的官员,或在皇室任官职的则允许可买居室:

> 为吏及宦皇帝,得买舍室。三二〇①

田税征收,按实物税,缴纳"刍"和"稾",即饲草和禾秆。饲草是每顷田缴纳二石至三石,即二百四十斤至三百六十斤;禾秆是每顷田缴纳二百四十斤。这些缴纳上的饲草和禾秆供地方县一级政府使用。县府留够政府使用的实物后,便可让民众折钱五十五钱代替"刍"、"稾"。

《二年律令》规定:

> 入顷刍稾,顷入刍三石;上郡地恶,顷入二石;稾皆二石。令各入其岁所有,毋入陈,不从令者罚黄金四两。收二四〇入刍稾,县各度一岁用刍稾,足其县用,其余令顷入五十五钱当刍稾。刍一石当十五钱,稾一石当五钱。二四一

> 刍稾節贵于律,以入刍稾时平贾(价)入钱。二四二②

这两条律文的意思是:给政府缴纳饲草和禾秆,每一顷田应缴纳饲草三石即三百六十斤;上郡地方土地贫瘠,每一顷缴纳饲草二石即二百四十斤;禾秆都缴纳二石合二百四十斤。让百姓缴纳当年的陈饲草与禾秆,不许缴纳往年的陈饲草及禾秆。凡不按法令办事的,处以黄金四两的罚金。各县收饲草与禾秆时,按一年所需使用数额收,其余的缴纳者,都让按每顷折五十五钱抵当应缴之饲草与禾秆税。饲料每石一百二十斤折十五钱,禾秆每石折五钱。饲草与禾秆价格如高于上述法律所规定的,按缴纳饲草与禾秆时平均市场价格折钱。

---

① 《张家山汉墓竹简》,第三二〇简,文物出版社 2006 年版,第 53 页。
② 《张家山汉墓竹简》,第三二〇简,文物出版社 2006 年版,第 41 页。

这个规定的数量正是一个庶人的授田量及应缴纳的田税量。

(二)赋税

赋税就是按人口或按户缴纳的税,又可分为算赋、口钱、更赋,其作用是用于政府官员工资和机关费用,所谓"量吏禄,度官用,以赋于民"。①

1.算赋。

即成人税,这是汉高祖称汉王的第五年八月,即公元前 206 年 8 月,在战争时已规定的税收。史载:"八月,初为算赋。"②其下注有"如淳曰:汉仪注民年十五以上至五十六出赋钱,人百二十为一算,为治库兵车马"。说明此税为十五岁以上至五十六岁以下的成人每人应缴纳的税,税钱为一人一算共一百二十钱,其作用用于军费。算赋的征收是按人头、年龄收,男女均需缴纳的。我们知道,有时为了国家某一政策的需要,可以向特定人多收算赋的。譬如惠帝时,因国家人口较少,为了促进婚姻生育,增加人口,还曾规定:"女子年十五以上至三十不嫁,五算。"其下应劭注曰:"国语越王勾践令国中女子年十七不嫁者父母有罪,欲人民繁息也。汉律人出一算,算百二十钱,唯贾人与奴婢倍算。今使五算,罪谪之也。"③说明对有生育能力而不嫁的女子收五倍的算赋是带有惩罚性质的。另外从应劭注中我们还得知,对商人和奴婢均收两倍算赋。这也是与汉初为了恢复农业生产,重农抑商,打击商人,并且要解放奴婢使他们恢复自由,增加社会农业劳动力的政策有关。一百二十文的算赋,以当时的谷价,约能买二石左右。汉初虽谷至石五千,但当经济恢复后,农民立足于农耕,谷价便降下来了。汉文帝时谷价曾一石数十钱。桓谭《新论》:"文帝躬俭约,修道德,谷至石数十钱,

---

① 《汉书·食货志》(上),中华书局 1999 年版,第 950 页。
② 《汉书·高帝纪》(上),中华书局 1999 年版,第 33 页。
③ 《汉书·惠帝纪》,中华书局 1999 年版,第 67 页。

上下饶羡。"①宣帝时"比年丰,谷石五钱"。② 因为农耕技术的进步,加以连年丰收,谷价甚至降到石五钱的地步。

2. 口钱。

即口赋,指未成年人的人头税。此税应是在汉初就有规定的,指七岁至十四岁的未成年人所缴纳给国家的人头税。起初是每人缴二十钱给中央政府,以后汉武帝时因对外战争,军费不足,每人又增加三钱,共二十三钱,所增加者用于战争车马费。《汉书·昭帝纪》有记载,昭帝元凤"四年春正月丁亥,帝加元服……毋收四年、五年口赋"。③ 即因皇帝成年着成年服,减天下租赋,免收当年及次年口赋。其下如淳注曰:"汉仪注民年七岁至十四岁出口赋钱,人二十三。二十钱以食天子,其三钱者,武帝加口钱以补车骑马。"④从以上引文可知,口赋是汉初已有的规定。

3. 更赋。

这是一种代替服徭役而缴纳现钱的代役税。王莽篡位后颁布的改制令指责:"汉氏减轻田租,三十而税一,常有更赋,罢癃咸出,而豪民侵陵,分田劫假。厥名三十税一,实什税五也。"⑤其中"常有更赋,罢癃咸出",就说明更赋是一种经常性的正赋,甚至是连残疾人都不能免除的人头税。

更赋怎样出?根据《汉书·昭帝纪》元凤四年诏:"三年以前逋更赋未入者,皆勿收。"其下如淳注的解释:

> 更有三品,有卒更,有践更,有过更。古者正卒无常人,皆当迭

---

① 《太平御览》卷三十五引,中华书局1960年版。
② 《汉书·宣帝纪》,中华书局1999年版,第181页。
③ 《汉书·昭帝纪》,中华书局1999年版,第161页。
④ 《汉书·昭帝纪》,中华书局1999年版,第161页注②。
⑤ 《汉书·王莽传》,中华书局1999年版,第3019页。

为一,一月一更,是谓卒更也。贫者欲得顾更钱者,次直者出钱顾之,月二千,是谓践更也。天下人皆直戍边三日,亦名为更,律所谓徭戍也。虽丞相子亦在戍边之调。不可人人自行三日戍,又行者当自戍三日,不可往便还,因便住,一岁一更。诸不行者,出钱三百入官,官以给戍者是谓过更也。①

此段话译出意为:

服徭役有三种,有卒更、践更、过更。古代正式的士兵没有固定的人,大家轮流服军役,每人每年服一个月军役,这便是人称的"卒更"。贫穷人家想得到受人雇代役的钱,而应当轮直服军役的人便出钱雇他们,一个月的军役费为二千钱,这便是所谓的"践更"。另外全天下人都要轮值守边疆三日,亦称为"更",法律称为"徭戍"。即使是丞相的儿子也要列于戍边之列。但是天下人不可能人人都自行去守边三日;再说真有人自行去守边三日,又不可能去后守边三日即返还,于是去者便住在边疆守一年。那些不去守边的人,向官府缴纳三百钱,官府便以此三百钱给留守在那儿的守边者,代替未来者当守三日的更,这就是所说的"过更"。

从如淳的注可知汉代人们要服的徭役称为"更",更有两种:一种是每年在县内服徭役一月,称为"卒更",如不愿到县内服徭役者,可出钱两千文给官府,由官府代雇人服此役,便称为"践更";另一种是全国每人每年都必须保卫国防到边疆戍边三日,这也称为"更",不愿去边疆守边三日者,可向官府缴纳三百文钱,以雇人代为守边,称为"过更"。那么更赋就是人人都应出的代役税。如仅代替戍边三日的,缴三百文,如连在县内轮值服役一月的也交钱代役,则需另交二千文。因此,"过更"和"践更"的代役税就成了国家财政每年很大的一笔税收。

---

① 《汉书·昭帝纪》,中华书局1999年版,第161页其下注③。

更赋是否人人都出？汉律也有规定，属于免老、小未傅者、女子、各种因特殊情况法律规定免服徭役之人就不用缴纳了。《二年律令》有规定：

> 免老、小未傅者、女子及诸有除者，县道勿四一二敢繇（徭）使。四一五①

上述这可以免服徭役的几种人，自然也就免缴更赋了。他们的情况，依次为：

（1）免老：就是指年老，超过服徭役年龄的，可免去承担服徭役的义务。免老的规定体现了汉律儒家思想人性化的一面。至于多大年龄可免老，文献规定与出土文物中的规定还是有一些差异的。按文献规定，有爵位的五十六岁以上免老，无爵位的六十岁以上免老。

> 秦制二十爵，男子赐爵一级以上，有罪以减，年五十六免。无爵为士伍，年六十乃免老。②

而《二年律令》规定：

> 大夫以上年五十八，不更六十二，簪褭六十三，上造六十四，公士六十五，公卒以下六十六，皆为免老。三五六

免老年龄还要更大一些。这里规定了自第五等爵以下不同等爵依次免老的年龄差，而公卒以下无爵者的免老年龄为六十六岁。

（2）小未傅者：指因年龄小未登录到给国家服徭役的名籍中的，也免服徭役。《汉书·高帝纪》引师古注曰："傅，著也。言著名籍，给公家徭役也。"③而傅籍的年龄为二十三，④未傅指二十三以下。

（3）女子：指所有妇女免服徭役。因而可知妇女不缴更赋。

---

① 《张家山汉墓竹简》，"徭律"，文物出版社 2006 年版，第 64—65 页。
② 《汉旧仪》，转引自《张家山汉墓竹简》，"傅律"三五六简下注，第 57 页。
③ 《汉书·高帝纪》（上），第 27 页，"萧何发关中老弱未傅者悉诣军"一句下注①。
④ 同前注，如淳注曰："律，年二十三傅之畴官。"

诸有除者：指依法律规定，免服徭役之人。这里应包括个子低矮罢癃、残疾者。《二年律令》：

> 当傅，高不盈六尺二寸以下，及天乌者，以为罢（癃）。三六三①

此条规定，即使年龄到应当傅籍，但身高不到六尺二寸即一米五以下，天生残疾丑陋有废疾的均可免去服徭役的义务。所以汉末王莽指责的"常有更赋，罢癃咸出"，或则言过其实，或则仅指汉末情况而论，因为汉初的法律规定，罢癃是免出更赋的。

当然，总体说来，更赋也是加重人民负担的一种税收。所以，西汉哀帝时的谏大夫鲍宣在向皇帝上书中指出导致国家空虚，用度不足，农民流亡有七种原因，而县级官员加重人民更赋、租税征收是其原因之一。

> 凡民有七亡：……县官重责更赋租税，二亡也。②

（三）商业税

商业税包括手工业税、商业交易税、山川矿藏经营税等多种。汉初刘邦初定赋税制度时就已规定："山川园池市肆租税之入，自天子以至封君汤沐邑，皆各为私奉养，不领于天子之经费。"③这就说明山川园池的产物或对其加工的产物是要收税的。这里就包括水产、矿产、林产税。另外市肆租税是指商业经营之税。只不过，按汉初规定，如果这些地产处于诸封国的境内，则税收由封国收而不缴纳给中央政府，而中央政府也不再另向封国支拨经费。但是，我们知道，汉代是封国与郡县并行的行政管理制度，其实，属于中央政府直接管辖的郡县要多于封国。

---

① 《张家山汉墓竹简》，"傅律"，文物出版社2006年版，第58页。
② 《汉书·鲍宣传》，中华书局1999年版，第2313页。
③ 《汉书·食货志》（上），中华书局1999年版，第950页。

郡共 83 郡，封国只 20 个，故《汉书·地理志》谓："凡郡国一百三。"①所以郡县所收的商业税是要上缴中央政府的。

《二年律令》中有关于这些手工业税、山林园池产物税收税办法的详细规定：

> 官为作务、市及受租、质钱，皆为锱，封以令、丞印而入，与参办券之，辄入钱锱中，上中辨其廷。质者勿与券。租、质、户赋、园池入钱四二九县道官，勿敢擅用，三月壹上见金、钱数二千石官，二千石官上丞相、御史。②

这段律文中提到的税有"作务"即手工业税。《汉书·尹赏传》："无市籍商贩作务"下王先谦补注引周寿昌解释曰："作务，作业工技之流。"③"市"就是指城市中聚集商人进行商业交易的地方，故收市税。即前引《食货志》所谓"市肆租税之入"。"市肆"指城市中商铺设立之处。汉代长安城有东市、西市，均指商人聚集列铺营业处。④另有"园池入钱"即《食货志》所谓"山川园池市肆租税之入"，也属商业税范围。上引这段律文译为现代语就是：

官府管理的手工业税、市场交易税，以及百姓向官府缴纳的租税，借贷官钱官物的抵押钱，都要放入钱罐中，并用县令、县丞的印加封。还有参办写成的交易券书，也一并放入钱罐中，并将交易券书中间的一份上交给县廷。抵押人不给券书。所收的租税、质钱、户赋、园地入税县官或少数民族区相当县官称为道官的，都不敢地方擅用。每三个月一次将金钱如数上交郡守一级的二千石官员，他们再将这些税收上交丞相和御史等中央三公。

---

① 《汉书·地理志》(下)，中华书局 1999 年版，第 1309 页。
② 《张家山汉墓竹简》，文物出版社 2006 年版，第 67 页。
③ [清]王先谦补注：(国学基本丛书)《汉书补注》，商务印书馆 1959 年版，第 5230 页。
④ 《辞海》，"市令"，上海辞书出版社 1979 年版缩印本，第 346 页。

这段律文明确无误地说明手工业、商业税、山川、园池税,在郡县一级的都是最后要上交中央财政的。

西汉初年,允许民间私自占有铜铁矿,私铸钱,国家仅收矿冶者的税。所以《食货志》记载:"孝文五年……除盗铸钱令,使民入铸。"①但是,正因为铁铜可以私营、私铸钱,造成货币成色不同,钱币混乱,国家对私铸钱不合成色的打击力度也减轻。起初,禁私铸钱时,私铸钱者被处死刑;自孝文帝开铁铜禁允许私铸钱后,铸钱成色不合格者,仅处以黥刑。刑罚的适用度差距太大便会造成社会不安定。贾谊曾为此力谏文帝,提出铁铜私营,为害极大,主张铜铁官营,但未得到汉文帝的支持。贾谊说:"法使天下公得顾租铸铜锡为钱,敢杂以铅铁为它巧者,其罪黥。……襄禁铸钱,死罪积下;今公铸钱,黥罪积下。法若此,上何赖焉!……令禁铸钱,则钱必重;重则其利深,盗铸如云而起,弃市之罪又不足以禁矣。奸数不胜而法禁数溃,铜使之然也。故铜布于天下,为其祸博矣。"②因为不采纳贾谊的意见,文帝时,吴国因封地占有铜山,就山铸钱,富比天子,终于到景帝时酿成吴楚七国叛变。汉文帝宠幸的佞臣邓通因得天子封赐的蜀地铜山,依山铸钱富过王侯,而当时天下流通的吴邓钱都排挤过中央的官铸钱。

汉武帝后,因不断对外战争与扩大疆土,国家财政穷匮,已到"府库并虚"③的境地,于是用东郭咸阳、孔仅为大农丞,主管盐铁事,实行盐铁国家专营。由中央九卿一级的官员少府主管其专营的收入,禁止民间私营盐铁。"山海,天地之臧,宜属少府,陛下弗私,以属大农佐赋。……敢私铸铁器煮盐者,钛左趾。"④

---

① 《汉书·食货志》(下),中华书局 1999 年版,第 967 页。
② 《汉书·食货志》(下),中华书局 1999 年版,第 968—969 页。
③ 《汉书·食货志》(下),中华书局 1999 年版,第 971 页。
④ 《汉书·食货志》(下),中华书局 1999 年版,第 976 页。

由以上叙述可知,汉初,盐铁官营之前,收盐铁税,武帝以后,盐铁官营专卖,收入归少府。与盐铁专营同时,武帝时,为增加国家税收,还征收榷酒酤税,即酒的专卖税。

在盐铁专营前的盐铁税的具体收法在《二年律令》中有较详细的规定:

诸私为䥶(卤)盐,煮济汉,及有私盐井煮者,税之,县官取一,主取五。采银租之,县官给橐(橐),四三六□十三斗为一石,□石县官税□□三斤。其□也,牢橐,石三钱。租其出金,税二钱。租卖穴者,十钱税一。采铁者五税一;其鼓销以四三七为成器,有(又)五税一。采铅者十税一。采金者租之,人日十五分铢二。民私采丹者租之,男子月六斤九两,女子四斤六两。四三八①

这段律文,因为中间缺字涉及关键计量词,无法完全识读,但大意还是清楚的:

所有私家制卤盐的、煮济水、汉水为卤盐的,以及有私家盐井制盐的,国家均向其收税。办法是县官收盐收入的一分,卤盐者得收入的五分。采银矿而租用官器皿的,……租用并出售银穴的,县府十钱税一。采铁矿的收五分之一的税;将铁矿石制成器的,再收五分之一的税。采铅矿的,收十分之一的税。采金矿的,国家出租给其金矿,按每人一日收十五分之二铢。私自开采朱砂的,按男子每月六斤九两租金,女子每月四斤六两租金收税。

当然,盐铁官营以后,政府的财政收入会更多。所以,武帝死后,昭帝始元六年就因为盐铁官营后人民反应激烈曾召开了贤良文学大会进行盐铁是否要官营的大讨论,虽然文学贤良之士力主"愿罢盐铁酒榷均

---

① 《张家山汉墓竹简》,文物出版社2006年版,第68页。

输官,毋与天下争利"①,但此事使主管财政收入的大司农桑弘羊十分犯难;"以为此国家大业,所以制四夷,安边足用之本,不可废也"。②也就是说,桑弘羊认为专卖税是国家岁入的根本。以后,汉元帝时也曾罢盐铁官,但仅三年之后,因国用财政不足,又恢复了盐铁官,实行官营。"元帝时尝罢盐铁官,三年而复之。"③"(元初)四年,……罢……盐铁官……永光……三年……冬,复盐铁官……以用度不足,民多复除,无以给中外繇役。"④

酒的专卖税,即所谓"榷酒酤"。汉武帝天汉三年,为增加国家财政收入,"初榷酒酤"。其下师古注曰:"禁闭其事,总利入官,天下无由以得,有若渡水之榷,因立名焉。"⑤也就是说禁止民间私酿酒,只有县府才能酿酒专卖,将酒的专卖利润全由官府总利收入,天下老百姓不能得利,如同过河只能从桥上过一样。官府独营就掌握了这渡河之桥的利,所以称为"榷酒酤","榷"音同"较"。那么,酒的专卖国家可得多少利呢?《食货志》有记载:"除米曲本贾,计其利而什分之,以其七入官,其三及醺酨灰炭给工器薪樵之费。"⑥也就是说,除去酿酒的米、酒曲的费用,所得净利润的十分之七入官府,十分之三为酿造费。"榷酒酤"直到汉昭帝六年才废止。即从公元前九十八年至公元前八十一年,这十八年间,国家实行酒专卖税。

征收商人车船税,也就是所谓"算商车"。汉武帝元光六年(公元前

---

① 《汉书·昭帝纪》,中华书局 1999 年版,"议罢盐铁榷酤"及其下注①应劭曰,第 157 页;《汉书·食货志》,中华书局 1999 年版,第 983 页。
② 《汉书·食货志》,中华书局 1999 年版,第 983 页。
③ 《汉书·食货志》,中华书局 1999 年版,第 984 页。
④ 《汉书·元帝纪》,中华书局 1999 年版,第 200—204 页。
⑤ 《汉书·武帝纪》,中华书局 1999 年版,第 145 页。
⑥ 《汉书·食货志》(下),中华书局 1999 年版,第 988 页。

129 年),"初算商车",其下李奇注曰:"始税商贾车船,令出算"。① 因为汉初,刘邦规定商人不能有车辆和马匹,"贾人毋得衣锦绮縠絺纻罽,操兵、乘骑马"。② 这是低视商人身份的法律规定,就是说商人不能穿细绫、细葛、布、毛织品类服装,不能佩戴兵器,不能驾车、骑马。现在汉武帝为扩大税收来源,允许商人可以拥有车和船,但是按其拥有的车、船收税,称为出算钱,就像人头税一样。"商贾人轺车二算;船五丈以上一算。"③就指商人有小车一辆,出二算即二百四十钱的税;有船五丈长即纳税一算一百二十钱。

征收商人、手工业者资产税。这种资产税称为"算缗钱"。汉武帝元狩四年(公元前 119 年),"初算缗钱",后来在元鼎三年(前 114 年)又实行告缗令,加重对商人、手工业的资产税的征收。具体办法是:"诸贾人末作贳贷买卖,居邑贮积诸物,及商以取利者,虽无市籍,各以其物自占,率缗钱二千而算一。诸作有租及铸,率缗钱四千算一。……匿不自占,占不悉,戍边一岁,没入缗钱。有能告者,以其半畀之。"④这段话意指:"商人从事末等职业,赊贷买卖,住在城市内囤积货物,并因此而经营获取利润,即使未登记在商人户籍册中的,也各自根据自己的家产而自动向国家申报,征收资产税。按资产实有数折价,一律按家产有二千钱的出一算一百二十钱的税率缴纳。各种从事手工业操作的包括矿业铸作的,一律按家产四千钱征收一算一百二十钱的比率纳税。……凡是隐匿家产,不自动申报,或不如实申报的,都处戍边一年的刑罚,家产全部没收入官。有能够揭发这些商人、手工业者不申报或申报不实的,国家将被揭发人家资产的一半奖励给告发人。"这里就包括了"算缗钱"和

---

① 《汉书·武帝纪》,中华书局 1999 年版,第 117—118 页。
② 《汉书·商帝纪》,中华书局 1999 年版,第 48 页。
③ 《汉书·食货志》(下),中华书局 1999 年版,第 977 页。
④ 《汉书·食货志》(下),中华书局 1999 年版,第 977 页。

"告缗令"。

具体说,"算缗钱"就是商人、手工业者向国家缴纳资产税。汉武帝时,因对外战争,国库财产不足,于公元前119年开始对商人、手工业者另增加的一种税。商人、手工业者,在市场交易中本来已向国家缴纳了营业税,前引《二年律令》之"金布律"已有详细收税办法之论证。当然,当时各种税率并不完全相同,至王莽时的税率,曾是统一的十分之一。如规定:"工匠……商贩贾人坐肆列里区谒舍,皆各自占所为于其在所之县官,除其本,计其利,十一分之,而以其一为贡。""民或乏绝,欲贷以治产业者,均授之,除其费,计所得受息,毋过岁什一。"①但是武帝元狩四年,另收的"算缗钱"是除工商业税之外向商人、手工业者再收的工商业者的资产税,其办法是商人家产每值二千钱的收一算,即收一百二十钱;手工业者家产每值四千钱的收一算。"告缗令"是因算缗钱而起的。因为实行算缗钱要工商业者自己申报财产,有些工商业者自报时会隐瞒一定财产额,或隐瞒不报,于是五年之后的元鼎三年又接受御史杨可的建议实行"告缗令",对隐瞒家产不报或自报不实的,让邻居等知情人揭发,一旦被揭发,司法官多以被揭发的资产数治罪,被揭发者的家产要入官,并将一半家产奖励给告举人,所以这个结果是竭泽而渔,国家更不安定了。因为告缗令,使家产仅处于中等水平以上的工商业者都被揭发了。"杨可告缗令遍天下,中家以上大氐皆遇告。杜周治之,狱少反者。"②我们可想,一种鼓励天下人相互揭发的法律会产生怎样的社会震动效果?所以师古注曰:"杨可据令而发动之,故天下皆被

---

① 《汉书·食货志》(下),中华书局1999年版,第987页。
② 《汉书·食货志》(下),中华书局1999年版,第979页。

告",①并且廷尉杜周在审理被告者时,又是从严审理的态度,因之,一旦成被告,就很难被司法机关认定是被诬告的,很难从轻发落的。所以史载:"杜周治之,狱少反者",如淳与颜师古的注释都强调了这点。"如淳曰:'治匿缗之罪,其狱少有反者。'苏林曰:'反音幡。'师古曰:'幡谓从轻而出'。"②

然而,也正因为实行告缗令导致社会的极大震动与不安,所以它在西汉也仅实行了很有限的几年。大约在次年,即公元前113年,汉武帝已在边地新秦中率先除去告缗令。"明年……令民得畜边县。官假马母,三岁而归,及息什一,除告缗,用充入新秦中。"其下师古注曰:"官得母马之息,以给用度,得充秦中人,故除告缗之令也。"③也就是说为解决北地战争中战马之需,让老百姓替官府养马,官府借给民众母马,养三年后,将马匹归还政府,十匹母马归还时再加马驹一匹,称为"息什一"。下余的马驹归饲养者。因为收了养马税,便取消了告缗令。"元封元年……弘羊……令民入粟甘泉各有差,以复终身,不复告缗。"④意思是到元封元年(公元前110年)桑弘羊又让老百姓入粟甘泉,免去终身服役,也因此全面取消告缗令。那么,告缗令总共实行也只是四年的时间。

二、进退有序的西汉税收政策

西汉建国之初确立的田税、赋税、商业税一直实行到西汉末,二百余年,税收制度支撑了西汉经济的发展。但是西汉王朝的统治者在民

---

① 《汉书·食货志》(下),中华书局1999年版,第979页,"杨可告缗遍天下"一句下注①。
② 《汉书·食货志》(下),中华书局1999年版,第979页,"杜周治之,狱少反省"一句下注②。
③ 《汉书·食货志》(下),中华书局1999年版,第981页。
④ 《汉书·食货志》(下),中华书局1999年版,第982—983页。

本主义思想和儒家德主刑辅的思想指导下,谨慎地、灵活地、进退有序地运用这套税收制度,保证了中国经济的恢复发展。

所谓"进退有序"是指统治者根据经济的发展状况,有时要适时地向人民作出让步,减免税收,这就是"退"。但是适时的"退",会保证经济的恢复与发展,就是国家不与民争利。当经济恢复发展之后,国家可能为整体利益又增加人民的税收,这就是"进",这种"进"对国家总体利益的发展是有利的。然而,因为税收的"进",而造成与民争利,构成社会动荡时,西汉统治者又会在税收上及时地再"退"下来,保证国民经济的总体不会动荡或滑坡。

纵读西汉历史,这种进退的序是有一个倒马鞍形的发展规律的。也就是说,在西汉十二个皇帝执政期间,其中汉初高祖、惠帝、吕后、文帝、景帝这五位皇帝执政的将近七十年里,税收政策是"退"的,即一直以减免赋税为主。后期,武帝之后的昭、宣、元、成、哀、平这六位皇帝执政的七十八年间,税收政策也是"退"的。只有在中期武帝执政的53年期间,税收政策是"进"的。所以可以总结为西汉前期与后期,税收的"序"是"退"的,只有中期是"进"的。

前期将近七十年间,税收政策为什么要"退"？这是社会经济的发展使然。关于西汉建国之初国民经济濒临崩溃的绝境,我前引史料已有列举。那么在作为社会主要劳动力的人口已经到了只有秦时人口的一半,谷价一石万钱,即一石谷价等于一斤黄金之价,人民饿得"人相食",汉高祖不得不"令民得卖子,就食蜀汉"。① 人民要鬻子而食了,如果再不给人民一个休养生息的环境,那么经过楚汉相争五年才打下来的天下,会"忽喇喇如大厦倾"了。于是休养生息政策成为西汉王朝确定的基本国策,而这种国策在法制上的表现,则为轻徭薄赋。减免赋税

---

① 《汉书·食货志》(上),中华书局1999年版,第950页。

是西汉统治者必行的税收原则。

《汉书》有记载：

> 高祖时故秦苑囿园地，令民得田之。（汉王元年）
>
> 蜀汉民给军事劳苦，复勿租税二岁。关中卒从军者，复家一岁。……县三老……复勿繇戍。（汉王二年二月）
>
> 关中大饥，米斛万钱，人相食。令民就食蜀汉。（汉王二年六月）
>
> 民……复故爵田宅，……民以饥饿自卖为人奴婢者，皆免为庶人。……非七大夫以下，皆复其身及户，勿事。（高帝元年五月诏）
>
> 民产子，复勿事二岁。（八年春）
>
> 令吏卒从军至平城及守城邑者，皆复终身勿事。（九年春三月）
>
> 诸县坚守不降反寇者，复租赋三岁。（十一年冬）
>
> 令丰人徙关中者皆复终身。（十二年夏）
>
> 六月，令士卒从入蜀、汉、关中者皆复终身。（十二年）
>
> 以沛为朕汤沐邑，复其民，世世无有所与。……乃并复丰，比沛。（十二年）①

看看汉高祖的减免赋税的法律措施，基本可总结为三个方面：保证农民的耕田；保证劳动力的解放；保证军人和移民的补偿。因为他是从征战中走出的皇帝，首先得明白耕者有田才能稳定农民于农耕，有了农民耕作才能使国家得到最主要的财政收入来源——田税。他所以还在当汉王的第二年，就颁布法律，将原先秦王室的供皇家养鸟的苑及修有围墙的囿以及苑囿内大量可耕地授田给农民，使之有地可种。再就是当自然灾害发生时，如关中大饥，他实行移民政策，让人民移民于蜀汉等条件好的地区，保证人民的生存。为了农业生产的发展，他解放劳动

---

① 《汉书·高帝纪》，中华书局 1999 年版，第 24—54 页。

力,让奴婢可以免为庶人,成为身份自由的人。为奖励劳动力的增加,他专门颁布法律,"民产子,复勿事二岁"。生男孩子人家,免除两年的徭役。另外大量地补偿军人家属,免租税,免徭役,免赋税,甚至"复终身"。

> 惠帝减田租,复十五税一。(即位当年)
> 举民孝弟力田者复其身。(四年春正月)①

关于汉代田税"十五税一"的规定,有两种解释,一说自汉初即实行,所谓"汉家初十五税一",另一说如淳解释:汉承秦制,初期仍行"太半之赋",至惠帝才实行十五而税一。师古认为第一种说法对。② 即汉初曾实行十五税一制,中间废,至惠帝元年又恢复田税十五税一。总之,自此以后,田税十五税一成为定制。另外,惠帝时为奖励努力从事农耕者,颁布法律,能尽孝道而努力耕作的可"复其身",免除徭役。这里并不只指免一年,汉制凡被推荐为"孝弟力田"的,可以终身免徭役。同时继续解放劳动力和奖励人口生育率。惠帝为此还颁布法律:"女子年十五以上至三十不嫁,五算。"③其下应劭注中还说:"汉律……唯贾人与奴婢倍算。"奴婢的倍算自然不是由奴婢自己出,而是由奴婢主人出,这也同样是解放劳动力的需求。

> 文帝省繇费以便民。(二年)
> 民谪作县官及贷种食未入,入未备者,皆赦之。(三年春)
> 其赐天下民今年田租之半。(三年九月)
> 复晋阳、中都民三岁租。(三年)
> 其赐农民今年租税之半。(十二年)
> 其除田之租税。(十三年六月)

---

① 《汉书·惠帝纪》,中华书局1999年版,第63、66页。
② 《汉书·惠帝纪》,"减田租,复十五税一"下注⑪,中华书局1999年版,第64页。
③ 《汉书·惠帝纪》,"减田租,复十五税一"下注⑪,中华书局1999年版,第67页。

免官奴婢为庶人。(后元四年)①

文帝是西汉最节俭恤民的皇帝,所以班固称赞他:"孝文皇帝即位二十三年,宫室苑囿车骑服御无所增益。有不便,辄弛以利民。……治霸陵,皆瓦器,不得以金银铜锡为饰,因其山,不起坟。"②太史公赞他:"孔子言'必世然后仁。善人之治国百年,亦可以胜残去杀'。诚哉是言!汉兴,至孝文四十有余载,德至盛也。"③他确是至仁的皇帝,致力于德治。从法制的角度看,在他掌政的二十三年间,有过几次在中国法制史上影响深远的大举措。他初任皇帝的当年十二月,就下诏书,颁布了"除收孥诸相坐律令"。他说:"法者,治之正也,所以禁暴而率善人也。今犯法已论,而使毋罪之父母妻子同产坐之,及为收孥,朕甚不取。"当官员们反对他的做法时,他又说:"朕闻法正则民悫,罪当则民从。且夫,牧民而导之善者,吏也。其既不能导,又以不正之法罪之,是反害于民为暴者也。何以禁止?"④也就是说,他反对刑罚株连原则,而中国自夏王朝开始的刑罚株连原则至他时已历近两千年,而他坚决反对并予以取缔。他认为刑罚的目的在于防止社会的暴行,要引导人民为善的。如果刑罚公正,人民就会诚实、谨慎;量刑适当,民心就会相从。如果做官员的不能导引人民从善,反而以不公正的法律惩治人民,那是反而加害于民,导致人民为暴行的。所以他坚持去除刑罚株连原则的"收孥相坐律"。他的这个做法不仅在当时第一个废除了株连刑,而且,也在理论上早于此后近两千年后的1810年《法国刑法典》所提出的著名的近代刑法原则——法不株连原则。他在执政的第十三年又有一个重大的刑法举措——废肉刑。他将沿革至他时已实行的中国刑罚

---

① 《汉书·文帝纪》,中华书局1999年版,第84、85、86、87、90、91、94页。
② 《汉书·文帝纪》,中华书局1999年版,第97页。
③ 《史记·孝文本纪》,中华书局1999年版,第307页。
④ 《史记·孝文本纪》,中华书局1999年版,第295页。

中的三种肉刑,即黥刑、劓刑、断趾刑坚决废除。他说:"今人有过,教未施而刑加焉,或欲改行为善而道毋由也。朕甚怜之。夫刑至断支体、刻肌肤,终身不息,何其楚痛而不德也,岂称为民父母之意哉!其除肉刑。"他以刑罚人道主义观提出刑罚的目的在于教育人民改恶从善,而当人犯罪后,还未施行教育就已给他们加刑,特别是肉刑是断肢体、刻肌肤,即使刑满释放,受刑者已无法恢复原状,这是多么不道德、不人道的法律,他因此坚决废除肉刑。而刑罚人道主义观,在西方也是相隔近两千年后的1810年《法国刑法典》才提出的主张。在他执政的第十三年的另一重大举措是免除农民的农业税,即"除田之租税"。他说:"农,天下之本,务莫大焉。今勤身从事而有租税之赋,是为本末者毋以异,其于劝农之道未备。其除田之租税。"①他认识到发展农业是治国的根本,而农民勤力于耕作还要收农业税,农民的农业税和商人占田的农业税相等,这不是引导农民重视农业生产的正确办法,所以下令去除农业税,这一除,直到景帝时才又开始征收。西汉农业税在他时免征了。而免征农业税,在中国古代史上,此前此后,这都是绝无仅有的。这次免除农业税的法令,一直施行了十三年,直至此后汉景帝二年,才又开始征收农业税。他还有一大措施是他执政的第十九年,与匈奴的和亲政策,他认识到:"夫久结难连兵,中外之国将何以自宁?……结兄弟之义,以全天下元元之民。和亲已定,始于今年。"②他从中国的和谐观出发,也从中外人民的安宁出发,不以大国自居,愿和为患汉王朝已久的匈奴人结兄弟之义,实行和亲政策。我个人倒不认为这是什么"以女子为壁垒",而是一种为两国人民安宁,求得国际友好的举措。总之,凡上所举,汉文帝重大的法制措施,应当说都体现了以民为本的思想。

---

① 《史记·孝文本纪》,中华书局1999年版,第301页。
② 《史记·孝文本纪》,中华书局1999年版,第303页。

景帝:(二年)五月,令田半租。

(后元三年)夏四月,诏曰:"不受献,减太官,省繇赋。"①

孝景二年,令民半出田租,三十而税一也。②

汉景帝秉承他父亲汉文帝的思想,继续执行文帝的法制改革的措施。重要点表现在两个方面,一是继续废肉刑的改革,所以"减笞法,定箠令"③,将废肉刑的人道主义刑罚改革更合理化地持续下去;另一方面,继续减轻农民的农业税。他虽在他父亲废止农业税后十三年又恢复了农业税,但税率比以前诸朝都低,仅到"三十而税一",即只收农产量的三十分之一,这种低税率从此坚持到西汉末,这在中国法制史上也是绝无仅有的。所以班固称赞他:"汉兴,扫除烦苛,与民休息。至于孝文,加之以恭俭,孝景遵业,五六十载之间,至于移文易俗,黎民醇厚。周云成康,汉言文景,美矣!"难得之处,在于西汉初年这几十年减轻人民赋税法律政策的延续性。看到汉阳陵地宫展出的考古实况的重现,给参观者最直观的感受是,秦始皇陵前的战车战马列队出征的磅礴气势,这是秦速亡的必然原因;而对比汉景帝阳陵的则是五谷丰登,猪、羊、牛、马成群的国泰民安景象。正因为西汉前期,高祖、惠帝、文帝、景帝,持续的轻繇薄赋,减免税收,向人民退让政策才达到"至武帝之初七十年间,国家亡事,非遇水旱,则民人给家足,都鄙廪庾尽满,而府库馀财。京师之钱累百巨万,贯朽而不可校。太仓之粟陈陈相因,充溢露积于外,腐败不可食。众庶街巷有马,仟佰之间成群,乘牸牝者摈而不得会聚。守闾阎者食粱肉,为吏者长子孙,居官者以为姓号。人人自爱而重犯法,先行谊而黜愧辱焉"。④ 这七十年的减免税收政策达到的后果

---

① 《汉书·景帝纪》,中华书局1999年版,第101、108页。
② 《汉书·食货志》,中华书局1999年版,第955页。
③ 《汉书·景帝纪》,中华书局1999年版,第107页。
④ 《汉书·食货志》,中华书局1999年版,第936页。

是百姓与国家双赢。因为社会的安定,所以除非遇到水旱等自然灾害,一般民众能人人都自给,家家还有足余。政府则从乡、县、郡到中央,各级政府的仓库均粮食装得满满的,政府财政收入都有存余。中央国库的钱币已经积累到百千万,因为国家奉行节俭,国库的钱币不动用,旧年收的税收未用,新年的钱币又收进,以至串钱币的麻绳都朽断不能将钱币提成吊了。中央粮仓的存粮到达旧的未及用,新的又存进来,陈粮与新粮连接不断,散流到粮仓外面,甚至多到存粮已腐败不可食的地步。一般民众居家住巷都有马可骑,田间道路上马匹成群,而且大家已都时尚于骑公马,间或有人骑母马者,会被公马们踢出于队列之外,所以骑母马者都自感为耻。百姓因为生活定宁也都懂得人人自重,以犯法为耻;人与人相处,友谊礼让为先而与人相争相骂为耻。这正是西汉前期税收政策上的"退",造就了国家、人民收入与社会秩序双相安定,形成了为后世赞不绝口的一幅国富民乐、绘声绘色的盛世风情画。而汉阳陵的发掘又确实无误地印证了这盛世风情画。

  汉初七十年的以退为主的税收政策到汉武帝时戛然而止了。汉武帝中止了这种"退"的税收政策而反其道为税收的"进"。造成税收政策改变的根本原因是武帝时代不断地对外战争需要大量的金钱财政支持。关于武帝时的对外战争,他的后继者们多次评价。且引几例以作证明:

    宣帝初即位,欲褒先帝,诏丞相御史曰:"……孝武皇帝躬仁谊,厉威武,北征匈奴,单于远遁,南平氏、羌、昆明、瓯骆两越,东定薉、貉、朝鲜,廓地斥境,立郡县,百蛮率服,款塞自至,珍贡陈于宗庙。"[①]

    ……哀帝即位……太仆王舜、中垒校尉刘歆议曰:"……及汉

[①] 《汉书·夏侯胜传》,中华书局1999年版,第2361页。

兴,冒顿始强,破东胡,禽月支,并其土地,地广兵强,为中国害。南越尉佗总百粤,自称帝。故中国虽平,犹有四夷之患,且无宁岁,一方有急,三面救之,是天下皆动而被其害也。……孝武皇帝愍中国罢劳无安宁之时,乃遣大将军、骠骑、伏波、楼船之属,南灭百粤,起七郡;北攘匈奴,降昆邪十万之众,置五属国,起朔方,以夺其肥饶之地;东伐朝鲜,起玄菟、乐浪,以断匈奴之左臂;西伐大宛,并三十六国,结乌孙,起敦煌、酒泉、张掖,以鬲婼羌,裂匈奴之右肩,单于孤特,远遁于幕北。四垂无事,斥地远境,起十馀郡。功业既定……至今累世赖之。"①

汉武帝的功过我们且不去评价,但他为使中国边境安宁,曾在中国的北、东、西、南四方边境对外作战。北对匈奴数十年,建立了朔方、五原等郡;东对朝鲜,建立东浪、临屯、玄菟、真番等郡;西伐大宛,建立武威、酒泉、张掖、敦煌等郡;南对南越、东瓯,设立武都、牂柯、越巂、沈黎、文山等郡。所以《汉书·地理志》记载:"汉兴……武帝开广三边。故自高祖增二十六,文、景各六,武帝二十八,昭帝一,讫于孝平,凡郡国一百三……地东西九千三百二里,南北万三千三百六十八里。"②在西汉一百零三郡中,他独增二十八郡,大大扩大了西汉的疆域。但是这连绵不断的征战,自然会加重国家的经济负担,将汉前期国库的积累用光,还必须另有新的财政来源。因此,宣帝时的夏侯胜曾直接面对宣帝指责:"武帝虽有攘四夷广土斥境之功,然多杀士众,竭民财力,奢泰亡度,天下虚耗,百姓流离,物故者半。蝗虫大起,赤地数千里,或人民相食,畜积至今未复。"③为了解决战争经费之不足,武帝时,一改此前七十年税收的"退"的政策为"进"。从《汉书》看,武帝时新增的税有:

---

① 《汉书·韦贤传》,中华书局1999年版,第2338—2339页。
② 《汉书·地理志》,中华书局1999年版,第1309页。
③ 《汉书·夏侯胜传》,中华书局1999年版,第2361页。

(元光六年冬,公元前 129 年),初算商车。

(元狩三年,公元前 120 年)举吏民能假贷贫民者以名闻。

(元狩四年冬),有司言……用度不足……初算缗钱。

(元鼎三年十一月,公元前 114 年)令民告缗者以其半与之。

(元鼎五年)九月,列侯坐献黄金酎祭宗庙不如法夺爵者百六人。

(太初二年,公元前 103 年)五月,籍吏民马,补车骑马。

(太初四年,公元前 101 年)徙弘农都尉治武关,税出入者以给关吏卒食。

(天汉三年,公元前 98 年)初榷酒酤。

(天汉四年)秋九月,令死罪(人)[入]赎钱,五十万减死一等。

(太始二年,公元前 95 年),秋,旱。九月,募死罪(人)[入]赎钱五十万减死一等。①

由上可见,汉武帝时,为解决数十年征战的财政支出不足,新增了大量此前未有的商人车船税,工、商业者资产税,以及为加强该税收的告缗令,酒的专卖税,让弘农都尉收过关税,让百姓养的马都列马籍以补战争用,甚至因诸侯献黄金成色不足而夺诸侯爵,让死罪囚犯入钱减刑等。

武帝时多种税收的增添主要是战争的需要。对于武帝时的对外战争,史家自来有褒贬两种说法。从褒的一面说,武帝不是主动出击的征略战争,他是为了保证国家的安宁,也确实因为这些战争奠定了西汉王朝此后的安定。正如哀帝时的大臣王舜、刘歆所言:"功业既定……至今累世赖之。"从贬的方面看,战争首先加大了国家的负担、人民负担。所以,武帝晚年自己也有后悔,"武帝末年,悔征伐之事,乃封丞相为富

---

① 《汉书·武帝纪》,中华书局 1999 年版,第 117—147 页。

民侯。下诏曰:'方今之务,在于力农'"。因为任命赵过为搜粟都尉,赵过广泛地在民间推广代田法,收成产量提高一倍以上,从三辅到居延边地,均推广代田法,土地也广为开垦。自武帝之后,昭、宣、元、成、哀、平诸皇帝又在税收上实行减税为主的"退"的政策。

昭帝(始元元年,公元前86年)秋七月,赦天下,赐民百户牛酒。

(始元二年)三月,遣使者振贷贫民毋种、食者。秋八月,诏曰:"往年灾害多,今年蚕麦伤,所振贷种、食勿收责,毋令民出今年田租。"

(始元三年)秋,募民徙云陵,赐钱田宅。

(始元四年)徙三辅富人云陵,赐钱,户十万。

秋七月,诏曰:"比岁不登,民匮于食,流庸未尽还,往时令民共出马,其止勿出。诸给中都官者,且减之。"

(始元五年)夏罢天下母马及马弩关。其下应劭曰:"武帝数伐匈奴,再击大宛,马死略尽,乃令天下诸亭养母马,欲令其繁孳,又作马上弩机关,今悉罢之。"

(始元五年六月)诏曰:"赐中二千石以下至吏民爵各有差。"

(始元六年)二月,……议罢盐铁榷酤。

秋七月,罢榷酤官令民得以律占租,卖酒廿四钱。其下师古曰:"盖武帝时赋敛繁多,律外而取,今始复旧。"

(元凤元年,公元80年)三月,赐郡国所选有行义者涿郡韩福等五人帛,人五十匹,遣归。诏曰:"朕闵劳以官职之事,其务修孝弟以教乡里。令郡县常以正月赐羊酒。有不幸者赐衣被一袭,祠以中牢。"

(元凤二年)六月,赦天下。诏曰:"朕闵百姓未赡,前年减漕三百万石。颇省乘舆马及苑马,以补边郡三辅传马。其令郡国毋敛今年马口钱,三辅、太常郡得以叔粟当赋。"其下师古曰:"诸应出赋算租税者,皆听以叔粟当钱物也。叔,豆也。"

(元凤三年)罢中牟苑赋贫民。诏曰:"……其止四年毋漕。三年以前所赈贷,非丞相御史所请,边郡受牛者勿收责。"

(元凤四年)……毋收四年、五年口赋。三年以前逋更赋未入者,皆勿收。

(元凤六年)……诏曰:"夫谷贱伤农,今三辅、太常谷减贱,其令以叔粟当今年赋。"

(元平元年·公元前76年)……诏曰:"天下以农桑为本。日者省用,罢不急官,减外繇……其减口钱。"有司奏请减什三,上许之。

汉昭帝是继武帝征边战争之后,国库空虚时即位的,如班固所言:"承孝武奢侈馀敝师旅之后,海内虚耗,户口减半"①,因此,执政期间,一直实行"轻繇薄赋,与民休息"②的政策。他的措施大体包括四个方面:即一是减免农民的租赋,上述引文可见,田租、赋税包括马的口钱,人的口钱更赋,几乎逐年在减或免;二是实行社会保障,其执政时期多次诏令当老百姓无力归还借政府的贷款、贷种时就由政府免去其应归还之债,还经常赐钱、物、羊、猪以振济;三是压缩政府开支,如"罢不急官","省乘舆马及苑马,以补边郡三辅传马",就是指减去政府冗员,将皇室乘车、皇家苑囿马减去而支援各地邮政传驿马匹;四是当谷粮价贱时,将人民应缴的赋钱以实物充代,免得谷贱伤农。所以,武帝时新增的多种税他均减去,甚至罢除了酒的专卖税。即使常规的租赋又几乎逐年减免。因此,才使国家经济有恢复的可能。

---

① 《汉书·昭帝纪》,中华书局1999年版,第163页。
② 《汉书·昭帝纪》,中华书局1999年版,164页。

宣帝生长于民间,亲历过农民的艰辛,即位后,一直注重对人民的体恤。在位期间,仍坚持减免租税的政策:

(元平元年即位)赐诸侯王以下金钱,至吏民鳏寡孤独各有差。

(本始元年,公元前73年)赐天下人爵各一级,孝者二级,女子百户牛酒。租税勿收。

(本始二年)武帝巡狩所幸之郡国,……赐民爵一级,女子百户牛酒。

(本始三年)大旱。郡国伤旱甚者,民毋出租赋。三辅民就贱者,且毋收事,尽四年。

(本始四年)月……诏曰:"今岁不登,已遣使者振贷困乏。其令太官损膳省宰,乐府减乐人,使归就农业。……输长安仓,助贷贫民。民以车船载谷入关者,得毋传。"

夏四月……诏曰……:"律令有可蠲除以安百姓,条奏。被地震坏败甚者,勿收租赋。"

(地节元年)三月,假郡国贫民田。

(本始三年)鳏寡孤独高年贫困之民,朕所怜也。前下诏假公田,贷种、食。其加赐鳏寡孤独高年帛。

(本始三年)冬十月;诏曰:"……其罢车骑将军、右将车屯兵。"又诏:"池籞未御幸者,假与贫民。郡国官馆,勿复修治。流民还归者,假公田,贷种、食,且勿算事。"

(本始四年)诏曰:"导民以孝,则天下顺。今百姓或遭衰经凶灾,而吏繇事,使不得丧,伤孝子之心,朕甚怜之。自今诸有大父母,父母丧者勿繇事,使得收敛送终,尽其子道。"

(本始四年)九月,诏曰:"……今年郡国颇被水灾,已振贷。盐,民之食,而贾咸贵,众庶重困。其减天下盐贾。"

(元康元年三月),诏曰:"……加赐鳏寡孤独、三老、孝弟力田帛。所振贷勿收。"

（元康二年三月），赐天下吏爵二级，民一级，女子百户牛酒，鳏寡孤独高年帛。

（元康二月夏五月）诏曰："……今天下颇被疾疫之灾，朕甚愍之。其令郡国被灾甚者，毋出今年租赋。"

（元康三年）夏六月，诏曰："……其令三辅毋得以春夏摘巢探卵，弹射飞鸟。具为令。"

（元康四年）三月，诏曰："……其赐天下吏爵二级，民一级，女子百户牛酒。加赐三老、孝弟力田帛，人二匹，鳏寡孤独各一匹。"

比年丰，谷石五钱。

（神爵元年）赐天下勤事吏爵二级，民一级，女子百户牛酒，鳏寡孤独高年帛。所振贷物勿收。行所过毋出田租。

（神爵三年）秋八月，诏曰："……今小吏皆勤事，而奉禄薄，欲其毋侵渔百姓，难矣，其益吏百石以下奉十五。"

（神爵四年）春二月，诏曰："……其赦天下，赐民爵一级，女子百户牛酒，鳏寡孤独高年帛。"

（五凤三年）减天下口钱。

（甘露二年）诏曰："……减民算三十。"其下师古注曰："一算减钱三十也。"

（甘露三年）诏曰："……赐民爵二级。毋出今年租。"①

总结宣帝时的税收政策：一是大量减免田租、税收，甚至减口钱，算赋，一算减去三十钱；二是同步赐民爵，奖励孝弟力田；三是减去武帝时的屯边；四是注重农业生态环境保护；五是借公田、种、食给民生产。正因为此，才在宣帝时出现"比年丰，谷石五钱"的景象，农业连年丰收，以

---

① 《汉书·宣帝纪》，中华书局1999年版。

至谷一石才卖五钱。所以班固赞他:"孝宣之治,信赏必罚……业垂后嗣,可谓中兴。"①

汉元帝承继昭、宣二帝的减免税收的政策。

初元元年……以三辅、太常、郡国公田及苑可省者振业贫民,赀不满千钱者赋贷种、食。

夏四月……又曰:"关东今年谷不登,民多困乏。其令郡国被灾害甚者毋出租赋。江海陂湖园池属少府者以假贫民,勿租赋。"

六月,以民疾疫,令大官损膳,减乐府员,省苑马,以振困之。

九月,关东郡国十一大水,饥或人相食,转旁郡钱谷以相救。诏曰:"……其令诸官馆希御幸者勿缮治,太仆减谷食马,水衡省肉食兽。"

(初元)二年……诏罢黄门乘舆狗马,水衡禁圃、宜春下苑、少府佽飞外池、严籞池田假与贫民。诏曰:"……郡国被地动灾甚者无出租赋。"

(初元)四年春正月,行幸甘泉,郊泰畤。……行所过无出租赋。

(初元五年)罢……盐铁官。

永光元年春正月,行幸甘泉,郊泰畤。……行所过毋出租赋。

三月,诏曰:"……其赦天下,令厉精自新,各务农亩。无田者皆假之,贷种、食如贫民。"

(永光三年)冬,复盐铁官……以用度不足,民多复除,无以给中外繇役。

四年春二月,诏曰:"……其赦天下,所贷贫民勿收责。"

(建昭)五年春三月,诏曰:"……其赦天下,赐民爵一级,女子

---

① 《汉书·宣帝纪》,中华书局1999年版,第192页。

百户牛酒,三老,孝弟力田帛。"

竟宁元年春正月,匈奴呼韩邪单于来朝。诏曰:"……赐单于待诏掖庭王樯为阏氏。"

我们看出,元帝执政十六年间,一是大量经常性减免租税;二是针对灾情,如地震等减租赋,并减少皇室中央开支,如省苑马、减乐府员、损膳、罢黄门乘舆狗马、停止宫廷修缮等,并将皇室娱乐用的苑田假借给贫民耕种不收债;三是常实行宽刑政策,赦天下罪犯,并借给他们公田耕种,不收租借费;四是对匈奴和亲,因为王樯之和亲曾保证了边境六十多年的和平,惠及至此后成帝之时。

成帝仍承袭乃父做法:

(建始元年)赐……三老、孝弟力田、鳏寡孤独钱帛,各有差,吏民五十户牛酒。

秋,罢上林宫馆希御幸者二十五所。

十二月,……郡国被灾什四以上,毋收田租。

二年春正月……诏曰:"……减天下赋钱,算四十。"其下孟康注曰:"本算百二十,今减四十,为八十。"

罢六厩、技巧官。

秋……减乘舆厩与。

三年春三月,赦天下徒。赐孝弟力田爵二级。诸逋租赋所振贷勿收。

河平元年春三月,诏曰:"……赐天下吏民爵,各有差。"

六月,罢典属国并大鸿胪。

四年春……赦天下徒,赐孝弟力田爵二级,诸逋租赋所振贷勿收。

(四年)水所毁伤困乏不能自存者,财振贷。其为水所流压死,不能自葬,令郡国给槥椟葬埋。已葬者与钱,人二千。避水它郡国,在所冗食之,谨遇以文理,无令失职。

(阳朔二年)夏五月,除吏八百石,五百石秩。其下李奇注曰:"除八百就六百,除五百就四百。"

(鸿嘉元年)其赐天下民爵一级,女子百户牛酒,加赐鳏寡孤独高年帛。逋贷未入者勿收。

(鸿嘉)三年夏四月,赦天下。令吏民得卖爵,贾级千钱。

四年春正月,诏曰:"……被灾害什四以上,民赀不满三万,勿出租赋。逋贷未入,皆勿收。"

秋,渤海、清河、河溢,被灾者振贷之。

(永始二年),诏曰:"……有可省减便安百姓者,条奏。所振贷贫民,勿收"又曰:"关东比岁不登,吏民以义收食贫民、入谷物助县官赡者,……其百万以上,加赐爵右更……三十万以上,赐爵五大夫……十万以上,家无出租赋三岁。万钱以上,一年。"

(永始四年)三月,行幸河东……行所过无出田租。

(元延四年三月)赐长安民牛酒。①

成帝在位二十六年,仍然继承税收的"退"的政策,尤其在灾年不仅减免租赋,且减皇帝机构及其开支,将主持外交事务的典属国与大鸿胪合并,②罢上林宫馆二十五所,罢六厩、技巧官③减乘舆厩马,特别在奖励农耕者以爵位时,又允许困难时卖爵。对灾害时的社会人士支援国家救济的给以赐爵或减免租赋的回报。特别将算赋减为每算八十钱。灾年,减政府高官薪俸,如吏八百石改为六百石,五百石改为四百石。汉制,县令一级工资为千石至六百石,县长一级为五百石至三百石。④

---

① 《汉书·成帝纪》,中华书局1999年版。
② 《汉书·百官公卿表》,中华书局1999年版,第619页。
③ 《汉书·百官公卿表》,中华书局1999年版,第619页。
④ 《汉书·百官公卿表》,中华书局1999年版,第624页。

其后的哀帝、平帝都是幼年即位又早逝。如哀帝二十即位,在位六年。平帝九岁即位,在位五年。但减免税收的政策仍在执行。如:

(绥和二年四月)大赦天下。赐……吏民爵,百户牛酒,三老、孝弟力田、鳏寡孤独帛。

六月,诏曰:"郑声淫而乱乐,圣王所放,其罢乐府。"

又曰:"……诸名田畜奴婢过品,皆没入县官。……披庭宫人年三十以下,出嫁之。官奴婢五十以上,免为庶人。禁郡国无得献名兽。"

(绥和二年)诏曰:"……乃者河南颍川郡水出,流杀人民,坏败庐舍。……赐死者棺钱,人三千。其令水所伤县邑及他郡国灾害什四以上,民赀不满十万,皆无出今年租赋。"

(建平元年)太皇太后诏外家田非冢茔,皆以赋贫民。

(建平二年)七月……为初陵。勿徙郡国民,使得自安。

(元寿元年)诏曰:"……大赦天下。"

平帝(元始元年)太皇太后省所食汤沐邑十县,属太司农,常别计其租入,以赡贫民。

(元始二年)郡国大旱,蝗……以口赋贫民……天下民赀不满二万,及被灾之郡不满十万,勿租税。民疾疫者,舍空邸第,为置医药。赐死者一家六尸以上葬钱五千,四尸以上三千,二尸以上二千。……募徙贫民,县次给食。至徙所,赐田宅什器,假与犁牛、种、食。又起五里于长安城中,宅二百区,以居贫民。

(元始二年)九月……赦天下徒。

募汝南、南阳勇敢吏士三百人,谕说江湖贼成重等二百馀人皆自出,送家在所收事。重徙云阳,赐公田宅。

(元始四年)诏曰:"……其明敕百寮,妇女非身犯法,及男子年八十以上七岁以下,家非坐不道,诏所名捕,它皆无得系。其当验者,即验问。定著令。"

(元始四年二月)大赦天下。

赐天下民爵一级,鳏寡孤独高年帛。

以上列举的史实说明西汉王朝二百多年税收法制的一个无可辩驳的发展规律,即进退有序的税收原则。

三、西汉国家税收政策演进总结

西汉初期,前五位皇帝执政时期税收法制原则采取了以"退"为主的政策,从而保证了一个经过秦王朝近十五年苛政重赋及其后五年战乱使国民经济濒临崩溃边缘的新兴王朝国民经济的恢复发展和立定根基。这里包括了前五位执政者的轻税减赋,让人民能有一个安定的、轻松的生存环境。他们不仅将田税这项与人民生存息息相关的税收,从秦的"泰半之赋"即收人民生产量三分之二的重税减到此前从未有过的"什五税一"、景帝时的"三十税一",而且经常性地在此基础上再减免。汉文帝十三年下诏赐民十二年租税之半以后,又在第二年全面减除了此后的农业税。"明年,遂除民田之租税。""后十三岁,孝景二年,令民半出田租,三十而税一也。"① 这从此成为中国古代史上的佳话。民以食为天,这样的减免农业税自然使农民得到喘息,且在几十年无战乱情况下,农业生产大大恢复和发展了。但是,人们不禁要问,国家税收如此之轻,又加以经常减免,政府的日常开支从何而出？这里早有经济智囊晁错为皇帝支招了。那便是令民入粟拜爵。老百姓在安定环境下生产,家有余粮,便可主动缴国家所需之粮,以换得爵位。当时首先是将余粮缴到边疆供战备需要之处。于是汉文帝听从智囊之建议"令民入粟边,六百石爵上造,稍增至四千石为五大夫,万二千石为大庶长,各以

---

① 《汉书·食货志》,中华书局 1999 年版,第 955 页。

多少级数为差"。① 也就是说,让老百姓将多余的粮食缴纳到边疆需防守之处,以缴纳粮食的多少给予不同等级爵位的奖励。如,缴六百石的给予第二等爵,缴四千石的给予第九等爵,缴一万二千石的给予第十八等爵的奖励。当边防地区所得到百姓缴的粮已足用后,即可让百姓将余粮缴入所在的郡县,同样也入粟拜爵。而郡县存粮是为了防止地方灾难之备。而当地方存粮也足以后,皇帝便可及时赦免一地一诸侯国或全国的田税了。这就是晁错建议的:"边食足以支五岁,可令入粟郡县矣;足支一岁以上,可时赦,勿收农民租。"②汉文帝也果然采纳了他的建议。入粟拜爵并不是买卖官位,因为爵位是名誉身份的等级制表现,不是官位。这种入粟拜爵只不过是将秦代的以军功授爵改变为以奖励农业生产给爵。但是它使农民改变秦以来的好征战观而为勤农耕,并且国库、边疆、郡县都有存粮,社会安宁,农民也富足。正如晁错所言:"如此,德泽加于万民,民俞勤农。时有军役,若遭水旱,民不困乏,天下安宁;岁孰且美,则民大富乐矣。"③人民入粟拜爵不仅有名誉身份上的好处还有经济实惠,因为"令民入粟受爵至五大夫以上,乃复一人耳"。④ 也就是说如入粟边郡四千石粮得第九等爵五大夫以上,就可免一人的算赋了。除入粟拜爵外,为了发展农耕和防止外敌入侵,可以奖励民间有车和马匹的家庭,只要一家有车辆和马一匹就可免去三个男丁的军役,或无应服军役者,就可免去算赋。"令民有车骑马一匹者,复卒三人。"⑤这两种措施既减免人民负担,国家也不增加什么负担,便可使国泰民安。如晁错言:"爵者,上之所擅,出于口而亡穷;粟

---

① 《汉书·食货志》,中华书局 1999 年版,第 955 页。
② 《汉书·食货志》,中华书局 1999 年版,第 955 页。
③ 《汉书·食货志》,中华书局 1999 年版,第 955 页。
④ 《汉书·食货志》,中华书局 1999 年版,第 954 页。
⑤ 《汉书·食货志》,中华书局 1999 年版,第 955 页注④。

者,民之所种,生于地而不乏。夫得高爵与免罪,人之所甚欲也。使天下人入粟于边,以受爵免罪,不过三岁,塞下之粟必多矣。"①果真,正是这入粟拜爵的政策,使国家数十年间恢复了经济,粮食、马匹都积累有余。"京师之钱累百巨万,贯朽而不可校。太仓之粟陈陈相因,充溢露积于外,腐败不可食。众庶街巷有马,仟佰之间成群,乘牸牝者摈而不得会聚。"②这段描述成为西汉前期经济发展的经典写照。

中期,汉武帝执政的五十三年间,为东、西、南、北四方征战之需,不仅用光了前期七十年的府库积蓄仍然不足,还另在税收上实行"进"的政策,加收了前述多种税收,国家经济的发展也受到重创。史籍多次记载,因为征战"费数十百巨万,府库并虚",③"是岁,费几百馀巨万","费亦各以巨万十数"。④ 但是终未造成经济的崩溃,原因在于武帝时采取了几项重要措施以解决危困。这主要是"令民得畜边县","乃著令、令封君以下至三百石吏以上差出牝马天下亭,亭有畜字马,岁课息"。⑤也就是让边境地方由官府出母官马给老百姓畜养,满三年,将母马归还官府,每十匹母马还官府一匹驹,称为息什一。这样边地马的需用有保证,还免去边地告缗令。又让官员向边地出母马,官府再租于民间畜养,这是解决边地马的办法。另外,在边郡实行戍田制,就是后来三国曹魏屯田制的起源。在"张掖、酒泉郡,而上郡、朔方、西河、河西开田官,斥塞卒六十万人戍田之"。⑥ 屯田制是在边疆地区派军人平时种田加戍边,战时作战,它可寓兵于民,并减少国家军费开支。第三项重要措施是实行均输法,在京城设平准官,当货物在市场上量多且价贱时由

---

① 《汉书·食货志》,中华书局 1999 年版,第 954—955 页。
② 《汉书·食货志》,中华书局 1999 年版,第 956 页。
③ 《汉书·食货志》,中华书局 1999 年版,第 971 页。
④ 《汉书·食货志》,中华书局 1999 年版,第 973 页。
⑤ 《汉书·食货志》,中华书局 1999 年版,第 981 页。
⑥ 《汉书·食货志》,中华书局 1999 年版,第 981 页。

平准官贱价买进,市场上货物稀缺时又平价卖出,防止富商囤积居奇,国家调控可平抑物价,这样,因均输法防止市场上经济动荡,而平准官管天下物资运输,也将运费收入补贴国用。所以,国家的战争费用主要由大司农主管的盐铁专卖税和均输税支撑。"大农以均输调盐铁助赋,故能澹之。然兵所过县,县以为訾给毋乏而已,不敢言轻赋法矣。"①第四项措施是用桑弘羊的建议实行入粟补吏。这已经有买卖官职的作用了,但解决了库存粮食的不足和府库存钱的不足。并废除了不得民心的告缗令。"弘羊又请令民得入粟补吏,及罪以赎。……山东漕益岁六百万石。一岁之中,太仓、甘泉仓满。边馀谷,诸均输帛五百万匹。民不益赋而天下用饶。"②当然,武帝晚年后悔征伐事,令赵过为治粟都尉,实行农耕新技术代田法,对提高农产品的生产量也有补救作用,再加以币制改革,这些措施都使国民经济未全面滑落。

　　武帝之后六帝均实行减免租税政策,加之以和亲政策,保证了边境基本安定,所以国民经济又有恢复。总之,从史籍记载看,直到西汉末年,汉王朝的经济发展仍是相当平稳的。从国库的积蓄看,直至西汉最后一个皇帝汉平帝时,国库钱币的储存量还很大。"自孝武元狩五年三官初铸五铢钱,至平帝元始中,成钱二百八十亿馀云。"③也就是说从公元前 118 年汉武帝明确废除各郡国铸钱,而集中由中央政府的专门机构三官铸五铢钱。自此以后,货币由国家专铸,国家对财政的控制能力大大加强,到西汉末年汉平帝时,即公元 8 年,这一百二十多年间,中央铸造的铜钱,就有二百八十亿万多钱。如折成黄金就有二百八十亿斤之多。除国库存货币多之外,国家还调整其他管理经济的措施。不仅武帝时,在桑弘羊建议下,实行均输法,设平准官防止大商人利用市场

---

① 《汉书·食货志》,中华书局 1999 年版,第 982 页。
② 《汉书·食货志》,中华书局 1999 年版,第 983 页。
③ 《汉书·食货志》,中华书局 1999 年版,第 984 页。

物价波动牟大利,以后汉昭帝时又听从大司农中丞耿寿昌的建议设置常平仓,类似均输平准官,也进一步解决因边地物价动荡给国家经济发展带来的危困。"(五凤四年)大司农中丞耿寿昌奏设常平仓,以给北边省转漕"其下应劭注曰:"寿昌奏令边郡谷贱时增贾而籴,谷贵时减贾而粜,名曰常平仓。"①再加以后来六位皇帝的不断减免租税政策,所以国家的积蓄不少,百姓生活不错,人民不流亡,户口也增多。《史书》记载,汉哀帝时"宫室苑囿府库之臧已侈,百姓訾富虽不及文景,然天下户口最盛矣"。② 而对这种发展经济的法律制度,班固也早有评价:"易称'衰多益寡,称物平施',书云'茂迁有无',周有泉府之官,而孟子亦非'狗彘食人之食不知敛,野有饿莩而弗知发'。故管氏之轻重,李悝之平籴,弘羊均输,寿昌常平,亦有从徕。顾古为之有数,吏良而令行,故赖其利,万国作乂。及孝武时,国用饶给,而民不益赋。"③也就是说,《易经》已经说过,从货物多者处取得而增加财货少的人的收入,万物就能处于公平状态;《书经》也说过,劝勉天下人迁徙有无,使货物相通;西周有帛府这一机构就是掌管市场商业税收,防止商人囤货不售,当市场货有余时,国家以平价买之;防止市场缺货时,国家可将买入货物再以平价卖出,调节市场经济。孟子也曾指责那些当政者,在物有多余,猪狗都吃人食时,还不懂及时将供应有余的货物由国家收敛,而当路上已有人饿死时,国家还不懂得开仓济贫;所以管子才以货币调节市场价格,李悝才实行平价入籴,平价出粜;桑弘羊实行均输法,耿寿昌设置常平仓,他们的做法也是有先例的。顾念以往先例,选择良吏执法,这样老百姓可依赖这种良法而获益,国家也因而能得到好的治理。到武帝时,因依靠这些良法,国用有余而老百姓还没受加税之苦。正因为税收进

---

① 《汉书·宣帝纪》,中华书局1999年版,第187页。
② 《汉书·食货志》,中华书局1999年版,第960页。
③ 《汉书·食货志》,中华书局1999年版,第990页。

退有序,西汉时期国土达到中国封建制前期的顶峰,人口也同样达到中国封建制前期的顶峰。国土达到"地东西九千三百二里,南北万三千三百六十八里",而人口则达到"口五千九百五十九万四千九百七十八",[1]班固称赞:"汉极盛矣!"[2]其东南部番禺、日南都形成对外商船贸易之处。地域超过秦时中国的疆域,而人口也比秦朝时多出近一千万之数。成为中国封建制时期第一个经济发展高峰期。

---

[1] 《汉书·地理志》,中华书局1999年版,第1309页。
[2] 《汉书·地理志》,中华书局1999年版,第1309页。

附录：史籍记载的关于动产侵权的法律规定及案例

除法律规定外，我们从史籍和文献记载中也看到很多有关侵权行为法的实例。

对于动产侵权，见于史籍和汉简记载的有恐吓诈取和毁损两种状况。

1. 恐吓诈取。

汉代王室贵族、官僚地主、地方豪强往往利用他们手中的特权，置法律不顾，肆意侵吞、诈取他人财物，造成社会矛盾的加剧。汉武帝时，曾颁布诏令分全国为十三个行政监察区，派刺史为监察官，按照武帝手订"六条问事"。《汉书·百官公卿表上》记载："武帝元封五年初置部刺史，掌奉诏条察卅"，其下，颜师古注曰："汉官典职仪云刺史班宣，周行郡国，省察治状，黜陟能否，断治冤狱，以六条问事，非条所问，即不省。一条，强宗豪右田宅逾制，以强凌弱，以众暴寡。二条，二千石不奉诏书遵承典制，倍公向私，旁诏守利，侵渔百姓，聚敛为奸。三条，二千石不恤疑狱，风厉杀人，怒则任刑，喜则淫赏，烦扰刻暴，剥截黎元，为百姓所疾，山崩石裂，袄祥讹言。四条，二千石选署不公，苟阿所爱，蔽贤宠顽。五条，二千石子弟恃怙荣势，请托所监。六条，二千石违公下比，阿附豪强，通行货赂，割损正令也。"[①]这"六条问事"，第一条就是针对宗室豪

---

① 《汉书·百官公卿表》(上)，中华书局1999年版，第623—624页。

第二章　汉代的经济法律制度　　245

右强权侵占百姓田宅,第二条针对二千石以上高官为夺利而侵渔百姓,聚敛为奸的。第五条针对二千石高官子弟的霸权,第六条针对二千石高官与地方豪强勾结,内为私利而损害国家法令。可见,当时宗室、高官、豪强勾结一起,侵渔百姓问题已十分严重,才专门有此法律措施的。
《汉书王子侯表第三上》记载:"平城侯礼,河间献王子。……元狩三年(武帝时,公元前120年),坐恐猲取鸡以令买偿免,复谩,完为城旦。"师古曰:"恐猲取人鸡,依令买鸡以偿,坐此免侯,又犯欺谩,故为城旦也。"①王先谦《汉书补注》又作了补注:"沈钦韩曰,景纪,吏饮食计偿费勿论。此谓取饮食物,准令当买偿。复欺谩未偿,故论城旦也。以宗室,故不髡钳。"②这个平城侯礼,本是河间献王的一个儿子,是汉武帝的侄子,被封为侯,他所犯的罪是"恐猲取人鸡",也就是依仗自己是宗室侯爵吓唬人而强占了别人的一只鸡。按景帝时的令处理此案,官员因吃用饮食,如偿还了被吃用的饮食物价,可以不列入犯罪。此案第一次审理即只依此令只让他偿还一只鸡的买价,并未因此免去封侯。但是,他却在此后,未偿买鸡价却向司法官员谎报说已偿买鸡价,因而从原侵占别人鸡变为"欺谩罪",故再判,处以五年徒刑的"完城旦"刑。此次再判也还照顾他为宗室子弟未加刑具,故未判"髡钳城旦"而为"完城旦",即实行耻辱刑"完刑",就是剃去胡须,保留头发,再加"城旦",守城四至五年。此一案例,说明汉代对侵占动产的侵权行为,由"令"来规定,因为侵占不动产的侵权行为,《吕后二年律令·田律》中已有律文规定:令以补律,所以对侵占动产的,其法令为:(1)属于侵占饮食类的,偿还原物物价,不处刑,但对宗族,则剥去封爵;(2)侵占加欺诈的,处刑。即除去赔偿原物价外,还服四至五年劳役刑。此案发生于汉武帝元狩

---

① 《汉书·王子侯表第三》(上),中华书局1999年版,第337页。
② [清]王先谦补注:(国学基本丛书)《汉书补注》,商务印书馆1959年版,第544页。

三年,即公元前 120 年,十四年后,即武帝元封五年(公元前 106 年),武帝即特设十三刺史制度,派往全国监察宗族、高官、豪强侵犯民众利益,特颁"六条问事"诏令。"六条问事"大量针对的仍是严重侵权行为。

汉令关于官员多吃多占,接受下级所送财物的贱买贵卖,也以准侵权行为法惩治,有法令规定。《汉书·景帝纪》载:

(景帝二年)秋七月,诏曰:"吏受所监临,以饮食免,重;受财物,贱买贵卖,论轻。廷尉与丞相更议著令。"廷尉信谨与丞相议曰:"吏及诸有秩受其官属所监、所治、所行、所将,其与饮食计偿费,勿论。它物,若买故贱,卖故贵,皆坐臧为盗,没入臧县官。吏迁徙免罢,受其故官属所将监治送财物,夺爵为士伍,免之。无爵,罚金二斤。令没入所受。有能捕告,畀其所受臧。"①

这一段文献记载了汉代景帝时一条汉令的形成及其内容。景帝二年时,下诏书说原有的法令中关于官吏接受其属下所赠予的饮食就免去官职,处罚过重,而从属下处买卖物品中贱买贵卖时,又行政处罚太轻,让主管司法的廷尉与丞相共同商议修改原令。廷尉和丞相商议后所修改的令为:官吏接受其属下所提供的饮食而自己支付了饮食费的,不算犯法,不予以刑罚或行政制裁。所以前面所引武帝时对平城礼的"恐猲取人鸡"案的初判即依此令处理的。但是官吏接受下属提供的非饮食物,或买购下属提供的非饮食物,在买卖关系发生时有故意贱买贵卖行为则一律被视为犯了盗窃罪。所得之物,按赃物被没收入官;官吏并因此被降职或免官、罢官。如果官吏接受了下属所赠送的财物,有爵位的,夺去爵位,令他成为士伍,并免去官职,就是法律所称的"除名"。无爵位的官吏,要因此处以罚金二斤的刑罚,并将其所接受的赃物没收入官。对于这种收受下属赠物的官员如有人能逮捕他,或向官府告发

---

① 《汉书·景帝纪》,中华书局 1999 年版,第 101 页。

的,就将所受赠物作为奖励,给予逮捕者或告发者。

这是一条行政法令,但内容涉及官员侵占动产的法律制裁,它补充了律仅规定的对不动产侵权的法律制裁之不足。

《居延汉简》中记载了官府无故扣发吏卒的口粮和俸禄,而被侵权人请求法律补偿的行政诉讼案例,也是汉代对动产的侵权行为的法律制裁的实证。

尉史临白:故第五燧卒司马谊自言除沙畛北,未得去年九月家属实。谊言部以移籍廪,令史田忠不肯与谊食。89·2

尉史李凤自言,故为居延高亭亭长,三年十二月中送诏狱证觚得,便从居延迎钱,守丞景临,取四年五月奉钱六百;至二月中从库、令史郑忠取二月奉,不重得正月奉。令库掾严夏留凤九月奉钱,不当留库,证所言。① 179·30

汉代的张掖郡原为匈奴昆邪王所辖故地,武帝太初元年(公元前104年)设郡。共辖十县,简文第二例所提到的觚得是其辖地之一,简文发掘于居延,居延虽也是十县之一,因属边疆重地,故不为县令治所,而为都尉治所。也就是说,直属张掖郡尉管辖。都尉是管辖郡的军事事务的,其下属又有长史,是掌管兵马的。县令、县长以下的下属有县丞、县尉;再下有斗食、佐史;最低有亭,亭设亭长。而居延是边郡的县,设防按军事编制有燧。守边士卒称"卒"。

这两条简文,均发现于居延县。第一条简文是都尉的下属任长史职务的,名叫临的,写的向上级的呈文。内容是说原属第五燧的士卒司马谊反映,因为参加对北方的守边战斗,未领取去年九月份的家属口粮,本已向上级管理粮食的仓廪反映过,但管理仓廪的小吏田忠仍不肯

---

① 《居延汉简》(甲乙编),中华书局1980年版。又见前引《居延汉简》(甲编),第五〇二简,第23页上;第一〇一三简,第43页下。

补发给司马谊所欠发的家属口粮。第二简是已升为都尉下属长史的叫李凤的人,自己向上级提交的一份诉讼文书。说他原先是居延县的一个亭长,在三年十二月,奉命押送以诏狱判刑的人至觚得县,但自己的薪俸仍应从居延县领取。薪俸为每月六百钱,他次年一月份领俸钱,二月份领俸钱均有发放俸钱的官员人名,并未重领一月份俸钱。现在另一官员管国库的掾说他重领了一月份俸钱,故扣发他九月份俸钱还留国库。他证明,他未重领,故而九月份俸钱不应当被扣留国库。

这两条简文,一是上司扣发了士卒家属口粮,一是主管财务者误以为官员李凤重领薪俸而扣发薪俸,国库形成不当得利。均属民事上的侵权之债。当然,由于简文的不全,我们不得知其结果为何,但是能以文书上报上司主管机关,说明申报人认为依法,自己有权获得法律救援的,特别在第二简的结尾,告诉人强调"不当留库,证所言",说明告诉人认为如主管国库的官员强扣他九月份的薪俸,则国库成为不当得利者,故特别强调"不当留库"。而"证所言",是法律用语,表明自己可自证且也有他证,证明他的告诉是正确的。

2.毁损。

在对动产的侵权行为中,有一种属于毁损。侵权人因为主观或客观原因造成对他人财物的毁坏或损失甚或达成毁灭,都属于毁损。依照汉代法律侵权人要对自己的毁损所造成的债务承担损坏赔偿的义务。《居延汉简》中有此方面完整的案例记载。

《张宗责赵宣马钱案》:

囗书曰:大昌里男子张宗责居延甲渠收房隧长赵宣马钱凡四千九百二十,将告宣诣官。[先]以证财物故不实,臧二百五十以上,[辞]已定……赵氏故为收房隧长,属士吏张禹。宣与禹同治,乃永始二年正月中禹病,禹弟宗自将驿牝胡马一匹来视禹,禹死,其月中审日,宗见塞外有野橐佗……宗马出塞逐橐佗,行约三十余里,得橐佗一匹,还未到隧,辄马萃僵死,宣以死马更所得橐佗归宗,宗不肯受。宣谓宗曰:强使宣行,马不幸猝死,不以偿宗马也。……共平宗马直七千,令宣偿宗,宣立以□钱千六百付宗。其三年四月中,宗使肩水府功曹□子渊责宣,子渊从甲渠侯杨君取直,三年二月尽六。229·1①

此组汉简原件,上部略残,结尾部分又未写完,但简文主体部分相当清楚:这是一件因毁损动产马匹而引起的侵权纠纷案。债主大昌里男子张宗,控告的是居延县甲渠收虏隧长赵宣。债的标的是赵宣所欠毁损张宗马匹钱四千九百二十。具体案情为:张宗的兄长张禹是管理士卒的吏,与赵宣在同一治所,赵宣为张禹的下属。事情发生于汉成帝永始二年(公元前15年)。该年正月中张禹生病,其弟张宗自骑一匹胡牝马来探视,张禹病死。该月某日,张宗见到塞外有野骆驼,赵宣骑张宗的马出塞外追逐野骆驼。马跑了约有三十多里,捕得野骆驼一匹,还未待回到隧里,张宗的马猝死。赵宣将死马和所捕得野骆驼一并交给张宗。但张宗不肯接受。赵宣对张宗说:你强要让我为你追骆驼,马因此不幸猝死,我不应当因此偿还你的马钱。其后该案经判决,马的价值为七千钱,司法机关令赵宣依此偿还张宗马钱。赵宣现场将现金一千六百钱偿付。到永始三年四月中旬,张宗又来讨所欠马金。张宗让肩水府的功曹□子渊为赵宣代偿。子渊从甲渠侯杨君处取得货价,在三年二月……,因简文结尾部缺失,最终此案结局不得知。但从保留的简文看,这是一桩赵宣毁损张宗马匹的侵权赔偿案。原初判赵宣应偿张宗马钱七千钱,赵宣已赔一千六百钱,应欠五千四百钱,后来第宗索讨,子渊又代清偿了部分。此次索讨了剩下的马钱四千九百二十钱。

根据《二年律令·田律》二五二,侵权如杀伤马牛,赔偿金与盗法同

---

① 《居延汉简》(甲乙编),中华书局1980年版。

罚,但赵宣非故意毁损马,故初判仅为归还马的价值。赵宣虽在自辩中称是张宗强迫自己去追骆驼,但赵宣的辩解未被司法官采纳,看来,按照汉代法律,只要构成事实上的侵权,不论侵权人的主观意愿是什么,侵权人在法律上承担侵权赔偿之责任。

参 考 文 献

1. 中国科学院考古研究所编辑:《居延汉简》(甲编),科学出版社1959年版。
2. 《居延汉简》(甲乙编),科学出版社1980年版。
3. 银雀山汉墓竹简整理小组编:《银雀山汉墓竹简》,文物出版社1985年版。
4. 《张家山汉墓竹简》,文物出版社2006年版。
5. 甘肃省文物考古研究所、甘肃省博物馆、中国文物研究所、中国社会科学院历史研究所编辑:《居延新简上——甲渠侯官》,中华书局1994年版。
6. 胡平生、张德芳撰:《敦煌悬泉汉简释粹》,上海古籍出版社2001年版。
7. [汉]许慎:《说文解字》,中华书局1963年影印版。
8. [清]段玉裁注:《说文解字注》,上海古籍出版社1981年版。
9. [唐]长孙无忌等撰:《唐律疏议》,中华书局1983年版。
10. [清]王先谦补注:(国学基本丛书)《汉书补注》,商务印书馆1959年版。
11. [宋]袁枢:《通鉴纪事本末》(全八册),中华书局1955年9月版。
12. 孔庆明、胡留元、孙季平编著:《中国民法史》,吉林人民出版社1996年版。
13. 李志敏:《中国古代民法》,法律出版社1988年版。
14. 《居延新简》,文物出版社1990年版。
15. 翦伯赞、郑天挺主编:《中国通史参考资料》(古代部分,第三册《封建社会——战国到东汉末》),本册由何兹全主编,中华书局1962年版。
16. 《史记》,中华书局1959年版。
17. 《汉书》,中华书局1999年版。
18. 《后汉书》,中华书局1999年版。
19. 《晋书》、《魏书》,中华书局1999年版。
20. 《南史》,中华书局1999年版。
21. 《北史》,中华书局1999年版。
22. 白寿彝总主编:《中国通史》修订本,第四卷(中古时代秦汉时期),上海人民出版社2004年版。

23. 吕思勉:《吕著中国通史》,华东师范大学出版社 2005 年版。
24. 吕思勉:《秦汉史》,上海古籍出版社 2005 年版。
25. 吕思勉:《中国制度史》,上海教育出版社 1985 年版。
26. 吕思勉:《吕思勉读史札记》(上、中、下),上海古籍出版社 2005 年版。
27. 陈顾远:《中国婚姻史》,商务印书馆 1936 年版。
28. 冯卓慧:《罗马私法进化论》,陕西人民出版社 1992 年版。
29. 陈梦家:《汉简缀述》,中华书局 1982 年版。
30. 郑学檬主编:《中国赋役制度史》,上海人民出版社 2000 年版。
31. 李振宏:《居延汉简与汉代社会》,中华书局 2003 年出版。
32. 沈颂金:《二十世纪简帛学研究》,学苑出版社 2003 年出版。
33. 中国科学院哲学研究所中国哲学史组编:《中国哲学史资料选辑——两汉之部(上、下)》,中华书局 1960 年版。
34. 杨翼骧编著:《秦汉史纲要》,新知识出版社 1956 年版。
35. 林梅村、李均明编:《疏勒河流域出土汉简》,文物出版社 1984 年 3 月版。
36. 中国社会科学院历史研究所战国秦汉史研究室编:《简牍研究译丛》(第一辑),中国社会科学出版社 1983 年版。
37. 林剑鸣编译:《简牍概述》,陕西人民出版社 1984 年版。
38. 许建平:《敦煌文献丛考》,中华书局 2005 年版。
39. 王重民:《敦煌古籍叙录》,中华书局 1979 年版。
40. 《新唐书》,简体字二十四史,中华书局 1999 年版。
    《旧唐书》,简体字二十四史,中华书局 1999 年版。
    《隋书》,简体字二十四史,中华书局 1999 年版。
    《晋书》,简体字二十四史,中华书局 1999 年版。
    《宋书》,简体字二十四史,中华书局 1999 年版。
    《南史》,简体字二十四史,中华书局 1999 年版。
41. 王永兴编:《隋唐五代经济史料汇编校注》,中华书局 1987 年版。
42. 《大唐六典》,广池学园事业部刊行,1973 年版。
43. 钱大群译注:《唐律译注》,江苏古籍出版社 1988 年版。
44. 《十三经注疏·春秋左传正义》,中华书局 1980 年影印版。
45. 《十三经注疏·礼记正义》,中华书局 1980 年影印版。
46. 《十三经注疏·仪礼注疏》,中华书局 1980 年影印版。
47. 《十三经注疏·尚书正义》,中华书局 1980 年影印版。
48. 《十三经注疏·周礼注疏》,中华书局 1980 年影印版。

49.《十三经注疏·春秋穀梁传注疏》,中华书局 1980 年影印版。

50. 吕振羽:《中国政治思想史》,生活·读书·新知三联书店 1949 年版。

51. 王云五主编,[唐]杜佑撰:《万有文库第二集·通典》,商务印书馆 1935 年版。

52. 王云五主编,[南宋]郑樵撰:《万有文库·通志》,商务印书馆 1936 年版。

53. 王云五主编,[元]马端临撰:《万有文库·文献通考》,商务印书馆 1936 年版。

54. 王云五主编,[宋]徐天麟撰:《万有文库·东汉会要》,商务印书馆 1937 年版。

55. 王云五主编,[宋]徐天麟撰:《万有文库·西汉会要》,商务印书馆 1937 年版。

56.《太平御览》,中华书局 1960 年版。

57. 何兹全:《秦汉史略》,上海人民出版社 1955 年版。

58. 陈直:《两汉经济史论丛》,陕西人民出版社 1958 年版。

59. 由嵘等编:《外国法制史参考资料汇编》,北京大学出版社 2004 年版。

60.《国家与法权通史》(一、二、三册),中国人民大学出版社 1954 年版。

61.《马克思、恩格斯论中国》,解放社 1938 年版。

62.《法国民法典》,商务印书馆 1996 年版。

63.《马克思恩格斯全集》。

64. 郭沫若主编:《中国史稿》(第一册),人民出版社 1976 年版。

65.《睡虎地秦墓竹简》。

66. 何勤华主编:《外国法制史》,法律出版社 2006 年版。

67. 胡留元、冯卓慧:《长安文物与古代法制》,法律出版社 1989 年版。

68. 怀效锋主编:《中国法制史》,中国政法大学出版社 2002 年修订版。

69. 程树德:《九朝律考》,商务印书馆 1934 年版。

70.《辞海》(缩印本),上海辞书出版社 1979 年版。

71. 吴慧:《中国古代商业史》,中国商业出版社 1983 年版。

72. 杨鸿烈:《中国法律发达史》,商务印书馆 1936 年版。

73. 王国维:《流沙附简考释》。

74.《论语》,云南大学出版社 2004 年版。

75. 高恒:《秦汉简牍中法制文书辑考》,社会科学文献出版社 2008 年版。

76.[罗马]查士丁尼:《法学阶梯》,商务印书馆 1989 年版。

77.[英]梅因:《古代法》,沈景一译,商务印书馆 1984 年版。

78.〔俄〕科瓦洛夫:《古代罗马史》,上海书店出版社 2007 年版。
79.〔日〕堀毅:《秦汉法制史论考》,法律出版社 1988 年版。
80.〔日〕永田英正:《居延汉简研究》(上、下册),张学锋译,广西师范大学出版社 2007 年版。
81.〔古希腊〕亚里士多德:《政治学》,商务印书馆 1965 年版。
82.〔意〕彼德罗·彭梵得:《罗马法教科书》,黄风译,中国政法大学出版社 1996 年版。
83.〔法〕古朗士:《希腊罗马古代社会研究》,李玄伯译,商务印书馆 1938 年版。
84.苏联司法部全联盟法学研究所编:《国家与法权通史》,中国人民大学出版社 1954 年版。
85.〔意〕桑德罗·斯奇巴尼选编:《民法大全选译》系列,中国政法大学出版社 1992 年版。

后　　记

很感谢商务印书馆又出版了我的此次新书,我使用了"又"一词,是因为2006年商务印书馆出版了我和先夫合著的《夏商西周法制史》一书,那是我在商务印书馆出版的第一本专著。当时我十分激动,得到出版立项通知后,情不自禁地写下了"我的商务情结"一文,发自内心地表达了我对这个百多年来中国出版行业先行者的敬佩之情。此书出版后,在学术界颇有影响。2009年10月底,我也因此书获得司法部第三届优秀科研成果一等奖。不少年轻人也在读它。

现在我的又一部系列专著将在商务印书馆出版,所以,我使用了"又"一词。这次出版的是我2007年申报被批准的国家社会科学基金项目:《商、周、汉、唐民事法律制度的架构及演进——卜辞、金文、汉简、唐代帛书及石刻民事法律资料研究》,从题目可知,此课题是研究中国古代四个朝代的民事法律制度的框架,并想对比出其中的先后承接发展变化。此课题名有一个长长的副标题,即通过这四个朝代的出土文献再佐证于传统书面文献来进行研究。此项科研系补白之作,在自己来说是认认真真做了的。结项时,也获得了好评。全国哲学社会科学规划办公室在其网站上所发表的"国家社科基金项目2012年第一季度成果综述"中说:"有的具有极高的敬业精神,皓首穷经、笔耕不辍。如西北政法大学冯卓慧教授以70多岁高龄,独立完成61万字专著《商周汉唐民事法律制度的架构及演进——卜辞、金文、汉简、唐代帛书及石刻民事法律资料研究》,运用大量第一手原始资料,有力驳斥了西方学者所谓'中国古代无民事法律'的偏见,'以饱满的精神、严谨的态度、惊人的毅力完成了价值厚重的研究成果,值得肯定、令人敬佩'!"[1]另外,"中国社会科学在线"网发表作者霍文琦文《古稀学者皓首穷经为民法溯源 驳斥西方"中国古代无民法"说》。[2] 这一切当然都是对我科研的极大肯定。商务印书馆在见到我的出版申请后,认真讨论,并决定分三册作为系列出书,我只能对所有这些均表示极真诚的感谢!

我的感谢不仅只为了我的书的出版,而是因为书的出版,我的观点才能使愿意了解此方面研究的同志们知晓,这样,也许会使此方面的研究更深入。

我想借"后记"再说明几个问题:

一、关于"民法"。书中我谨慎地使用了"民事法律制度"一词,因为,在我的研究所涉及的这几个朝代,均无今天意义上的"民法典"或"民法"一词,但从所引用的材料来看,它们均属于"民事法律制度"的范畴。《唐律疏议》在它的"名例律"开篇就说道:"莫不凭黎元而树司宰,因政教而施刑法。"也就是说国家为治理黎民百姓要设立法律,实行教化不足以制止犯罪时就要施行刑法了。但是立法者强调以德教为主要,刑罚只是教育的工具,所以有"德礼为政教之本,刑罚为政教之用,犹昏晓阳秋相须而成者也"一句。很可惜,古代的立法者由于没有专门提出"民法"一词,虽然他们一再强调"德礼"与"刑罚"的相辅相成关系,我们现在的快餐文化的学习者们因此便很肯定中国古代是"以刑为主"或"重刑轻民"了,而罗马法却不如此。查士丁尼的《法学总论》就直接说:"法律学习分为两部分,即公法与私法。公法涉及罗马帝国的政体,私法则涉及个人利益。这里所谈的是私法,包括三部分,由自然法、万

---

[1] 见全国哲学社会科学规划办公室网,2012年5月2日文。
[2] 见"中国社会科学在线",霍文琦文,2012年10月25日。

民法和市民法的基本原则所构成。"①罗马法首先提出公法与私法的概念，私法后来被人们称为"民法"，它由"市民法"而来。于是西方学界认为中国古代无民法，而中国的学习者们也因之认为中国古代无民法，或者，妥协一点，认为至少是"重刑轻民"。其实，就文献资料看，二十四史，从《史记》"平准书"开始，以后自《汉书》改称"食货志"。历代史书均以大量笔墨写"食货志"，"食货志"写什么？就写老百姓的"食"与"货"。班固在《汉书》"食货志"中开篇就指出《尚书》中的《洪范》篇讲治理国家的八个要点，第一是食、第二是货。食就是指要让百姓生存有可食之物，货是指货币流通、商业经济，这二者是治理国家最重要的大事。《汉书》中"刑法志"一卷，"食货志"两卷。《旧唐书》中"刑法志"一卷，"食货志"两卷。《新唐书》中"刑法志"一卷，"食货志"五卷。《宋史》是官修二十四史中最庞大的一部，"刑法志"三卷，"食货志"十四卷。孰重孰轻，一目了然，然而，快餐文化的教育，使我们有多少人愿意去查一下二十四史的书目呢？所以，人云亦云是最快的捷径，于是似乎成了一种定论，"中国古代无民法"，或是"重刑轻民"。如果我的书能使多几个人去查查中国的史籍，我就算是真心满意足了。

二、关于几个附录。在将出版的我的三册书中，都有附录。因为出版社的编辑认为这几篇文字似乎与书的内容关联不那么紧密或体例不一，便列为附录，征询我的意见，我也同意了。

第一册是《商周民事经济法律制度研究》，附录有两篇："比较上古民法"、"比较上古婚姻法"。这两篇因体例上与全文不太协调，全书是写商周的民事、经济法律制度的，突然来了比较，显得突兀。我之所以写此两篇比较法史是想使读者在比较的视野下可以更多地进行对比，有比较才能有鉴别，何况一种物质都不能非此即彼，更何况一种法律制

---

① 〔罗马〕查士丁尼：《法学阶梯》，商务印书馆1989年版，第5—6页。

度,它有它产生的源流,比较中也会产生兼容与并蓄。

第二册是《汉代的民事经济法律制度研究》,列为附录的有一篇,即汉代对动产的侵权行为法。此篇列出是因为该篇所引用的事例是王侯、官吏的侵权,因为行为人身份的特别,所以此侵权如按现今法律,侵权者为公务人员,当不同于一般民事侵权行为法。不过,我想,研究法制史者,应当有历史唯物主义的观点。

第三册,《唐代的民事法律制度研究》,此册中列为附录的有两篇:"从复原的唐开元《医疾令》看唐代的医疗卫生法"、"从'耳后大秦珠'到《唐律疏议》——罗马法对唐代契约法的影响"。此两篇,前一篇我认为中国古代法中民法的观念是指与人民生存相关之法。唐代的《医疾令》让我们看出国家对民生相关的医疗卫生法之重视与完善,一千三百年后的今天,它仍有借鉴意义。但按现在的法学分类,它则属于行政法,故单列为附录;后一篇是将我认为的罗马法对唐代契约法的影响写出来,而全书是写唐代法的,故另列为附录。

附带说一句,公法、私法的分类是公元六世纪罗马法学家的分类,时经一千多年后,于上世纪西方学界已认识到当今世界法律很难以公法与私法绝对分类,常存在公法私法化、私法公法化的纠缠问题。勒内·达维德在他的《当代主要法系》一书中早已谈及此问题,而该书于上世纪八十年代已在中国译出。随便举一例:精子能否寄存,此早有定论,可存入寄存库。但如寄存人死亡,亲属想生出该寄存人的后代,可否取出?精子是人还是物?这涉及一系列民法中的具体契约,甚至,涉及"人"的法律定义。世界是发展的,法律也是发展的,法律更重要的特点是它是解决现实问题的。

2013 年 8 月于西安